KB073551

패션 MD 1
BUYING

◆ 일러두기

1. 가독성을 위해 본문의 표기는 다음의 원칙으로 통일했습니다.
   - 영문 'MD'는 '엠디'로 한글 표기했습니다.
   - 긴 브랜드명은 원어 표기에 맞춰 띄어 썼으나 붙여쓰기가 익숙한 경우 예외로 두었습니다.
     예) 꼼데가르송(Comme des Garçons), 돌체앤가바나(Dolce & Gabbana)
   - 일부 외래어는 외래어 표기법이 아닌 일상에서 통용되는 발음으로 표기했습니다.
     예) 팔로우(follow), 팔로워(follower)
2. 도판은 대부분 직접 촬영하거나 공개된 사진, 공식 웹사이트 사진 등을 사용했습니다.
   - 위키미디어 커먼즈의 저작권자 표시 조건이 붙은 사진은 저작권자를 함께 표기했습니다.
   - 추후라도 저작권 협의가 추가로 필요할 경우 조치를 취할 의사가 있음을 밝힙니다.

아무도 알려주지 않는
편집숍 바잉의 비밀

김정아 지음

패션 MD

BUYING

1

최신 자료
업데이트
개정증보판!

국내 대표 패션 MD의 노하우부터 패션계 최신 정보까지!

21세기북스

CONTENTS
차례

03 MARKET RESEARCH
생생한 배움의 장, 시장조사하기

04 FINISHING TOUCHES
한 시즌의 끝, 출장 후 마무리하기

RECOMMENDATION
추천사

1

패션과 문학, 두 개의 직업군을 이토록 완벽하게
소화하는 인물이 또 있을까? 수입 편집숍 '스페이스 눌'의 대
표이사이자 도스토옙스키Dostoevskii 전문가인 김정아에 관한
이야기다.

패션 산업에서 바라본 그녀는 수입 편집숍 '스페이스 눌'
을 비롯해 해외 컨템퍼러리 '데바스테'와 해외 명품 '메릴링',
'보라악수' 등을 독점 전개하는 여성 사업가다. 빅3 백화점과
패션 대기업이 장악하고 있는 수입 명품 시장에서, 외부 도움
없이 홀로 고군분투하며 존재감을 키워가고 있다. 그것만으
로도 그녀는 분명 성공한 패션 경영자다.

출판 산업에서 바라본 그녀는 섬세한 표현력과 문장력으로
함께 일하고 싶은 0순위 번역가다. 러시아어뿐 아니라 영어,
일어, 중국어의 4개 국어에 능통한 그녀는 마치 작가와 교류
하는 듯, 시대와 언어를 초월해 생생한 이야기를 전한다. 현
재 그녀는 러시아 대문호 도스토옙스키의 4대 장편을 번역하
고 있다. 한 명의 번역가가 이들 4대 장편을 모두 완역한 사

례는 전 세계적으로도 없는데, 그녀는 10년 프로젝트의 일환으로 현재 세 번째 장편의 번역 작업을 끝마쳤다. 그만큼 그녀의 행보는 독보적이다.

『패션 MD』 시리즈는 패션 경영인으로서의 삶과 인문학자로서의 삶을 동시에 살아가고 있는 그녀가 이들 이질적인 요소를 하나로 융복합한 결정체다. 패션 사업을 하며 직접 경험하고 터득한 슈퍼 엠디로서의 실질적인 노하우를 인문학자의 시각으로 새롭게 풀어냈다. 어디에서도 얻을 수 없는 깊이 있는 정보는 그녀의 빼어난 글솜씨와 만나, 마치 옆에서 설명하는 듯 생생하게 느껴진다. 가히 '엠디의 바이블'이라 불릴 만하다.

『패션 MD』 시리즈는 편집숍 운영을 꿈꾸거나 패션 엠디를 꿈꾸는 사람이라면 꼭 봐야 할 실용서이자 필독서다. 아울러 《패션비즈》의 '알쓸패잡' 코너에 그녀가 매달 연재하는 〈어느 인문학자의 패션 오디세이〉 또한 동종 업계에 관심이 있는 사람이라면 꼭 읽어보기를 강력 추천한다.

같은 패션계의 일원으로서 그녀, 그리고 그녀가 공들여 내놓은 『패션 MD』 시리즈는 그 존재 자체로 고맙다. K-패션의 미래를 위해 꼭 필요한 보석 같은 책이다.

김숙경 《패션비즈》 대표 및 편집장

2

유통에서 브랜드에 이르기까지, 패션업계는 바야흐로 '편집'의 시대에 들어섰다. 그런 의미에서 인문학자, 러시아문학 박사, 패션 회사 CEO, 편집숍 슈퍼 엠디까지, 언뜻 잘 어울리지 않는 조합을 완벽하게 어우르는 그녀는 오늘날 K-패션계에 꼭 필요한 사람이다. 회사 운영과 잦은 해외 출장만으로도 바쁜데, 항상 책을 읽고 새벽에는 러시아문학을 번역하며 하루를 30시간처럼 쓴다. 그런 그녀가 이제 패션업계에 꼭 필요한 책까지 내놓았으니 동종 업계 사람으로서 그저 고마울 따름이다. 유쾌하고 발랄한 데다가 배움까지 있는 그녀와의 만남은 늘 즐거울 수밖에 없다.

'편집'은 패션 기업과 백화점 모두가 10년 전부터 외치면서도 아직까지 풀지 못한 숙제다. 신주쿠 이세탄과 도버 스트리트 마켓을 오랫동안 관찰하면서도 그들을 따라갈 수 없었던 이유는 진짜 '바이어'가 없었기 때문이다. 우리는 왜곡된 국내 유통과 산업의 역사 속에 제대로 된 인력을 양성하지 못했다. 모든 것이 빛의 속도로 변하고 있는 지금, 소비자의 발걸음을 따라잡는 유일한 길은 '편집'이다. 이를 척척 해나갈 인재를 발굴하는 일은 지금 우리 모두의 숙명이다.

그런 의미에서 『패션 MD』 시리즈는 정말 눈물 나게 반가운 책이다. 그 안에는 다년간 편집숍을 운영해 온 그녀의 보석 같은 비결이 담겨 있다. '편집'의 시대에 '바이어'는 무엇을 해야 하며 이들을 키우기 위해서는 어떤 변화가 필요한지, 그 모든 답이 이 안에 있다. 게다가 이번에는 민족성에 따른 국가별 협상법까지 세세히 다뤘다. 편집숍뿐 아니라 해외 비즈니스 관계자라면 누구나 봐야 할 대목이다.

『패션 MD』 시리즈는 우리 모두의 필독서가 될, 아니 되어야 할 책이다. 패션 엠디의 바이블일 뿐 아니라, 패션계 모든 이들의 바이블이다! 나부터 반복해서 읽을 참이다.

민은선 밸류메이커스미디어 대표 및《패션비즈》전 편집장

추천사

3   국내에 패션 엠디는 많지만 그녀처럼 글래머러스하고 감각 있게, 바잉의 A부터 Z까지 소화해 내는 사람은 드물다. 슈퍼 엠디가 공개하는 패션 바잉의 바이블. 패션 엠디, 편집숍 오너가 되고 싶은 사람이라면 꼭 펼쳐봐야 할 생생한 노하우로 가득한 책이다.

정윤기 스타일리스트

4   패션의 절대 궁극의 목표는 휴머니즘이다. 사람답게 보이도록 하는 것에서 더 나아가 다른 사람에게 더 아름답게 비춰지도록 하는 것은, 수컷 공작새가 암컷을 유혹하는

행위처럼 인간으로서 가장 근엄하고 아름다운 본연의 행위와
도 같기 때문이다. 사람을 위한, 사람에 의한, 사람의 패션. 이
책에는 인문학자이자 슈퍼 엠디인 그녀의 올곧은 노력이 고
스란히 담겨 있다. 그 아름다운 결실에 패션업계 일원으로서
감사의 말을 전한다.

김성일 스타일리스트

인문학적 바이어. 내 휴대폰 메모리에는 그녀의
이름 석 자 앞에 이런 설명이 붙어 있다. 옷 입기가 인류의 오
랜 문화적 현상이었음을 역설하는 내게, 인문학은 멋 내기와
옷 입기에서 선택 사항이 아닌 기본, 배경, 혹은 공기와도 같
은 요소다.

이 책은 인문학을 공부하고 온몸으로 바잉하며 얻은 지식과
경험을 가득 담고 있다. 유통의 혁명이 일어나고 있는 지금,
모든 바이어는 물론 셀러의 입장에 선 이들을 포함해 옷으로
밥을 먹고 사는 모두가 알아야 할 패션 유통의 혈액 같은 정
보로 가득하다. 대한민국 그 어디에도 없던 이 책이 그저 옷이
좋아 패션에 뛰어든 누군가에게 칠흑 같은 암흑 속 밝은 등대
가 되어줄 것이라 믿는다.

이헌 패션 칼럼니스트 및 『신사용품』 저자

6 　　지금 대한민국의 패션 유통업계는 격동기를 겪고 있다. 새로 급부상하는 '패션 편집숍'을 보다 효율적이고 합리적으로 운영하는 데 이 책은 유용한 가이드가 될 것이다. 패션 관련자 그리고 그 길을 준비하는 모든 이들에게 훌륭한 지침서가 될 만하다.

오현숙 주한 프랑스대사관 상무관

7 　　『패션 MD』 시리즈는 실전 경험을 통해 이론적이지 않으면서도 전문적 깊이의 내용을 다룬 체계적인 엠디 지침서다. 패션 가치의 본질을 찾는 과정에서, 직접 몸으로 부딪치며 얻은 생생한 경험이 다양한 콘텐츠로 제공되어 있다. 엠디 지망생은 이 책을 통해 슈퍼 엠디의 전략적 사고를 배울 수 있다. 패션 마케팅을 전공하는 학생에게도 적극 추천하고 싶은, 실전 해법을 알려주는 명쾌한 책이다.

오경화 중앙대학교 예술대학 디자인학부 패션전공 교수

수십 년을 인문학자로 살다 전혀 다른 세계로 발을 들인 지도 벌써 15년이다. 그 어떤 운명이 나를 이끌었는지, 잠깐만 돌아가려던 패션이라는 곁길은 이제 삶 전체를 관통하는 중심이 되었다. 그리고『패션 MD』시리즈가 처음 세상에 나온 8년 전과 지금은 나도 세상도 참 많이 달라졌다. 개인적으로 나는 인문학자로서 도스토옙스키의 4대 장편 중 세 권의 번역을 끝냈으며, 편집숍 대표이자 현직 엠디로서 유수의 해외 브랜드의 판권을 보유한 베테랑 사업가가 되었다.

그러나 세상의 변화는 그리 긍정적이지만은 않은 듯하다. 코로나 팬데믹으로 서로 얼굴을 마주하던 일상이 사라지자, 오프라인 기반의 여러 업계가 연달아 큰 위기를 겪었다. 패션 업계도 예외는 아니어서 바잉 방법이나 패턴도 다양해졌고 패션 지형도 꽤 많이 달라졌다. 더구나 코로나19 발발 이전에 인기가 많던 브랜드나 편집숍이 다른 브랜드에 흡수되거나 문을 닫는 상황도 벌어졌다. 과연 살아남은 브랜드와 사라진 브랜드는 어떤 차이가 있을까? 과거와 달라진 패션업계의 사정을 바로잡고 앞으로 패션계가 나아갈 길을 새롭게 모색하는 것, 그 시대적 소명을 다하기 위해 개정판 출간을 결심하게 되었다.

처음 패션업계에 입문했을 때, 인문학에서의 경험은 적용하기 어려운 점이 많았다. 인문학에서는 자신이 연구한 것을 논문이나 책, 강의 등의 다양한 형태로 발표하는 것이 보편적이고, 그 지식을 대중에게 전파하는 것이 인문학적 가치이기도 하다. 하지만 패션업계는 전혀 달랐다. 학문이 아니라 사업이다 보니, 실무를 통해 스스로 깨달은 노하우는 절대 남에게 알려주지 않았다. 이것이 일종의 '이 바닥 룰'이었다.

이런 사정을 몰랐던 탓에 시행착오도 많았다. 당시에만 해도 해도 컬렉션이나 브랜드에 대한 정보 등 관련 자료를 더 구하기 어려운 시절이었다. 그렇게 어렵게 편집숍 대표를 소개받아 궁금했던 질문을 하나둘 건넬 참으로 운을 뗐다. "뉴욕 컬렉션을 가려고 하는데 뉴욕 어디로 가야 하나요?" 내 질문을 들은 대표는 어이가 없다는 듯 웃었다. 그러면서 기업 비밀이라 알려줄 수 없고, 그런 것은 예의에 어긋나는 질문이라며 말문을 막았다.

그렇게 평생을 모범생으로 살아온 나는 한순간 무지할 뿐 아니라 예의 없는 사람이 되었다. 그 후에도 수많은 편집숍 대표와 바이어를 만났지만, 엠디가 되기 위한 노하우나 정보는 전혀 들을 수 없었다. 서점에 가도 정확한 자료를 담은 책은 국내 서적은 물론이고, 외국 서적 중에서도 찾아볼 수 없었다.

하지만 엠디를 꿈꾸는 사람들은 많다. 엠디 채용 공고를 내면 다양한 이력과 배경을 지닌 수많은 사람들이 지원한다. 그러나 이들 중 실제 엠디가 어떤 일을 하는지 제대로 아는 사람은 극히 드물다. 물론 이는 그들의 잘못이 아니다. 엠디에 대해 가르치는 대학도 없고 경험자는 기업 비밀이라며 쉬쉬한다. 엠디를 양성한다는 소규모 사설 학원도 있지만 강의실에 가만히 앉아 무엇을 배울 수 있는지 의문이다.

그럼에도 생각보다 많은 사람들이 엠디, 그중에서도 가장 어렵고 힘든 편집숍 엠디가 되고 싶어 한다. 하지만 편집숍 엠디는 모노 브랜드의 엠디와 달리 정말 많이 보고 듣고 뛰어야 한다. 모노 브랜드 엠디는 브랜드라도 정해져 있지만, 편집숍 엠디는 브랜드 서치부터 시작해 열 배는 더 많이 공부해야 한다. 그러니 우스갯소리로 엠디가 '모(M)든 것을 다(D)한다'는 뜻의 약자라고 하는 것이다.

지난 시간을 되돌아보면 하지 않아도 될 고생을 참 많이 했다. 언젠가는 알게 될 정보를 알기까지 들인 시간과 비용도 엄청나다. 사실 오랜 세월 경험을 쌓다 보니, 업계 비밀이라던 정보는 딱히 숨길 만한 이야기도 아니었다. 패션업계에 자리 잡는 데까지 들인 시간과 비용만큼, 새로 진입한 누군가도 똑같이 투자해야 한다는 업계의 관습이 이를 막고 있었을 뿐이다.

그런 생각에 이르자 힘든 길을 걸어본 한 사람으로서, 나부터 이를 바꿔야겠다고 생각했다. 그렇게 내 초창기를 떠올리며 선배 엠디에게 물어봤을 법한 질문을 뽑고 원고를 쓰기 시작했다. 초보 시절의 억울한 감정이 한꺼번에 터져 나온 탓인지, 책을 집필하기로 마음먹고는 한 달 만에 초고를 다 썼던 기억이 난다.

그렇게 이 책에는 바잉을 준비하는 단계부터 실전 바잉, 그리고 바잉 후까지 엠디가 해야 하는 업무에 대한 상세한 설명이 사진과 함께 담겨 있다. 15년 전의 나처럼 아무것도 모르는 미래의 엠디와 패션에 관심 있는 패셔니스타, 편집숍 대표를 꿈꾸는 중년, 어느 날 갑자기 편집숍 관련 지시를 받게 된 바이어 등 많은 사람들에게 필요한 실용적 팁으로 가득하다.

여기에 더해 개정판에는 초판을 썼을 때보다 세 배나 넘는 시간을 들였다. 배로 많아진 경험치 덕에 전해주고 싶은 이야 기가 더욱 넘쳐났다. 그 덕분에 전체 분량도 배로 늘었고, 초 판에서 2쪽에 불과하던 '민족성에 따른 국가별 협상법'은 30 쪽에 달한다. 일본, 이탈리아, 프랑스 등 국가에 따라 비즈니 스 상황에서 필요한 태도와 계약 방법 등은 다르기 마련이다. 그러므로 국민성에 따른 협상 기술은 실무 엠디뿐 아니라, 브 랜딩을 책임지는 팀장급 바이어나 대기업 중역, 대표까지 모 두가 염두에 둬야 하는 사항이다. 이는 15년간 해외 패션 비 즈니스에서 얻은 핵심 노하우인 만큼 어디에서도 얻을 수 없 는 정보다.

8년 전 초판을 출간한 후 여러 기업에서 강의 요청을 받았 다. 그리고 생각보다 많은 사람들이 엠디의 직무와 관련해 많 은 궁금증을 갖고 있다는 사실을 알게 되었다. 국내 시장에 맞는 수입 브랜드는 무엇인지, 이들 제품은 어떻게 매입하는 지부터 시작해 어느 쇼룸에 가야 다양한 해외 브랜드를 찾을 수 있는지 등의 아주 구체적인 물음이었다. 이에 바로 후속 작을 써야겠다고 생각하고 2017년부터 연달아 『패션 MD 2: BRAND』와 『패션 MD 3: SHOWROOM』을 출간했다. 비로 소 『패션 MD』 시리즈가 완성된 것이다.

특히『패션 MD 3: SHOWROOM』은 현시점에서 주목할 만한 책으로, 세계로 진출하고 싶은 K-디자이너라면 꼭 읽기를 권한다. 높아진 K-패션의 위상에 따라 자신의 브랜드를 외국 쇼룸에서 선보이고 싶어 하는 디자이너라면, 어느 쇼룸이 나와 분위기가 맞는지 책을 통해 미리 살펴보고 분석할 수 있다.

이렇게 총 세 권의『패션 MD』시리즈는 국내외 어디에서도 얻을 수 없는 정보로 가득하다. 바잉 전반과 국가별 협상법을 알려주는『패션 MD 1: BUYING』, 브랜드의 홍수 속에서도 자신의 편집숍에 꼭 맞는 브랜드를 골라내는 법에 관한『패션 MD 2: BRAND』, 유수의 쇼룸이 가진 브랜드 목록과 자신의 브랜드를 진출시킬 만한 쇼룸을 찾을 수 있는『패션 MD 3: SHOWROOM』까지, 해외 패션 비즈니스에 관한 결정판이다.

보통 인문학에서는 박사 논문 한 편을 쓰는 데 최소한 5~6년, 길게는 10년을 잡는다. 그 긴 시간 동안 학자로서 연구한 내용을 한 편의 논문에 쏟아붓는다. 그런 의미에서 이 책은 패션 엠디로서 살아온 지난 15년이 함축된 결실이다. 이론적으로 익히고 현장에서 부딪치며 배운 모든 정보가 이 안에 담겨 있다. 이를 읽는 것만으로 15년의 경험을 하루 만에 내 것으로도 만들 수 있다. 패션 엠디를 꿈꾼다면 읽지 않을 이유가 있을까?

패션업계로 발을 들여놓고도 인문학을 놓지 않는 이유는 결국 인간에 대한 고민인 인문학이야말로 패션에서 필요한 핵심 가치를 담고 있기 때문이다. 인문학은 현상 뒤에 숨겨진 커다란 흐름을 볼 수 있는 힘이자, 그 힘으로 찾아낸 많은 정보를 해석하고 이해할 수 있게 해주는 지침이다.

그런 의미에서 이 책은 패션업계에서 인문학적 정신을 발휘한 결과물이다. 미래의 또는 현재의 엠디가 현상 너머의 본질을 보는 슈퍼 엠디가 될 수 있도록 지금까지의 내 노하우를 나누고 싶다. 인문학자로서, 또 선배 엠디로서 갖는 이 인간적인 의무가 패션업계에 보탬이 되어, 결국 세계 속에서 K-패션이 우뚝 설 날을 기대해 본다.

멋지고 시크한 패션의 도시 파리의 새벽을 걸으며

김정아

FAQ
자주 묻는 질문들

Q 편집숍이란?

A 하나의 브랜드로 이뤄진 모노 브랜드 스토어와 반대되는 개념이다. 일반적으로 우리가 알고 있는 브랜드숍, 즉 메릴링*Maryling*, 데바스테*Dévastée*, 산드로 *Sandro*, 아페세*APC* 등은 모노 브랜드 스토어다. 반면 편집숍은 이런 전통적인 관념에서 벗어나 하나의 브랜드가 충족시킬 수 없는 부분을 다른 브랜드로 채운다. 머리부터 발끝까지 스타일을 맞추고자 하는 니즈를 충족시킴으로써, 브랜드가 아닌 스타일을 파는 스토어다.

스페이스 눌*Space Null*이나 에크루*Écru* 등 개인숍의 경우는 오너가, 분더샵*Boon the Shop*, 톰 그레이하운드*Tom Greyhound* 등 대기업의 경우는 전문 바이어가 여러 브랜드의 옷과 소품을 직접 골라 상품을 구성한다. 한국에서는 이처럼 브랜드가 여럿 들어가 있는 멀티 브랜드숍을 줄여서 멀티숍이라 부른다. 각 숍의 바이어가 각기 특징을 살려 가장 개성적이며 유행이 강한 제품을 다양하게 선별한다. 따라서 컬렉션 규모가 아직 하나의 모노 브랜드로 나올 만큼 크지 않아도, 강한 아이템을 갖추고 있다면 멀티숍 바이어에게 선택될 수 있다.

멀티 브랜드숍은 특정 이미지나 상품군 등을 선택한다는 의미에서 셀렉트숍, 또 특정 기준에 따라 편집하듯 구성된 숍이라는 의미에서 편집숍이라고도 불린다. 국내에서는 멀티숍 또는 편집숍, 일본에서는 세레크토 쇼프*select shop*, 미국에서는 스페셜티 스토어 등 각기 달리 불린다. 그러므로 멀티 브랜드 스토어가 큰 무리 없이 세계적으로 통용되는 명칭이다.

미국이나 서구의 백화점은 백화점이 직바잉하는 경우가 많아서, 같은 브랜드라도 백화점마다 다른 색을 지닌다. 브랜드를 갖고 있는 회사를 백화점의 바이어가 입점시키고, 판매분에 따라 수수료를 받는 국내 백화점과는 다르다. 이런 이유로 미국의 니만 마커스Neiman Marcus, 삭스 피프스 애비뉴Saks Fifth Avenue, 노드스트롬Nordstrom 등은 스페셜티 디파트먼트 스토어라고 불린다.

25년여 전 시카고에서 지낼 때 블루밍데일Bloomingdales, 바니스 뉴욕Barneys New York, 헨리 벤델Henri Bendel 등을 참새가 방앗간 찾듯 들락거렸는데, 작은 백화점이라 생각하던 이곳들도 실제는 커다란 편집숍이었다. 그때를 돌아보면 나와 편집숍과의 인연은 이미 시작되어 있었던 것이다. 우리나라에 편집숍이라는 단어조차 없던 그때, 나는 편집숍의 홍수 속에서 헤엄을 치고 있었다. 그렇게 운명은 나를 편집숍 전문가로 이끌었다.

Q 엠디란 누구인가?

A 엠디란 머천다이저merchandiser 또는 머천다이징 바이어merchandising buyer의 준말인데, 이 책에서 엠디는 실제 바잉을 행하는 바잉 엠디buying MD를 가리킨다. 물론 엠디의 직무는 브이 엠디Visual MD, 알 엠디Retail MD, 영업 엠디 등 수 없이 다양하다. 하지만 이 책은 패션 바잉에 중점을 둔 바잉 편인 만큼, 여기서 말하는 엠디는 패션 바잉 엠디, 그중에서도 여성 패션 편집숍 바잉 엠디를 일컫는다.

이 책에서는 엠디와 바이어가 같은 맥락에서 사용되었으며, 단지 문맥상 바잉의 역할이 강조될 때는 바이어라고 불렀다. 따라서 여기서 바이어는 유통업에 종사하는 직원을 칭하는 바이어와는 전혀 다른 의미다.

백화점에도 엠디 개편이라는 용어와 엠디, 바이어라고 불리는 직함이 있다. 백화점의 엠디와 엠디 개편은 협력 업체에는 무시무시한 용어다. 백화점의 엠디나 바이어는 주로 브랜드의 입퇴점을 관리하는 사람들을 일컬으며, 엠디 개편 역시 브랜드의 입퇴점을 의미하기 때문이다. 매출이 하위에 머무르는 브랜드 입장에서 엠디 개편 기간은 퇴점을 종용받는 공포의 시기이기도 하다.

한편 그 통칭이 바이어가 된 것은 미국이나 서구 백화점의 경우 이들이 브랜드를 입퇴점시키는 것이 아니라, 직접 '바잉'을 하기 때문이다. 브랜드 입퇴점이 곧 '바잉'과 연관되므로 그들을 바이어라고 부르게 되었다. 그러나 국내 백화점에서는 몇몇 직바잉 바이어를 제외하고 진짜 '바잉'을 하는 바이어는 드물다.

실정이 전혀 다른 국내 백화점에서 미국 백화점의 형식만 빌려옴으로써, 명칭과 실제 업무가 맞지 않게 된 경우다. 만약 갤러리아의 G.494나 롯데백화점의 엘리든Eli'den처럼 백화점이 직영 편집숍이나 직영 브랜드를 위해 바잉을 한다면, 실제 바잉을 담당하는 사람이 바로 이 책에서 의미하는 바이어이자 엠디다.

Q 편집숍 엠디가 되려면
외국어를 잘해야 할까?

A 만약 옷과 브랜드에 대한 지식이 많고 '감'도 갖췄고 스타일도 있는데 외국어 하나만 문제라면, 그래도 수입 편집숍 엠디가 될 수 있을까? 글쎄다. 내 경우

회사에서 엠디를 뽑을 때 외국어 하나만 중시하지는 않는다. 내가 하면 되기 때문이다. 하지만 영어나 일어 등을 대신해 줄 아주 친한 사람이나 팀이 출장 때마다 같이 다녀줄 수 있다면 모를까, 어느 정도의 영어 실력은 엠디로서 지니고 있어야 한다.

영어로 간단한 의사소통을 할 수 있을 정도라면 바잉에는 문제가 없다. 하지만 갑작스러운 상황에 직면했을 때, 이를 설명하고 해결하기 위해서는 영어로 쓰고, 읽고, 알아듣고 간단히 말할 수 있을 정도의 실력은 갖추고 있어야 한다. 그래야 예상치 못한 문제가 발생하더라도 속으로 끙끙 앓으며 억울한 일을 안 당할 것 아닌가.

그리고 일본 브랜드와 거래를 하고 싶다면 일어도 공부하라고 말하고 싶다. 한국인으로서 일어만큼 배우기 쉬운 언어도 없다. 물론 존경어, 겸손어 등의 수준까지 갈 수 있다면 좋겠지만, 의사소통만 할 수 있어도 업무가 훨씬 수월해진다. 일본의 경우 누구나 알 만한 대표적인 브랜드조차 영어를 능숙하게 잘하는 직원이 드물다. 따라서 정서적으로 '정'과 '관계'를 중시하는 일본인과는 일어를 하는 것이 소통에 여러모로 유리하다. 통역을 거쳐서는 '정'이 잘 전해지지 않고, '관계'도 잘 쌓이지 않는다. 물론 일본과의 교류가 크지 않다면 의사소통에 필요한 영어 정도면 충분하다.

언어는 소통의 수단일 뿐 아니라, 그 민족의 문화와 역사의 집적체다. 언어를 알면 그 민족의 사고방식과 행동 방식, 세계관 등이 보인다. 그저 바잉 엠디가 아닌 브랜드의 크리에이티브 디렉터라면, 또 브랜드 인큐베이팅을 해야 하는 대형 편집숍의 책임자라면 브랜드 자체의 독점 등 결정적인 협상을 할 경우가 있다. 이때 유창한 영어 실력은 때로는 브랜드를 잘 아는 것만큼 중요하다. 만약 브랜드도 잘 알고, 영어도 현지인만큼 잘하고, 훌륭한 인성에 충성심까지 지닌 직원을 가졌다면, 그의 크리에이티브 디렉터나 회사 오너는 세상에서 제일 운이 좋은 사람이다.

패션 위크란?

A
바잉 엠디에게는 한 해의 꽃이라 할 수 있다. 모노 브랜드 스토어 엠디가 아니라면, 트레이드 쇼뿐 아니라 많은 작은 쇼룸들도 다녀야 해서 하루에도 수만 보를 걸을 만큼 육체적으로는 힘든 기간이기도 하다. 하지만 마켓에 상품화되지 않은 신제품 샘플을 만나볼 수 있는 기회이기 때문에 정신적으로는 가장 행복한 시기다.

여성복이라면 뉴욕-런던-밀라노-파리-도쿄 순서로 전 세계 패션 위크가 진행된다. 이 행사가 보통 일주일 정도 진행되기 때문에 '패션 위크'라는 이름이 붙었다. 패션 위크 참석은 오직 초대로만 가능하다.

패션 마켓은 한 시즌을 앞서 진행된다. 오더를 받고 생산을 위한 기간을 확보하기 위해서다. 예를 들어, 2024년 S/S *Spring Summer*를 위한 패션 위크는, 2023년 8~9월경에 한 번, 2024년 F/W*Fall Winter*를 위한 패션 위크는 2024년 2~3월경에 한 번, 이렇게 한 해에 두 번 열린다. 물론 중간에 프리 컬렉션이나 크루즈 라인, 스폿으로 작은 팝업 컬렉션 등이 있는 브랜드도 있지만, 대게는 이 두 번이 메인이다. 이를 통해 디자이너나 패션 회사는 바이어, 저널리스트, 인플루언서, 셀러브리티 등에게 최신 컬렉션을 선보이는 행사를 진행한다.

런웨이 쇼에서는 아름다운 모델이 새로 발표되는 최신 디자인을 두르고 캣워크를 걷는다. 이때 런웨이 쇼의 맨 앞줄에 앉는다는 의미의 '프론트 로'는 모든 패션 피플의 로망이기도 하다. 브랜드에서도 프론트 로에 유명 셀러브리티나 인플루언서 등을 앉히기 위해 아직 마켓에 출시도 되지 않은 미래 신상품을 선물로 증정한다. 이들은 그 옷을 입고, 포토존에 서고 프론트 로에 앉아 스포트라이트를 받는다. 한편 프론트 로에는 브랜드의 빅 바이어나 백화점, 부티크 및 온라인 소매 업체 등의 포텐셜 바이어들도 초대된다.

하지만 바이어에게 실제 패션 위크는 각 패션 위크의 메인 트레이드 쇼가 열리는 기간이다. 이 시기는 런웨이 쇼가 끝나고 일주일 후 바이어를 위한 쇼룸이 열리는 때로, 보통 '런웨이 패션 위크'의 일주일 정도 후부터 약 1~2주간이다. 시간이나 경제적으로 여유가 있는 바이어라면, 미리 가서 패션쇼를 보며 그 도시를 즐기고 시장조사도 하는 느긋한 시간을 보낼 수도 있다. 그러다 쇼룸이 열리면 바잉을 하고 오는 것이다. 그러나 대부분의 바이어는 패션 위크 기간에는 특히 바쁘기에 그런 여유를 부리기가 쉽지 않다. 따라서 바이어의 패션 위크는 뉴스에서 말하는 패션 위크보다 일주일가량 늦게 시작한다.

다행히 요즘은 인터넷의 발달로 라이브 스트리밍 및 소셜 미디어 플랫폼을 통해 패션쇼를 거의 실시간으로 접할 수 있게 되었다. 이를 통해 바이어는 멀리서도 패션 위크의 흥분을 느끼면서, 쇼룸에서 어떤 옷을 중점적으로 봐야 할지, 바잉하고 싶은 옷은 무엇인지 마음속으로 찜해놓을 수 있다.

01

PREPARING TO BUY

한 시즌의 시작, 바잉 준비하기

BRAND RESEARCH

브랜드 리서치

슈퍼 엠디와 함께하는
한 시즌의 준비 과정

발품 팔기

        먼저 국내에서 유명하다고 소문난 편집숍들을 둘러봐야 한다. 그들이 소개하는 브랜드 중에 우리와 스타일이 맞을 것 같고 관심이 가는 브랜드가 있다면, 어느 나라의 브랜드이며 가격대는 어느 정도인지 등을 체크한다. 오픈한 지 얼마 안 된 신생 편집숍이라면, 다른 유명 편집숍이 공통적으로 바잉하는 브랜드, 즉 편집숍 고객들에게 인지도 있는 브랜드 한두 개는 반드시 포함할 것을 권한다.

    예를 들어, 얼마 전까지도 많은 편집숍들에서 바잉했던 MSGM이나, 현재 대부분의 편집숍에서 바잉하는 엔폴드Enföld, 가니Ganni, 꾸레쥬Courrèges 등은 신생 편집숍 바이어라면 관심을 두고 바잉해야 할 브랜드일 것이다. 또한 요즘 핫하게 뜨고 있는 강하고 개성 있는 프랑스 브랜드 데바스테 역시 보여주고 갖고 있기 좋은 브랜드다.

    이런 브랜드를 보여주는 것은 신생 편집숍이 일단 고객들 사이에서 알려지는 데 도움이 된다. 하지만 다른 편집숍이 다 갖고 있는 브랜드로 이윤을 내기란 만만치 않다. 요즘은 유통 채널을 보유하고 있는 회사가 직바잉으로 편집숍을 하는 경우가 늘고 있어, 그들의 낮은 마크업markup(상품의 판매 가격을 정하는 것)을 따라잡기가 어렵다.

또한 대기업이 하는 편집숍들은 바잉 물량이 상대적으로 크기 때문에, 홀 세일whole sale(상품을 대량 판매하거나 판매하기 위한 행위) 가격에서 빅 바이어 디스카운트를 받는 경우도 많다. 마크업의 배수가 같다고 해도, 더 싸게 사는 쪽의 바이어가 소비자에게 같은 아이템을 더 좋은 가격에 소개할 수밖에 없는 것이다. 이렇게 다들 바잉하는 브랜드들로 가격 경쟁에서 이

블랙 앤 화이트로 펀하고 시크한 스타일의 데바스테

스마일 로고, 애니멀 프린팅 등의 유쾌한 디자인을 선보이는 가니

부드럽고 우아한 실루엣으로, 편안하면서도 지극히 아방가르드하고 유니크한 엔폴드

기는 것은 쉽지 않다.

또 하나, 브랜드를 셰어하지 않는 국내 시장의 특성상, 이런 브랜드들은 머지않아 누군가의 독점으로 바잉하지 못할 가능성이 크다. 더 이상 바잉을 못 하게 된다는 것은 그 브랜드가 담당하는 만큼의 매출이 사라진다는 것을 의미하고, 더 나아가 그 브랜드의 열성 팬인 고객을 잃게 된다는 뜻이다. 그러니 불안 요소임이 분명하다. 매출이 올라도 언제 누군가가 브랜드를 가져갈까 두렵고, 가격 경쟁으로 이윤도 크지 않다. 한마디로 열심히 키워서 힘세고 큰 회사만 좋은 일 시킬 공산이 크다. 하지만 그렇다 해도 유명세를 타는 브랜드는 신생 편집숍이 자리를 잡기까지 반드시 필요한 요소다.

반면 4~5년 정도 지나 자신의 정체성을 찾고 색깔을 분명히 한 편집숍이라면 가능한 남이 하는 브랜드는 피하는 것이 좋다. 많은 편집숍들을 전개할 수 있는 대기업의 바이어라면 가까운 미래의 독점권을 염두에 두고 인기 있는 브랜드를 적극적으로 바잉해 보는 것도 나쁘지 않다. 하지만 하나 또는 제한된 매장의 편집숍을 운영하는 회사라면 이런 브랜드는 피하는 것이 좋다.

외국 백화점 직영 편집숍의 경우 브랜드가 같아도 전혀 다른 아이템을 판매한다. 외국에 오래 살았던 나로서는 이런 방식에 익숙했고, 그래서 초기 3~4년까지만 해도 편집숍은 브랜드가 아닌 바잉으로 승부해야 한다고 철석같이 믿었다.

하지만 국내 사정은 그렇지 않았다. 많은 대기업들은 모노브랜드 스토어로 나올 준비조차 되지 않은, 설익은 브랜드를 독점을 걸어 가져갔다. 이런 모습을 보며 비겁하다는 생각이 들어 비분강개하기도 했다. 패션업계에서 오래 몸담고 있는 지인이나 관계자, 기자 모두가 독점 브랜드를 가져야 한다고 충고할 때도 바잉으로 승부할 자신이 있다며 고집을 부렸다.

국내에서는 좀 된다 싶으면 힘센 회사들이 득달같이 달려든다. 그렇게 브랜드를 가져가는 상황에는 예외가 없다. 슬프지만 이것이 현실이다. 하지만 브랜드에 대한 이해나 애착 없이 무조건 브랜드만 가져간다고 해서 잘 되는 것 또한 분명 아니다. 많은 독점 브랜드들의 불행한 결말을 통해 이미 확인한 사실이다.

따라서 이제는 긍정적으로 판단되는 새로운 브랜드가 있으면 첫 시즌 바잉도 전에 독점을 전제로 협상한다. 컬렉션 규모나 디자이너 스타일 등을 분석해 성장 가능성이 있을 경우 처음부터 브랜드를 셰어할 수 없는 한국 마켓의 특성을 설명한 뒤 계약을 진행하는 것이다. 그렇게 몇 시즌 바잉을 하다 국내 마켓에서 브랜드에 대한 자신이 설 때, 고객 수가 많고 얼리어댑터가 많은 백화점에서 단기 팝업을 전개한다. 모노브랜드로의 가능성을 타진하는 것인데 유효하다고 판단하면 정식으로 독점 계약을 진행한다.

이제 나는 다른 편집숍이 취급하는 브랜드는 웬만해서는 바잉하지 않는다. 커다란 트레이드 쇼(페어), 멀티 쇼룸에서 새로 눈에 들어오는 브랜드를 발견하면, 일단 한국의 다른 어카운트account(거래처)가 있는지부터 물어본다. 만약 대기업의 유명 편집숍이 이미 바잉을 했다고 하면, 그 브랜드는 피하고 본다.

하지만 대부분의 편집숍 엠디는 유명 편집숍이 바잉했다고 하면 더 악착같이 바잉하려는 경향이 있다. 후에 버짓budget(예산)으로 승부할 수 있는 대기업이 아니라면 이런 방식은 금물이다. 그 대신 마음에 드는 브랜드와 비슷한 이미지를 가진 새로운 브랜드를 파악하고, 더 좋은 가격으로 계약하기 위해 열심히 조사하는 것이 낫다.

그렇게 몇 년간 하다 보니 어느덧 나는 편집숍을 여럿 전개하게 되었고, 그때 내 편집숍은 바이어라면 새로운 브랜드 파악을 위해 들러야 하는 시장조사 리스트의 첫 번째 숍이 되었다. 그런 만큼 우리 고객들은 브랜드보다는 옷을 제대로 이해하는 고객임을 자부한다. 디자이너 케이 왕Kay Wong이 영국에서 론칭한 브랜드 데이드림 네이션Daydream Nation 또한 이런 노력 끝에 소개하게 된 브랜드다. 한때 모든 편집숍이 바잉하던 MSGM이나 마커스 루퍼Markus Lupfer보다 훨씬 저렴하지만 디자인이나 질에서 결코 뒤지지 않는다.

이 브랜드는 갤러리아 백화점에서의 모노 팝업 기간에 매우 큰 인기를 끌었다. 당시는 갤러리아가 리딩 백화점이었고, 브랜드보다 스타일을 이해하는 얼리어댑터 고객을 가진 작지만 럭키한 백화점이었다. 4~5년 전까지만 해도 갤러리아는 팝업이나 작은 섹션으로 새로운 브랜드를 테스트해 보기에 최적의 고객층을 보유하고 있었다.

하지만 지금은 국내 고객의 특성을 전혀 반영하지 못한 공용 피팅룸과 전 층의 편집숍화로 고유의 차별점을 잃어버렸다. 레인 크로포드Lane Crawford처럼 직바잉을 하는 백화점의 콘셉트를 국내 백화점에 그대로 적용시킨 결과였다.

또 이스트와 웨스트가 뚜렷한 아이덴티티로 구분되던 큰 장점도 이제 3~4층의 절반을 명품 브랜드가 차지하며 경계가 모호해졌다. 웨스트 내의 2층, 3층, 4층 각각 명확하던 콘셉트마저 이제 중구난방이 되어, 반짝반짝 보석 같던 웨스트는 그 생명을 잃은 것처럼 보인다. 이렇듯 갤러리아 백화점이 행한 여러 번의 실책과 갤러리아 자체의 다양한 문제와 모순으로, 브랜드 엠디도 많이 망가졌다.

과거에만 해도 핫한 브랜드는 갤러리아에서 가장 빨리 뜨고, 지는 브랜드는 갤러리아에서 가장 빨리 퇴점했다. 그러나 이제 핫한 브랜드의 마켓 테스트는 신세계백화점 강남점, 현대백화점 압구정 본점이나 무역센터점 등에서 이뤄진다. 게다가 다른 주요 백화점에서 퇴점한 브랜드를 갤러리아는 끝까지 갖고 있다. 대체 무슨 일이 벌어지고 있는가!

그중에서도 갤러리아 웨스트의 꽃이었고, 여성 RTW Ready To Wear(기성복 의류)의 메카였던 갤러리아 2층은 이제 골프, 남성, 여성, 퍼, 란제리 등이 혼재된 채 정체성을 깡그리 잃어버렸다. 특히 갤러리아 웨스트 2층의 G.494라는 직바잉 섹션은 브랜드 조사를 하는 엠디라면 반드시 들러야 하던 새로운 브랜드의 보고였다. 그러나 이곳마저 수익이 좋지 않다는 이유로 문을 닫았다.

그러니 얼리어댑터 고객뿐 아니라, 그 고객을 관리하던 에이스 매니저조차 다 빠져나가는 실정이다. 갤러리아는 국내 백화점 업계에서도 새로운 브랜드를 가장 빠르게 소개했던 만큼 국내 타 백화점 바이어가 시장조사를 가던 곳이었다. 하지만 이제는 "더 이상 갤러리아로 시장조사를 갈 필요도 없고 가지 않는다"는 이야기가 바이어들 사이에 전해진다.

1000퍼센트의 잠재력을 갖고 있지만 마이너스의 실력을 보여주고 있다는 점에서 갤러리아를 사랑하는 사람으로, 바이어로, 또 패션계의 일원으로 안타까움을 감출 수가 없다. 초심으로 돌아가 다시 한번 작지만 단단하고 아름다운, 보석 같은 백화점으로 거듭나기를 진심으로 바란다.

한편 갤러리아에서 받은 실망은 현대가 패션 전문 회사로 멋지게 재탄생함으로써 어느 정도 보상된다. 과거 보수적이고 경직되어 있기로 유명하던 현대는 한섬을 품에 안고 무섭게 변화 성장했다. 컨템퍼러리 라인을 선보이는 본점 지하와 무역센터점 5층을 리뉴얼하고, 여의도 더 현대 서울점과 판교점을 영하고 핫한 공간으로 재탄생시킴으로써 얼리어댑터 고객을 끌어들이고 있다. 게다가 기존에 한섬이 전개하던 편집숍이 현대의 유통과 만나 그 잠재력도 더욱 팽창하고 있다.

오너의 탁월한 안목과 뚝심으로 일찌감치 수입 패션의 강자로 등장한 신세계 역시 강남점을 전 세계 매출 1위 매장으로 우뚝 서게 했다. 이뿐만 아니라 이전의 갤러리아가 하던 리딩 백화점으로서의 역할을 통해, 모든 수입 브랜드가 1호점으로 오픈하고 싶은 핫한 매장으로 재탄생했다. 현대와 신세계의 괄목할 만한 발전과 변화는 패션계의 일원으로서 큰 기쁨이다.

보석처럼 빛나던 갤러리아 웨스트

호프, 보라악수, Plan C, 데바스테의 갤러리아 팝업 스토어

현대백화점의 편집숍

현대백화점으로 주인장이 바뀐 한섬은 세 개의 편집숍 체인을 전개하고 있는데, 바이어로서 꼭 둘러봐야 하는 잇 리스트 첫 번째다.

Mue 무이

발렌시아가*Balenciaga*, 끌로에*Chloé*, 지방시*Givenchy*, 랑방*Lanvin* 등은 과거 한섬의 독점 운영 브랜드였다. 그래서 초창기에는 편집숍이라기보다 이들 제품과 함께 입기 좋은 베이식한 아이템을 바잉하던 곳이었다. 그러다 2013년 회사의 소유권이 유통을 갖고 있는 현대백화점으로 바뀌면서 입점하게 되었다.

현대백화점의 럭셔리 편집숍 무이

유통을 가진 회사인 만큼 당연히 백화점 내에서도 큼지막한 평수에 최고의 자리를 선점했다. 이처럼 좋은 '바잉'+브랜드를 보여줄 수 있는 넉넉한 '공간'+트래픽이 많은 최고의 '위치'가 만나 엄청난 시너지를 낸 덕분에 이제는 분더샵에 버금갈 정도로 성장했다. 국내에서 가장 고급스럽고 화려한 브랜드를 소개하는 럭셔리 편집숍이다.

예전에는 언뜻 보기에 낯설면서도 흥미로운 브랜드도 포함되어 있었다. 옷 전체가 스팽글로 장식되어 있는 아쉬시Ashish처럼 '저런 옷을 누가 입을까' 하는 의문이 드는 과한 디자인의 옷들도 많았다. 하지만 최근에는 보이기 위한 옷보다는 팔기 위한 옷, 즉 웨어러블하고 잘 팔리는 옷을 많이 바잉하고 있으며, 가격대도 중저가 브랜드를 섞어놓았다. 백화점 입점을 위주로 전개하다 보니 바

좋은 바잉과 공간, 위치의 삼박자가 어우러진 무이

잉이 보다 대중화된 것이다. 패션과 디자인을 공부하는 사람이라면 분더샵과 함께 반드시 가볼 것을 권한다.

이제는 그들의 세컨드 브랜드 편집숍이라 할 수 있는 톰 그레이하운드와 셰어하는 브랜드도 여러 개 있으며, 확실히 과하고 튀는 것을 좋아하는 패션 피플뿐 아니라 일반 고객에게도 문턱이 많이 낮아졌다. 경제적으로는 이득이 있겠지만, 진취적이고 과감함 브랜드와 아이템을 소개해야 하는 편집숍의 의무, 대기업이라면 더욱더 그래야 한다는 사명감에서는 살짝 벗어나는 듯하다.

그래도 가끔은 몬스Monse와 같이 좀 과하게 전위적인 브랜드도 소개한다. 해체와 전복의 세계를 보여주는 이와 같은 브랜드는 나와 같은 패션 피플을 행복하게 한다. 그리고 최근에 소개된 CFCL 역시 눈을 즐겁게 한다. 이세이 미야케 Issey Miyake에서 오랜 기간 경력을 쌓은 디자이너가 론칭한 브랜드답게 올록볼록하고 기하학적이면서도 매우 페미닌한 니트를 선보인다. 바잉도 점점 흥미롭고 좋아지고 있어, 패션 위크 전에 바이어로서 반드시 들러야 할 편집숍이다.

틀을 깨는 디테일을 통해 에지 있는 스타일을 전개하는 몬스

아방가르드한 실루엣과 시그니처 디테일로 차별화되는 CFCL

Tom Greyhound 톰 그레이하운드

20~30대 고객을 타깃으로 한 편한 숍으로, 밀리터리 재킷, 스웨트 셔츠, 귀여운 티셔츠 등이 주를 이룬다. 2014년에는 파리에도 진출했는데, 경제적인 면만 따졌다면 선뜻 내리기 어려운 결정이었다. 그리고 10년이 다 되어가는 지금, 파리에서 옷 좀 잘 입는다 하면 누구나 아는 편집숍 명소로 자리 잡았다. 한국 편집숍이 패션의 메카 파리에 오픈해, 세계적인 편집숍과 어깨를 겨루고 있다는 사실은 다시 생각해도 가슴 뿌듯하다.

물론 K-패션을 대표하는 기업의 편집숍인 만큼 아쉬운 점도 있다. 마레 지구*Le Marais*의 작은 골목이 아닌 프랑스를 대표하던 편집숍 콜레트*Colette*가 있던 명품 거리, 생토노레*Saint Honore*에 으리으리하게 오픈했더라면! 이런 생각이 지

현대백화점의 편한 편집숍 톰 그레이하운드

나친 욕심이 아닌가 싶으면서도 왠지 섭섭하다. 어찌 되었든 톰 그레이하운드가 한섬 브랜드뿐 아니라 재능 있는 신진 K-디자이너의 파리 진출 기회를 마련해 줄 수 있기를 바란다.

톰 그레이하운드는 무이보다는 저렴하면서도, 훨씬 웨어러블한 바잉을 선보인다. 아방가르드한 일본 브랜드 토가Toga, 자유분방한 스타일과 뉴요커의 감성이 결합된 컬렉션의 울라존슨Ulla Johnson, 개성 있게 톡톡 튀고 귀여운 미라미카티Mira Mikati, 아플리케와 자수로 빈티지스러운 사랑스러움이 묻어나는 일본 브랜드 뮤베일Muveil, 데님으로 유명한 R13과 프레임Frame, 그리고 마더데님Mother Denim과 에이골디Agolde 등, 편안하면서도 '한 패션 한다'는 소리를 들을 수 있는 캐주얼하고 귀엽고 개성 있는 바잉이다.

국내 최고의 브랜드 타임Time과 마인Mine 등을 생산하는 기업인 만큼 디자인이 뛰어나고 옷을 잘 만드는 한섬은 수년 전부터 톰 그레이하운드의 자체 브랜드를 론칭해 수입 상품보다 저렴한 가격에 제품을 소개하고 있다. 이는 편집숍이 훌륭하게 브랜드화된 좋은 예다. 일본의 유명 편집숍 체인 유나이티드 애로우즈United Arrows, 빔스Beams, 투모로우랜드Tomorrowland는 일찌감치 수익 구조를 위해 자체 브랜드를 제작했다.

편집숍이야말로 샘플이 될 만한 전 세계의 독특한 아이템을 가장 많이 갖고 있는 곳이 아닌가. 샘플실이 따로 필요 없다. 그러니 영감의 원천이 될 만한 보고를 가진 편집숍이야말로 자신의 브랜드를 론칭해서 성공할 가능성이 큰 것이다. 그런 의미에서 톰 그레이하운드는 편집숍이 나아가야 할 매우 올바른 방향을 제시해 주고 있다고 생각한다.

1

1. 발랄하고 유니크한 감성의 울라존슨
2. 장난스러운 프린트와 알록달록 색감이 즐거운 미라 미카티
3. 다양한 소재와 사랑스러운 디자인의 뮤베일

Fourm 폼

한섬이 진행하고 있는 또 하나의 편집숍 시리즈다. 처음에는 1/4, 2/4, 3/4, 4/4 라고 넘버링해 각각 패션, F&B, 리빙, 뷰티 아이템으로 구성했으나, 현재는 폼 스튜디오*Fourm Studio*, 폼 더 스토어*Fourm the Store*, 폼 맨즈 라운지*Fourm Men's Lounge*로 전개하고 있다. 이 중 폼 더 스토어는 폼 스튜디오의 세컨드 브랜드 라 할 수 있으며 보다 영한 고객층을 타깃으로 한다. 하지만 2023년 F/W로 종 료하고 폼 스튜디오를 강화해 나갈 예정이라고 한다.

폼 스튜디오는 현지에서 인기 있는 해외 브랜드뿐 아니라 자연스러움과 세련 미를 추구하는 자체 제작 아이템들을 대량 구비하고 있다. 옷 잘 만드는 한섬 답게 퀄리티도 뛰어나고 가성비도 훌륭한 여성 컨템퍼러리 편집숍이다. 모던 하게 재해석한 클래식 기반의 세련된 스타일은 바로 폼 스튜디오가 추구하는 아이덴티티다. 매장 역시 그런 DNA를 잘 보여주는 제품으로 가득하다.

자연스럽고 깔끔한 실루엣을 표현하는 네헤라

고급스러운 소재를 토대로 절제된 우아함을 보여주는 체코슬로바키아 브랜드 네헤라Nehera를 열심히 키우고 있으며, 로맨틱한 보헤미안 감성의 이탈리아 브랜드 에리카 카발리니Erika Cavallini, 과감하면서도 독특한 디테일이 돋보이는 일본 브랜드 엔폴드, 맨해튼의 세련된 감성을 담은 디자인과 독창적인 색상이 특징인 미국 브랜드 티비Tibi, 완성도 높은 테일러링과 고급스러운 소재가 어우러진 이탈리아 브랜드 포르테 포르테Forte Forte 등을 소개하고 있다.

현대백화점의 럭셔리 편집숍 폼 스튜디오

신세계백화점의 편집숍

국내 편집숍의 1세대를 열었다고 평가할 수 있는 만큼
발품 잇 리스트에서 빼놓을 수 없다.

Boon the Shop 분더샵

뜻밖의 행운, 절친한 벗이라는 뜻의 영어 분*Boon*과 화장과 단장이라는 뜻의 한
자 분紛의 의미를 담아 출발한 편집숍으로, 신세계백화점의 브랜드 인큐베이
터로서의 역할을 톡톡히 해왔다. 일반적인 편집숍이 쉽게 따라 하기 어려운,
상당한 고가의 브랜드로 가득하다. 우리나라처럼 '독점'이 아니면 안 되는 마켓
에서 편집숍의 가장 큰 역할은 마켓 테스팅과 더불어 브랜드 인큐베이팅일 것
이다. 국내에서 이런 역할을 가장 잘해낸 편집숍이다.

분더샵에서 신세계인터내셔날*SI*이 진행하는 많은 해외 명품 브랜드가 소개
되고, 자라나고, 모노 브랜드로 독립했다. 마르니*Marni*, 드리스 반 노튼*Dries
Van Noten*, 스텔라 매카트니*Stella McCartney*, 디스퀘어드*Dsquared2*, 메종 마르틴
마르지엘라*Maison Martin Margiela*, 명품 패딩의 대명사가 된 몽클레르*Moncler*
등이 모두 여기에 속한다.

다른 고급 편집숍에서 바잉하던 로샤스*Rochas*나 요즘 유니클로*Uniqlo*와의 협
업으로 일반인에게도 잘 알려진 JW 앤더슨*JW Anderson* 같은 브랜드도 바잉하
지만, 그리 대중적이지 않은 브랜드도 소개한다. 용감한 도전을 두려워하지 않
는 소수의 패션 홀릭을 위해 새롭고 과감한 브랜드를 발 빠르게 바잉하는 것이
다. 일반인이 소화하기에는 심하게 독특하지만 한때 핫했던 베트멍*Vetements*
같은 브랜드가 그 예다. 이처럼 편집숍은 바잉 예산의 일정 부분은 이윤과 관
계없이 새롭고 신선한 브랜드를 소개하는 데 투자해야 한다.

신세계백화점의 브랜드 인큐베이터 편집숍 분더샵

분더샵은 국내 편집숍 중 이런 신성한 의무를 가장 성실하게 이행하는 곳으로, 고급스럽고 진취적인 브랜드를 가장 먼저 소개하고 있다. 정말 열심히 공부하고 노력하는 바이어를 둔 편집숍이 아닌가 싶다. 디자인과 패션을 공부한다면 반드시 둘러봐야 하는 곳이다. 하나의 브랜드로 론칭 준비를 거의 마쳤거나, 혹은 모노 브랜드로 나갔다가 다시 편집숍으로 들어온 드리스 반 노튼 같은 브랜드는 편집숍 내에서도 섹션을 분리해 숍인숍 개념의 팝업을 전개한다.

그러나 10여 년 전 신세계 편집숍들의 소속이 신세계인터내셔날에서 백화점으로 바뀌면서 반갑지 않은 변화도 일어났다. 분더샵이 신세계인터내셔날 소속일 때와 달리 백화점 이관 후에는 인큐베이팅 역할을 제대로 하지 못하는 경향을 띠었다. 아무래도 커뮤니케이션도 소원해지고 한쪽이 키워 다른 쪽에다 주는 구조가 되니, 자연스럽게 서로 꺼려졌기 때문이다. 이는 신규 브랜드 론 칭의 축소 현상으로 나타나고 있다.

하지만 능력 있고 훌륭한 신세계인터내셔날 바이어들은 이런 문제를 깨닫 고 백화점의 분더샵 팀과 TF*Task Force*를 진행하는 등 해결책을 모색했다. 그 결과가 2022년부터 '제니 룩'으로 유명해져 구하기 어려울 정도로 핫해진 꾸레쥬, 포멀하고 클래식한 더로우*The Row*, 현재 전 세계적 흐름인 서스테이 너블*sustainable* 코드의 리포메이션*Reformation*으로 드러나고 있다. 역시 신세 계인터내셔날이고, 역시 신세계다.

그리고 분더샵은 RTW에서 그치지 않고 분더샵 슈*Boon the Shop Shoe*라는 슈 즈 편집숍, 콜라보와 리미티드 상품 위주의 케이스스터디*Casestudy*도 전개한 다. 명동 본점에서는 분더샵 내에서 복합 매장으로, 강남점에서는 각각의 모노 매장으로 이뤄져 있다. 아무래도 편집숍을 하는 주체와 브랜드 사업을 하는 주 체가 같다는 점이 브랜드 인큐베이팅을 위해서는 훨씬 유리하다고 본다.

단순하지만 완성도 높은 미니멀한 디자인의 꾸레쥬

1. 인기 있는 브랜드를 한눈에 볼 수 있는 매장 전면의 디스플레이
2. 신발 편집숍 분더샵 슈

XYTS 엑시츠

신세계백화점이 기존에 운영하던 분더샵 앤 컴퍼니*Boon the Shop and Company*나 마이 분*My Boon*보다는 좀 더 스트리트하고, 블루 핏*Blue Fit*보다는 좀 더 여성스러운 편집숍이다.

원래 분더샵 앤 컴퍼니는 분더샵 영 버전으로 기획되어 연령대가 낮은 고객을 타깃으로 했었다. 그런 만큼 바잉 가격대도 낮고 디자인도 너무 실험적이지 않은 웨어러블 브랜드가 주를 이뤘다. 독특한 구조와 믹스 앤 매치 스타일로 유명한 일본 브랜드, 사카이*Sacai*와 세컨드 브랜드인 사카이 럭*Sacai Luck*은 개인적으로도 무척 좋아하는 브랜드인데 이들을 독점으로 전개하기도 했다. 이를 통해 분더샵처럼 브랜드 인큐베이터로서의 역할을 톡톡히 해왔으며, 여기서 3.1 필립 림*3.1 Phillip Lim*이 나왔고, 카르벵*Carven*과 맥큐*Mc Q* 등이 자라났다.

이처럼 분더샵 앤 컴퍼니는 소개하는 브랜드의 가격이나 디자인이 많은 고객들을 끌어안을 수 있게, 재미나면서도 리즈너블했다. 소비자의 입장에서는 편안하면서도 쾌적하고 넉넉한 쇼핑 공간에, 독특하면서도 참신한 브랜드를 예쁘게 담아내던 편집숍이었다. 그러나 분더샵 앤 컴퍼니는 곧 스트리트 앤 라이프스타일 콘셉트의 마이 분이라는 이름으로 다시 태어난다. 마이 분은 펫 패션 같은 라이프스타일까지 아우르는 편집숍이었다. 한편 블루 핏은 분더샵 앤 컴퍼니보다 더 젊고 캐주얼한 스타일을 선호하는 고객 타깃의 편집숍이었다.

이후 새롭게 탄생한 엑시츠*XYTS*는 그리스 로마 신화의 스틱스*STYX* 강을 거꾸로 읽은 것으로, '과거와 미래, 익숙한 것과 새로움 그 어딘가에서의 끊임없는 소통에 대한 흥미로부터 시작되었다'고 한다. 스트리트 패션과 뉴 럭셔리의 유행을 반영하며 MZ 세대를 타깃으로 만들어진 편집숍이다.

예전 분더샵 앤 컴퍼니가 알렉산더왕*Alexander Wang*, 3.1 필립 림 같은 브랜드 구성이었다면 엑시츠는 펑키하고 컬러풀한 일본 브랜드 나곤스탄스*någonstans*,

신세계백화점의 영하고 프레시한 편집숍 엑시츠

약간의 트위스트한 멋을 지닌 베이식 브랜드 클루투Clu too, 샤넬Chanel과 같은 트위드 천을 사용한다는 쿠헴Coohem, 그리고 가니 같은 스트리트 브랜드 등 좀 더 영하고 프레시한 콘셉트다. 현재 내 '최애' 브랜드인 엔폴드 또한 여기서 소개되고 자랐고 독립했다.

편집숍은 하나의 이름 아래서도, 바잉에 따라 그 콘셉트를 계속 변화시킬 수 있다고 생각한다. 마치 카멜레온과 같이 살아 있는 생물처럼 시시각각 변할 수 있는 것이다. 그러니 분더샵과의 연장선상에서 분더샵 앤 컴퍼니나 마이 분 같은 이름을 그대로 두되, 콘셉트만 계속 변화시켜 나가는 것이 훨씬 낫지 않았을까 싶다. 그랬다면 지금쯤 삼성의 비이커나 현대의 톰 그레이하운드처럼 이름이 브랜드화되었을 것이고, 수익 구조도 훨씬 좋아졌을 것이라고 본다.

엑시츠에서 소개되어 모노 브랜드 스토어로 독립한 엔폴드

Trinity 트리니티

독특하고 개성 강한 스타일보다는 편안하면서도 고급스러운 멋을 추구하는 고객 타깃의 편집숍이다. 이들을 위해 톤 다운된 컬러 위주의 질 좋고 세련된 아이템을 바잉한다. 연령대가 어느 정도 있는 고객을 위한 편안하고 클래식한 브랜드를 위주로 선보이며 주로 이탈리아 브랜드를 바잉하는데, 두산Dusan이 스테디셀러이며 엔오토N_otto도 꾸준히 좋은 반응을 얻고 있다고 한다.

과거에는 트리니티라는 자체 브랜드를 생산해 하이 퀄리티에 보다 합리적인 가격의 제품을 소개했지만, 이제 전 브랜드 수입으로만 진행하고 있다. 트리니티는 컨템퍼러리가 아니라 해외 명품 층에 포지셔닝되어 있고, 이야기했듯이 연령대도 다소 높다. 클래식한 디자인에 퀄리티를 중요시하는 고객을 둔 만큼, 제작보다는 100퍼센트 수입 바잉으로 진행하는 방향이 기존 고객의 니즈에도 훨씬 부합하리라는 생각이다.

제작을 그만두고 수입으로만 진행하기로 한 것은 트리니티의 경우 올바른 결정이라고 본다. 다만 소개하는 브랜드의 변화가 다소 적어, 편집숍의 강점인 변화와 트렌드성에는 좀 약한 감이 있다.

타깃 고객 특성상 전 브랜드 수입으로만 진행하는 편집숍 트리니티

롯데백화점의 편집숍

지금까지의 성과가 아닌 앞으로의 성장 가능성을 보고 투자한다면
잠재력을 발휘하리라 본다.

Eli'den 엘리든

롯데백화점도 블라우스 편집숍, 패딩 편집숍 등 다양한 형태의 편집숍을 시도
해 왔다. 그러나 많은 시도에도 불구하고 아직 다른 백화점에 비해 이렇다 할
만한 성과를 내지 못한 것이 사실이다. 롯데백화점은 어느 유통 업체보다도 커
다란 가능성을 지닌 바이어들을 많이 보유하고 있다. 다만 앞으로의 성장을 위
해서는 이런 가능성을 잘 활용해 키워나갈 수 있는 리더십이 필요하다. 전체적
으로 멀리 내다보는 안목과 참을성 있게 관리하는 끈기, 그리고 이를 이끌고
나갈 결단력이 요구된다.

원래 현대백화점의 무이, 신세계백화점의 분더샵과 결을 같이하는 엘리든이
있고, 엘리든 플레이Eli'den Play로 이름이 바뀐 바이에토르By Et Tol라는 컨템퍼
러리 편집숍이 있었다. 그러나 엘리든 플레이는 얼마 전 영업을 종료했고, 엘
리든만이 명맥을 유지하고 있다.

그 이유는 현재 신세계백화점과 신세계인터내셔날처럼 롯데 또한 편집숍은
백화점이, 브랜드 사업은 롯데지에프알GFR이 주체가 되어 각기 진행하고 있
기 때문이다. 과거에 백화점이 편집숍과 브랜드 사업을 모두 했을 때도 두 곳
의 관리 부처가 달라 협업이 진행되지 않았고, 편집숍이 인큐베이터로서의 역
할을 행하지 못했다. 유통 채널을 가진 회사라면 편집숍과 브랜드 사업의 주체
를 일원화할 것을 추천한다. 그래야 시너지가 나고 신규 브랜드를 모노 브랜드
로 빠르게 독립시켜 소개할 수 있다. 10여 년 전의 신세계처럼 말이다.

롯데백화점의 유일한 편집숍 엘리든

한 시즌의 시작, 바잉 준비하기

2년 전 엘리든 플레이에 갔다가 그들의 바잉에 깜짝 놀란 적이 있다. 원래 롯데백화점 편집숍의 색깔은 여성스러움과 귀여움인데 바잉이 중성적이고 한섬스러워졌다는 인상을 받았기 때문이다. 바이어가 바뀌었음을 단번에 알아챌 수 있었다.

편집숍에서 중요한 것은 색깔이다. 이 색깔은 편집숍의 아이덴티티요, 생명이다. 엘리든의 여성스러움과 귀여움을 유지한 채 시크함과 중성미를 약간만 가미했다면 어떨까. 그러면 기존 고객을 잃지 않으면서도 다른 편집숍과 차별화된 색으로 한 단계 거듭나지 않았을까 싶다.

또 하나, 롯데백화점이 시도했던 매우 이상적인 편집숍 형태가 있다. 에비뉴엘 잠실점 5층에 100퍼센트 위탁으로 운영되던 편집숍 5온더고5 on the go다. 브랜드 인큐베이팅이 목적이었던 이곳은 특히 유통 채널을 갖고 있는 회사라면 눈여겨봐야 할 모델이다. 100퍼센트 위탁으로 운영되었기에 재고의 부담 없이 새로운 브랜드를 알리고 인큐베이팅할 수 있었으며, 준비가 되었을 때는 모노 브랜드로 꺼내 발 빠르게 소개할 수도 있었다.

담당 바이어가 좋은 브랜드를 발굴하기 위해 발품과 손품을 많이 팔아야겠지만, 재고의 부담 없이 마켓 테스트를 할 수 있다는 것은 커다란 이점이다. 인내심을 갖고 잘만 운영할 수 있다면 최상의 형태다. 하지만 당시 잠실점의 고객 수가 너무 적어 제대로 된 성과도 내보지 못한 채 결국 문을 닫고 말았다.

5온더고 같은 위탁 형태의 편집숍은 고객 수가 많은 명동점 같은 곳에 있어야 제대로 된 마켓 테스트, 제대로 된 인큐베이팅이 가능하리라 본다. 그런 점에서 아쉬움이 남는다. 5온더고는 콘셉트 자체로는 유통 업체가 하기에 완벽하게 좋은 형태. 의류 수입과 판매에서 가장 무서운 적은 재고. 이런 재고의 부담 없이 편집숍을 운영하고 브랜드의 마켓 테스트를 할 수 있다면, 그것이야말로 최상이 아니겠는가.

내가 만약 유통 업체를 갖고 있다면, 직바잉은 20~30퍼센트를 넘기지 않고 나머지는 모두 위탁 형태로 가져갈 것이다. 이제 국내에는 다양한 편집숍이 생겨났다. 좀 핫하다 싶으면 국내에 들어오지 않은 브랜드나 제품이 없을 정도다. 그러니 유통 업체 바이어는 이런 편집숍들을 돌며 찾으면 될 일이다.

이는 편집숍 입장에서도 유통 채널을 넓힐 수 있는 좋은 기회다. 자다가도 벌떡 일어날 정도로 두려운 재고, 이를 안고 가지 않아도 되는 편집숍은 오직 유통 업체만이 할 수 있는 이상적인 형태다.

삼성의 편집숍

삼성은 국내외 편집숍의 역사와 영향력 면에서
결코 빼놓을 수 없는 편집숍을 전개하고 있다.

10 Corso Como 10 꼬르소꼬모

이탈리아 꼬로소꼬모가街 10번지에 있는 편집숍으로, 주소를 그대로 이름으로 삼았다. 그런데 어쩜 공들여 이름을 지은 그 어떤 곳보다 더 시크하고 예쁠 수 있을까!

세계적인 편집숍 1세대에 속하는 10 꼬르소꼬모는 애석하게도 지금은 사라진, 프랑스 파리의 콜레트와 비견되는 편집숍의 대모다. 이탈리아를 대표하는, 아니 전 세계에서 핫한 편집숍의 대명사 10 꼬르소꼬모가 일본 도쿄에 이어 세계에서 두 번째로 서울에 오픈한 생활형 복합 편집숍이다. 일본의 경우 우리나라보다 규모가 더 작았었는데 이제는 그마저도 사라졌고, 뉴욕에 있던 것도 역사의 뒤안길로 사라졌다. 그러니 이제 한국은 실제 밀라노 본점이 있는 이탈리아를 제외하고, 10 꼬르소꼬모를 가진 유일한 나라다. 패션에 대한 삼성의 열정을 읽을 수 있다.

청담동에 위치한 10 꼬르소꼬모 서울은 밀라노 본점과 분위기와 콘셉트는 비슷하지만, 오픈 당시 바잉 브랜드는 매우 달랐다. 밀라노 10 꼬르소꼬모는 프라다Prada, 미우미우Miumiu 같은 빅 브랜드 위주인데, 우리나라는 크든 작든 거의 대부분의 브랜드가 독점이라 독점권자가 아닌 이상 바잉이 불가했기 때문이다. 그러나 이제 국내 10 꼬르소꼬모의 위상이 높아져서, 프라다 코리아처럼 글로벌 본사가 직접 운영하는 브랜드도 숍인숍 형태로 소개하고 있고, 발렌시아가, 질샌더Jil Sander, 메종 마르틴 마르지엘라처럼 독점권자가 있는 경

밀라노 본점을 제외하고 유일하게 존재하는 10 꼬르소꼬모 서울

우도 숍인숍 형태로 전개하고 있다. 그 콧대 높은 루이비통 *Louis Vuitton*이 도버 스트리트 마켓 *Dover Street Market* 긴자에 숍인숍 형태로 소개되고 있는 것처럼, 10 꼬르소꼬모 서울의 위상도 나날이 높아지고 있다.

처음에는 밀라노 10 꼬르소꼬모의 크리에이티브 디렉터인 카를라 소자니 *Carla Sozzani*가 모든 바잉을 하기로 되어 있어, 정말이지 입을 수 있는 옷보다는 보여주기용 옷이 더 많았다. 한마디로 실익을 크게 거두기보다는 존재 자체에 의미를 두었는데, 아마 대기업이라서 버텼을 것이다. 그러나 지금은 웨어러블한 브랜드와 아이템이 많아 균형과 조화를 보인다. 여성의 몸을 가장 아름답게 보여주고자 하는 디자이너 아제딘 알라이아 *Azzedine Alaïa*를 국내에서 만날 수 있는 곳이며, 컬렉션도 크고 바잉 역시 다양하다. 또 청담동 며느리 백으로 유명한 벨

숍인숍 형태로 입점된 빅 브랜드

기에의 명품 가방 브랜드 델보*Delvaux* 등의 제품도 발 빠르게 콘택트해 한때 위탁으로 판매하기도 했다.

이런 변화는 편집숍의 방향을 결정하는 리더가 탁월한 결단을 내린 덕분이었다. 10 꼬르소꼬모는 이름을 알릴 필요조차 없는, 이미 확고한 브랜드를 가진 멋진 그릇이다. 이미 그릇은 준비되어 있으니, 위탁을 통해 재고의 부담 없이 최고의 브랜드로 이윤을 낼 수 있는 것이다. 특히 하나하나의 아이템 단가가 비쌀 경우에는 더욱 그렇다.

하지만 의류, 가방 등이 전부 고가인 것과 달리 액세서리는 어느 편집숍보다 다양한 브랜드를 소개한다. 크리스탈 헤이즈*Crystal Haze*처럼 몇만 원대의 귀엽고 톡톡 튀는 브랜드들도 여럿 있어 보는 재미, 쇼핑하는 재미도 쏠쏠하다.

옷이나 가방, 액세서리 등의 패션 소품뿐 아니라 요즘의 트렌드인 리빙 편집숍의 고급스러운 버전 중 하나로 테이블 웨어, 문구, 책 등의 생활용품도 디자인적으로 눈에 띄는 제품들이 많다. 개인적으로 좋아하는 리빙 브랜드인 포르나세티*Fornasetti*의 그릇부터 가구에 이르기까지의 다양한 리빙 컬렉션을 보고 있노라면 기분이 좋아진다. 매장 인테리어는 물론, 매장을 가득 채운 온갖 물건이 너무나 예뻐 집으로 고스란히 옮기고 싶을 정도다. 게다가 10 꼬르소꼬모를 형상화한 동그라미 장식의 포장 섹션도 그 자체로 하나의 작품처럼 다가온다. 만약 지갑 사정이 여의치 않다면 흰색과 검정으로 된 동글동글한 로고의 10 꼬르소꼬모 브랜드의 에코백을 추천한다.

또한 10 꼬르소꼬모 카페도 미식가의 입맛을 충족시킬 만하다. 밀라노에 있는 10 꼬르소꼬모 카페는 어떤 것을 시켜도 신기할 정도로 다 맛이 없지만, 국내 10 꼬르소꼬모 카페는 다르다. 전체, 메인, 심지어 디저트까지 다 맛있다. 그중에서도 신선함이 살아 있는 당근 주스와 입안에서 사르르 녹아드는 밀푀유는 맛있는 디저트에 대한 기대를 절대 저버리지 않을 것이다.

1. 10 꼬르소꼬모 서울에서 볼 수 있는 아제딘 알라이아의 컬렉션
2. 제품과 인테리어가 한데 어우러진 내부 모습

3. 10 꼬르소꼬모를 형상화한 포장 섹션

4. 10 꼬르소꼬모 서울 카페와 예쁘고 맛있는 디저트

다양한 브랜드로 여러 연령대를 커버하는 편집숍 비이커

Beaker 비이커

인테리어와 바잉 모두 처음과는 좀 바뀐 모습이다. 초창기 비이커를 잔뜩 배치
해 실험실을 연상시켰던 인테리어는 2층에만 일부 그 흔적이 남아 있다. 또한
한섬의 톰 그레이하운드와 비슷했던 바잉은 더욱 다양해졌다. 스웨트 셔츠, 야
상 등 유니섹스풍의 스트리트 웨어를 판매하지만 이미지와 개성이 강한 브랜
드가 주를 이루며, 삼성이 독점권을 가진 브랜드도 만날 수 있다.

처음부터 국내 신진 디자이너의 컬렉션도 바잉하고 그들과의 협업도 활발하
게 진행했는데, 이제는 청담 본점 1층 전체 의류는 모두 작은 국내 브랜드로 채
워져 있다. 대기업이 운영하는 국내 편집숍 중 자국 브랜드를 가장 많이 소개

1. MZ 세대가 부담 없이 접근할 수 있는 비이커 1층 2. 디자인과 가격대로 젊은 층을 겨냥하는 엔조블루스

하는 곳인 듯싶다. 여성과 남성 의류가 거의 60 대 40 정도로, 유니섹스 스타
일을 지향하는 남녀 복합 매장이다.

매장을 한 층씩 둘러보면, 1층은 지갑이 얇은 20대도 부담 없이 접근 가능한
브랜드들이 많다. 톡톡 튀는 색상에 가격도 3~4만 원대로 저렴한 엔조블루스
*Enzo Blues*가 인기가 있고, 오픈 프로젝트*Open project*와 윤세*Yunsé*도 팬층을 넓
혀가고 있다고 한다. 톡톡 튀는 디자인 외에도 30~40대를 타깃으로 하는 차
분하고 내추럴한 어스 톤*earth tone*의 브랜드 아모멘토*Amomento*나 모이아*Moia*
등도 소개한다. 1층 한편에 크게 자리 잡은 섹션은 신발과 모자 등에 관심이 많

은 MZ 세대에게 훌륭한 공간이다.

2층은 컨템퍼러리 수입 라인인데, 오라리*Auralee*, 언더커버*Undercover* 등 일본 풍의 빈티지 반응이 좋다고 한다. 일본 브랜드 치고 매우 정제된 스타일을 보여주는 하이크*Hyke*와 차분한 컬러의 단톤*Danton* 역시 인기를 꾸준하게 누리고 있다.

톰 그레이하운드처럼 비이커라는 편집숍 명칭 자체가 브랜드화된 결과, 자체 제작한 브랜드 제품을 수입 브랜드보다 합리적인 가격에 소개하기도 한다. 바이어가 컨템퍼러리 여성 의류를 보는 안목이 뛰어난 덕분에 분명한 정체성을 갖고 긍정적인 색깔을 내보이고 있다. 디스플레이도 비교적 자주 바뀌는데, 재미난 콘셉트의 피팅룸이나 숍인숍 형태로 전개되는 팝업 스타일의 브랜드 소개 등은 고객에게 언제나 만족을 줄 만하다.

판매를 책임지고 있는 점장 및 판매 직원 모두 새로운 브랜드가 계속 입점되고 브랜드 수가 100여 개가 넘는데도 불구하고, 브랜드 콘셉트와 아이템 하나하나에 대해 잘 알고 있다. 다양한 브랜드를 다 담아내는 비이커에 그들 스스로 자부심과 긍지를 갖고 있음이 느껴진다. 비이커를 이끄는 리더의 섬세한 손길이 디테일 하나하나에까지 배어 있다. 언제 가도 정겹고 편안하고 시크한 매력이 가득하다.

피팅룸까지 차별화함으로써 재미 요소를 곳곳에 숨긴 비이커

마지막으로 반드시 둘러봐야 하는 곳이 개인이 운영하는 편집숍이다. 대표적으로 스페이스 눌과 에크루를 꼽을 수 있는데, 대기업이 득실대는 편집숍의 정글 속에서 정말 힘들지만 꿋꿋하게 살아남았다. 편집숍의 진정한 고객이라면 아낌없이 응원해야 마땅한 곳들이다.

원래 현대백화점 본점은 백화점 업계에서도 심하다 싶을 만큼 보수적인 이미지가 강한 곳이었다. 다른 백화점에서 가능성을 충분히 입증한 후 가장 마지막으로 입점할 수 있다는 말까지 돌 정도였다. 좋게 말하면 안정적인 브랜드 위주로 입점시키는 것이고, 부정적으로 본다면 좀 늦거나 폐쇄적이라는 것이 기존 이미지였다.

하지만 10여 년 전부터 스페이스 눌이나 에크루, 1423 네이브 워터*1423 Naive Water* 등 실력 있고 열정적인 개인 편집숍의 입점을 통해 하쉬*Hache*, 에르노*Herno*, 데바스테, 골든구스*Golden Goose*, 리버틴*Libertine*, 배리*Barrie* 등을 어느 백화점보다 발 빠르게 소개했다. 이제는 여의도 더 현대와 판교점을 포함해 앞서가는 백화점, 새로운 브랜드도 거침없이 소개함으로써 업계를 리딩하는 진보적인 백화점이라는 이미지를 얻었다.

편집숍이 브랜드 성장을 인큐베이팅하는 시간은 당장 코앞의 매출에 급급한 실무 바이어의 입장에서는 받아들이기 어려운 일이다. 그런 의미에서 현대백화점 본점과 이외 지점 전체의 이미지 쇄신이 가능했던 것은 리더의 인내심과 미래를 보는 안목이 상당 부분 작용했던 덕분이라 할 수 있다.

새로운 브랜드를 소개하고, 인큐베이팅하는 것은 편집숍의 주요 임무 중 하나다. 브랜드를 성장시키는 동안 탄탄한 고객층을 형성함으로써 해당 브랜드가 모노 브랜드로 나가고 그 자리에 새 브랜드가 들어온다고 해도 저항력 없이 곧 바로 자리 잡을 수 있게 해야 한다. 이는 백화점에 입점해 있는 편집숍의 중요한 역할이다.

이런 역할을 제대로 수행하기 위해서는 마켓 테스트와 브랜드 인큐베이팅을 위해 어느 매장보다 트래픽이 많은 자리에 위치해야 한다. 이 점이 어렵다면 적어도 트래픽이 좋은 에스컬레이터 주변의 디스플레이 공간을 확보해서, 편집숍 내의 여러 브랜드를 고객에게 보여주는 기회를 가져야 한다.

하지만 리더 중에서 이 구조를 이해하고, 완전한 인큐베이팅까지 적지 않은 끈기가 필요하다는 것을 아는 경우는 그리 많지 않다. 설사 이해했다 할지라도 끝까지 참고 버티는 뚝심 있는 리더는 더욱 드물다. 편집숍을 신규 브랜드 인큐베이터로 볼 수 있는 리더는 미래를 넓고 길게 보는 안목과 함께, 참고 기다리는 인내심까지 고루 갖춰야 한다.

백화점 직영의 편집숍이 진정 경쟁력이 있으려면, 다른 편집숍을 많이 입점시켜야 한다. 현재로서도 그런 경향이 뚜렷하지만, 앞으로는 더욱더 편집숍이 늘어날 것이며 이런 트렌드는 이미 움직일 수 없는 대세가 되었다. 백화점 직영 편집숍은 수수료나 버짓 외에도 백화점 영업 시 가장 중요한 위치와 면적에서 이미 많은 혜택을 받고 있다. 개인 편집숍의 입장에서 보면, 정말이지 땅 짚고 헤엄치는 식이다. 그런데도 하나의 브랜드를 모노 브랜드로 성장시키는 것은 백화점 직영 편집숍이 아니다.

하나의 브랜드를 모노 브랜드로 소개하기까지는 새 브랜드를 발굴하고, 키우고, 팝업 스토어나 정규 입점을 통해 소개하는 길고 긴 과정이 필요하다. 그리고 그 결실은 신세계백화점을 제외하고는, 대부분 백화점에 입점한 개인 편집숍을 통해 맺어진다. 이자벨마랑Isabel Marant, 조셉Joseph은 한스타일을 통해, 에르노와 데바스테는 스페이스 눌을 통해, 골든구스와 아크네 스튜디오Acne Studios는 에크루를 통해 소개되었다. 이들 브랜드는 마켓 테스트 기간을 거쳐 인큐베이팅되고 하나의 브랜드로 자리 잡았다.

유통업을 가진 대기업이 직영 편집숍을 진정 경쟁력과 실력을 갖춘 편집숍으로 성장시키고자 한다면 다른 편집숍을 배제하는 편이 아니라, 실력을 갖춘 보다 많은 편집숍들을 입점시키는 방향으로 나아가야 한다. 경쟁이 없는 곳에서 경쟁력이 생겨나기를 기대할 수는 없다.

스페이스 눌 속에 전개되는 코텔락과 제라르 다렐 섹션

Space Null 스페이스 눌

이탈리아 아방가르드의 정수인 하쉬, 가볍고 우아한 패딩의 대명사 에르노, 프랑스의 꼼데가르송Comme des Garçons이라 일컬어지는 데바스테의 여성복 라인 등을 국내에 처음 소개한 편집숍이다. 특히 데바스테는 흑백의 마술사라 일컬을 정도로 블랙 앤 화이트의 편하고 시크한 디자인으로 주목받는 브랜드다. 이외에 수년 전부터 일고 있는 자연주의 감성에 따라 호프Hope, 타이거 오브 스웨덴Tiger of Sweden, 필리파 케이Filippa K 등 뜨거운 관심을 받고 있는 북구의 브랜드들도 소개했다. 남들이 하는 브랜드보다 언제나 새로운 브랜드를 선보이기 위해 노력하는 편집숍이다. 여기에 영국 브랜드 데이드림 네이션, 뉴욕과 파리에서도 큰 인기를 끌고 있는 일본 브랜드 파드칼레Pas de Calais, 100미터 밖에서도 알아볼 수 있는 도쿄 컬렉션의 개성 만점 대표 브랜드 민트 디자인스Mint Designs 등 국내에 소개한 브랜드들만 해도 무수하다.

한 시즌의 시작, 바잉 준비하기

국내에 다양한 브랜드를 소개한 패션 피플의 놀이터 스페이스 눌

천재적인 감성을 지닌 디자이너 케이 왕의 브랜드 데이드림 네이션

데이드림 네이션의 개성 넘치고 정교한 액세서리

그중 데이드림 네이션은 섬세한 수작업이 들어간 여성스러우면서도 독특한 스웨트 셔츠와 야상, 정교한 세공이 돋보이는 액세서리를 선보이며 넓은 팬층을 확보한 브랜드로, 이제는 영 캐시미어 브랜드로 거듭나려 준비 중이다.

또한 메릴링, 보라악수*Bora Aksu*의 일부 라인도 스페이스 눌에서 만날 수 있다. 메릴링은 입었을 때 아름다움과 여성스러움을 더욱 극대화하는 만큼 송혜교를 비롯한 연예인들을 통해 드레스 브랜드로 알려졌지만, 실제로는 독특하고 가벼운 패딩과 최고급 셔링으로 입소문이 난 이탈리아 브랜드다. 터키 디자이너 보라 악수가 런던에서 론칭한 동명의 영국 브랜드 보라악수 또한 사랑스럽고 여성스러운 디자인이 돋보인다. 런던의 백화점 셀프리지*Selfridges*와 리버티 *Liberty*, 편집숍 울프 앤 배저*Wolf & Badger* 등에 60여 개 이상의 매장이 입점해 있다.

이외에도 스페이스 눌은 프랑스 남부의 따사롭고 아름다운 자연 속에서 소녀와 여성의 아름다움을 담은 브랜드 코텔락*Cotelac*도 선보이고 있다. 2022년부터는 퀄리티와 가격대 모두에서 훌륭한 프랑스의 시크한 국민 브랜드, 제라르 다렐*Gerard Darel*도 전개하며 고객층을 넓혀가는 중이다.

이렇듯 남들과 차별화된 소품이나 과하게 멋 부리지 않은 듯 자연스러운 스타일의 옷을 찾는다면 들러봐야 하는 편집숍이다. 오너이자 치프 바이어가 매우 민감한 피부를 갖고 있어 소재 면에서는 대한민국 최고라 자부할 만하다. 봄가을 패션 피플의 잇 아이템인 야상 또한 그 자체가 지닌 다소 과격한 스타일에서 벗어나, 고급스러운 소재를 바탕으로 우아하고 멋스러우면서도 트렌디하게 만날 수 있다.

한 시즌의 시작, 바잉 준비하기

엘레강스하면서도 시크한 매력을 가진 메릴링

로맨틱함 속에 반전 매력을 담고 있는 보라악수

여성이 지닌 실루엣의 아름다움을 극대화하는 코텔락

조용한 럭셔리의 정수를 보여주는 프랑스 국민 브랜드 제라르 다렐

대기업의 브랜드 독점에도 꿋꿋한 생명력을 가진 에크루

Écru 에크루

패션계에 입문한 지 15년이 되었지만 에크루의 주인장은 아직까지 한 번도 만나본 적이 없다. 하지만 스페이스 눌과 더불어 바잉으로 승부해 온 진정한 편집숍이라는 격찬을 아낌없이 보내고 싶다. 스페이스 눌이 편하면서도 우아하고, 여성스러우면서도 편한 트위스트를 지닌 스타일을 지향한다면 에크루는 좀 다르다. 중성적이고 매니시한 분위기에 가까운, 조금은 과격한 스타일의 야상과 티셔츠 등을 판매한다. 오너가 남자라서 그런지 남성복이 강하며 유니섹스 스타일의 옷이 주를 이룬다.

에크루가 국내에 소개하고 성장시킨 브랜드는 한두 개가 아니다. 그중에 와코

마리아*Wacko Maria*는 원래 일본의 남성복 브랜드이지만 에크루의 스페셜 오더를 통해 국내에는 야상 브랜드로 알려졌다. 오래 신어서 빨지 않은 것 같은 빈티지한 멋의 골든구스, 스웨덴 럭셔리 브랜드 아크네 스튜디오, 메종 마르틴 마르지엘라의 세컨드 라인 MM6 등도 에크루가 소개한 브랜드다. 이제는 안타깝게도 다른 기업에 독점권을 빼앗겼는데, 이런 모습을 보면 동병상련의 정이 느껴져 마음이 불편하고 아프다.

하지만 주카*Zucca*, 언더커버 등 일본 브랜드들을 꿋꿋이 전개하고 스탠드얼론*Standalone*이라는 국내 브랜드도 론칭해 자체 제작으로 판매하고 있으며, 해외 진출로 홀 세일 어카운트도 늘려가고 있다. 탄탄한 바잉 실력과 단단한 고객층을 갖고 있어 꿋꿋이 살아남으리라 기대하며 마음속 깊이 응원을 보낸다. 신사동의 플래그십 스토어와 현대백화점 등에서 만나볼 수 있다.

지금까지 국내의 내로라하는 편집숍을 둘러봤다. 이를 통해 내릴 수 있는 결론은 무엇일까? 결국 브랜딩이 답이다!

신세계, 롯데, 현대, 그리고 갤러리아 등의 유통 회사들은 이제 편집숍 운영을 선택이 아닌 필수로 받아들여야 한다. 특히 제작이 가능한 컨템퍼러리 라인의 편집숍이라면 더욱더 놓쳐서는 안 된다. 새로운 브랜드 유치와 소개가 백화점의 시크함과 모던함의 잣대가 되고 있는 지금, 편집숍의 인큐베이팅 역할은 매우 중요하다.

사실상 편집숍은 이제 브랜드 인큐베이터를 넘어 하나의 브랜드가 되었다. 더 이상 신세계 온리, 현대 온리, 롯데 온리 방식의 PB Private Brand 처럼 백화점 차별화를 위한 수단이 아니다. 롯데백화점에 현대의 톰 그레이하운드가 입점했다는 것은 실제 이런 변화를 확인하게 해준다. 일본의 여러 대형 편집숍 유통처럼 수익성과 융통성 그리고 차별화를 모두 잡을 수 있는 올바른 방향이라 생각한다.

점차 유통에서도 브랜드 사업 없이는 생존할 수 없는 시대가 다가오고 있다. 그런 의미에서 신세계인터내셔날은 확실히 타 대기업보다 앞서가고 있다. 오너부터 패션을 알고 관심을 두고 있는 만큼 이런 흐름을 미리부터 보고 준비해 왔기 때문이다. 신세계에서 세계 매출 최고이자 국내에서 가장 핫

한 점포인 신세계백화점 강남점이 탄생한 것은 결코 우연이
아니다.

한편 타 백화점에 비해 점포 수 자체가 적은 갤러리아는 몇
년 전까지만 해도 얼리어댑터 고객들을 많이 보유하고 있었
다. 당시 갤러리아는 어느 백화점보다 브랜드 마켓 테스트를
하기에 좋은 최적의 장소였다. 하지만 그 명성은 이제 과거의
영광이 되었다.

아주 오래전부터 나는 계속해서 갤러리아 바이어와 백화점
관계자를 통해 브랜드 사업을 해야 한다고 역설했다. 하지만
그때마다 되돌아오는 답은 "갤러리아는 전개할 수 있는 점포
가 적어서 그럴 수가 없다"는 것이었다. 이는 브랜드를 PB로
생각했을 때 나올 수 있는 이야기다. 브랜드 사업 자체를 염
두에 두고 크게 본다면 현문우답일 뿐이다.

그렇게 해서 갤러리아 G.494는 MSGM, N°21, 가니 등을
마켓에서 열심히 키워 고스란히 다른 회사에 갖다 바쳤다. 판
매율은 좋았지만 브랜딩으로 이어지지 못한 결과였다. 갤러
리아를 총괄하는 리더가 브랜딩에 대한 의식도 의지도 없었
기에 G.494는 그토록 오랜 시간 괜찮은 바잉을 하고도, 그토
록 좋은 얼리어댑터 고객을 보유하고도, 그토록 좋은 엘리베
이터 앞자리의 넓은 공간을 차지하고도 역사의 뒤안길로 사

라지고 말았다.

갤러리아에 브랜딩의 중요성을 이해하는 리더가 한 명만 있었어도, 지금 갤러리아는 적어도 대여섯 개 이상의 핫한 브랜드를 일궈낼 수 있었을 것이다. 아마 신세계의 신세계인터내셔날, 현대의 한섬에 버금가는 회사가 되었을지도 모를 일이다. 그런 기회를 고스란히 놓치고 무無의 상태로 돌아가다니 아깝고 안타깝다.

코로나19 특수로 일어난 갤러리아의 매출 착시 현상은 끝났다. 여성 RTW는 명품 등과 단순 매출로만 비교했을 때 비교적 적은 비중을 차지할지 모른다. 그러나 단연 백화점 엠디의 꽃이다. 여성 RTW가 망가지면 그다음 차례는 백화점 전체다. 갤러리아는 생물로서의 패션과 브랜딩을 이해할 리더가 절실하다. 타 백화점의 리더들도 갤러리아의 예를 타산지석으로 삼아 편집숍과 브랜딩의 중요성을 가슴 깊이 새겨야 한다.

엘리든, 무이와 같은 편집숍보다 컨템퍼러리 라인의 편집숍이 필요한 이유는 또 있다. 지금도 인터넷의 발달로 모든 브랜드의 해외 가격이 고스란히 비교되고, 해외 무료 배송 등의 적극적인 마케팅으로 직구가 늘어나고 있다. 그러니 단순한 수입만으로는 점점 더 그 한계가 분명해질 것이다.

여러 해의 바잉을 통해 브랜드 아카이브에 대한 공부가 깊어지고 브랜드 DNA를 내 것으로 체화할 수 있다면, 다음은 라이선싱이다. 고가의 하이 컨템퍼러리나 백화점에서 해외로 분류되는 브랜드는 라이선싱을 잘 주지 않는다. 그러니 수익성도 내면서 해외 브랜드를 전개하기 위해서는 컨템퍼러리 라인이 답이다. 컨템퍼러리 브랜드는 결국 늘어날 수밖에 없다. 현재 백화점들이 엠디를 컨템퍼러리 라인 쪽으로 강화하는 것도 그런 이유다. 올바른 방향이라 할 만하다.

또한 바이어라면 시장조사를 할 때 브랜드뿐 아니라 각 편집숍의 바잉 스타일도 눈여겨봐야 한다. 눈썰미 있는 바이어라면 같은 브랜드라도 바이어가 누구인지에 따라 걸리는 제품이 달라진다는 것을 분명하게 느낄 것이다.

그렇게 충분한 발품을 팔았다면 사무실로 돌아와 휴식의 시간을 가져도 좋다. 피에르 에르메Pierre Hermé의 달달한 마카롱이나 레더라Läderach의 달콤 쌉싸름한 다크 초콜릿과 같은 간식은 지친 몸에 달콤한 행복을 선사할 것이다.

얼리 버드만 먹이를 찾는 것이 아니다. 혀도 마음도 행복한 바이어가 좋은 브랜드와 예쁜 아이템을 하나라도 더 찾을 수 있다. 이는 지금까지의 경험에서 얻은 지혜다. 충분한 휴식을 취한 뒤에는 슬슬 손품을 팔아 전 세계 백화점과 편집숍을 향해 여행을 떠나보자.

손품 팔기

브랜드 서치

neimanmarcus.com 니만마커스닷컴

니만 마커스는 시카고에서 가장 핫한 백화점이자, 시카고에 사는 동안 내가 가장 사랑했던 백화점이다. 이곳은 시카고에서 가장 고가의 브랜드가 모여 있는 럭셔리 패션 스트리트, 매그니피센트 마일*Magnificent Mile*의 한가운데 자리하고 있다. 현금, 체크(개인 수표), 니만 마커스 카드 외에 다른 신용카드는 일체 받지 않는 콧대 높은 고급 백화점이다. 시카고에서 '한 패션 한다'는 패션 피플이

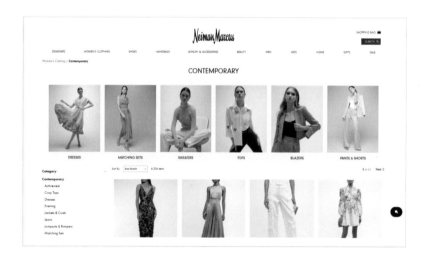

주된 고객인데 2층에서는 명품 브랜드를, 3층에서는 컨템퍼러리 브랜드를 소개하고 있다.

여느 외국 백화점이 그렇듯 니만 마커스 또한 대부분의 제품을 직바잉으로 진행하는데, 그들의 바잉은 시카고 패셔니스타들 사이에서도 상당히 유명하다. 패션뿐 아니라 화장품이나 가정용품 종류에서도 전 세계의 새로운 브랜드를 발 빠르게 소개한다. 세계적인 브랜드에 능통한 바이어라도 흥미로운 브랜드 하나쯤은 새로 발견할 만큼, 신선한 아이템으로 가득한 곳이다. 다만 명품 백화점에 걸맞게 상품 가격대가 만만치 않다는 점이 흠이라면 흠이다.

그러면 그들의 제품은 어떻게 찾을 수 있을까? 먼저 니만마커스닷컴에 들어가서 디자이너 A부터 Z까지를 쭉 훑어본다. 모르는 브랜드가 있으면 들어가 어떤 제품, 어떤 스타일, 어떤 분위기인지 살펴보자. 만약 우리 숍과 맞는 브랜드라면 이름을 메모하거나 휴대폰으로 사진을 찍어둔다. 내가 자주 가는 곳은 우먼즈 클로딩*Women's Clothing*의 컨템퍼러리*Contemporary* 섹션이다. 내 경우 주로 로우 컨템퍼러리에서 하이 컨템퍼러리를 취급하므로 이 섹션을 자주 본다. 그리고 트렌딩 인 클로딩*Trending in Clothing* 섹션을 통해 그 시즌에 유행하는 아이템을 종류별로 나눠 보여주기도 한다. 스타일링도 멋지니 둘러보기에 좋다.

이외에 피처드 디자이너*Featured Designers* 섹션과 라이프스타일*Lifestyle*의 프리미어 디자이너*Premier Designer* 섹션도 볼 만하다. 하지만 알렉산더 맥퀸*Alexander McQueen*, 돌체앤가바나*Dolce & Gabbana* 등의 유명 브랜드의 경우 국내에서는 글로벌이 직접 진행하거나 독점으로 전개되고 있어 바잉할 수 없는 경우가 많다. 또한 오스카 드 라 렌타*Oscar de la Renta* 등 미국인만 좋아하는 브랜드도 있어, 눈을 즐겁게 하고 안목을 높인다는 차원에서 그냥 쭉 훑어보는 정도로 충분하다.

니만 마커스에서는 1년에 두 번 라스트 콜*last call* 행사를 진행하는데, 이때는 비가 와도, 눈이 와도, 바람이 불어도 패션 피플이라면 반드시 가야 한다. 사실 시카고는 별명이 윈디시티일 만큼 늘 바람과 친한 곳이니, 좋은 제품을 '득템' 할 수 있는 이런 기회를 놓칠 이유가 없다! 내 경우 시카고에 살 때 잘 아는 판매 직원이 귀띔을 해줬는데, 그러면 공식 세일 전 찜해두었던 아이템을 거의 50~80퍼센트 마지막 할인 가격에 가져오고는 했다.

이런 라스트 콜 세일은 꼭 오프라인이 아니더라도 온라인몰을 통해 어디에서 든 참여할 수 있다. 지갑이 두둑하지 않아도 눈은 하늘에 붙어 있는 패션 피플 에게 이만저만한 행운이 아니다. 마치 오프라인의 잘 아는 판매 직원이 미리 라스트 콜을 알려주는 것처럼, 니만마커스닷컴을 애용하는 고객에게는 인터 넷몰이 스페셜 쿠폰이나 스페셜 번호를 이메일로 보내온다. 체크아웃 시 이 번 호를 넣으면 라스트 콜의 가격이 적용되는 방식이다. 오프라인의 판매 직원에 게 서비스를 받는 것처럼 온라인몰에서도 특별함을 느끼게 해주는 것이다.

사심이 발동해 옆길로 새고 말았지만 쇼핑을 싫어하는 엠디가 있을까. 나는 "쇼핑에 관심이 없거나 별로 좋아하지 않는다면, 진정한 엠디가 아니다"라고

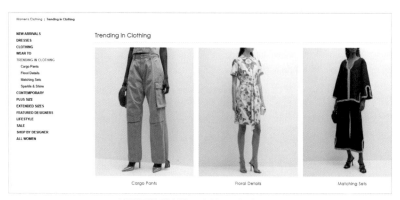

시즌의 유행 아이템을 볼 수 있는 트렌딩 인 클로딩

감히 말하고 싶다. 온라인몰의 우먼즈 클로딩 섹션에서 다음 시즌의 옷을 미리 볼 수도 있고, 프리오더로 사전 주문해 미리 찜할 수도 있다. 얼마나 편리한가! 이때 자신의 편집숍에 같은 브랜드의 같은 아이템이 있다면, 무조건 가격을 확인해서 마크업 시 조금은 낮게 가야 한다. 이제는 직구가 활발한 만큼 국내 편집숍뿐 아니라 해외 편집숍과도 경쟁해야 하기 때문이다.

고객은 정말 똑똑하다. 이런 똑똑한 고객을 만족시키기 위해서는 엠디로서 브랜드 서치와 바잉뿐 아니라 국내외의 가격을 체크하는 데 정말 열심히 손품과 발품을 팔아야 한다.

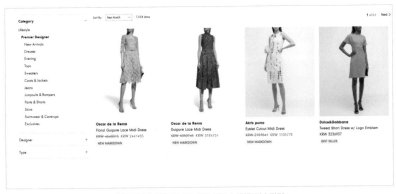

해외 유명 브랜드가 한눈에 보이는 니만마커스닷컴

saksfifthavenue.com 삭스피프스애비뉴닷컴

삭스 피프스 애비뉴는 10 꼬르소꼬모처럼 그곳이 위치한 뉴욕 맨해튼 5번가의 거리명을 따서 이름 붙여졌다. 시카고에도 니만 마커스 건너편에 작게 매장이 있지만, 이제는 명품 백화점의 대명사가 된 맨해튼 5번가 본점이 단연 최고다. 뉴욕으로 출장을 갈 때면 새로운 브랜드나 백화점 전체의 분위기, 팝업 스토어를 위한 디스플레이를 배우기 위해 반드시 들르는 곳이기도 하다.

삭스피프스애비뉴닷컴의 디자이너 섹션은 여러 카테고리로 나뉘어 있는데, 뉴 어라이벌 *New Arrivals* 섹션을 통해서는 어떤 브랜드가 새로 입점했는지 살필 수 있다. 모스트 원티드 *Most Wanted* 섹션은 어떤 브랜드가 가장 잘나가는지, 온리 엣 삭스 *only at Saks* 섹션에서는 삭스 익스클루시브 *Saks exclusive* 라인을 볼 수 있다. 고객의 취향을 엿볼 수 있는 곳이라 재미나다.

여기서 지갑이 얇은 패션 피플을 위한 팁 하나! 삭스피프스애비뉴닷컴에서도 퍼스트 *1st*, 세컨드 *2nd*, 라스트 마크다운 *last markdown*을 진행하지만, 마지막 마

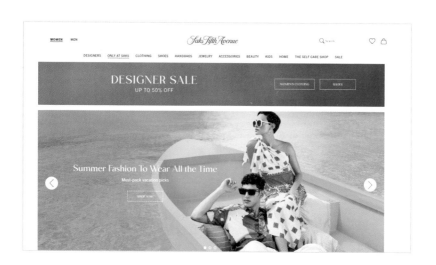

크다운 때도 우리에게는 여전히 만만치 않은 가격일 경우가 많다. 그러니 마지막 세일을 끝낸 상품들이 어디로 흘러가는지를 주목하면 좋다.

삭스 피프스 애비뉴 백화점의 아웃렛몰은 삭스 오프 피프스*Saks Off 5th*이고, 이 아웃렛의 온라인 버전이 삭스오프피프스닷컴(saksoff5th.com)이다. 결국 삭스피프스애비뉴닷컴의 상품은 아웃렛몰인 삭스오프피프스닷컴으로 넘어갈 테니 운이 좋으면 훨씬 더 좋은 가격에 마음에 드는 상품을 손에 넣을 수 있다. 70퍼센트 할인은 기본이고, 50퍼센트 더블 쿠폰에 온갖 쿠폰을 붙여 때로는 95퍼센트까지 할인하기도 한다. 물론 사이즈나 좋아하는 스타일을 만나려면 운이 따라야 한다.

삭스 피프스 애비뉴의 아웃렛인 삭스 오프 피프스의 온라인몰

shopbop.com 샵밥닷컴

수천 달러 하는 펜디*Fendi*, 발렌티노*Valentino*에서부터 몇십 달러의 캐주얼한 티셔츠 브랜드까지 없는 것이 없는 온라인몰이다. 내가 둘러보는 온라인몰 중 가장 재미나고 가장 영하다. 미국을 근거로지로 하는 만큼 미국 패션 위크의 가장 큰 트레이드 쇼인 코테리*Coterie*나 그보다 캐주얼한 트레이드 쇼인 매직 *Magic* 등에서 볼 수 있는 다양한 미국 브랜드를 보유하고 있다.

만약 캐주얼한 미국 브랜드를 찾는다면, 샵밥에 있는 브랜드를 하나하나 클릭해 가며 공부할 것을 권한다. 엄청나게 많은 브랜드 리스트를 보유하고 있으니, 열심히 공부하면 그 대가를 보상받을 수 있다. 분명 자신의 숍에 어울리는 가격과 스타일의 브랜드를 한두 개쯤 발견하게 될 것이다. 이후에는 가끔 방문해서 왓츠 뉴*What's New* 섹션만 보면 브랜드 업데이트를 금방 끝낼 수 있다. 뭐든 처음이 힘든 법이다.

내 경우 클로딩*Clothing*의 스타일 가이드*Style Guides*와 숍 바이 오케이션*Shop by Occasion* 섹션을 가장 좋아한다. 시즌에 맞춰 스윔 웨어나 데님 트렌드를 알려주기도 하고 결혼식에 맞는 복장, 여름 휴가지에 어울리는 옷, 손님으로 초대

받았을 때의 차림 등 때와 장소에 맞는 옷을 제안해 준다. 타 온라인몰의 스타일 가이드가 일반인이 따라하기에는 다소 드라마틱하다면, 샵밥의 스타일 가이드는 패셔니스타가 아닌 일반 고객도 충분히 따라해 볼 만하다. 톱 디자이너 *Top Desingers* 섹션만 봐도 타 온라인 편집숍에 비해 문턱이 낮은 것을 알 수 있다. 현재는 핫한 데님 브랜드 에이골디와 뉴욕 스타일의 여성스러운 브랜드 시*Sea*, 울라존슨, 베로니카 비어드*Veronica Beard* 등이 소개되어 있다.

20여 년 전 미국에 살 때, 공부하느라 경제적으로 그리 여유가 없던 시절에도 가끔 샵밥에서 물건을 구매했다. 그때만 해도 이 정도로 규모가 크지 않았는데, 지금은 단연 미국 최대 온라인 쇼핑몰 중 하나다. ENK 인터내셔널*ENK International*이 주최하는 국제적인 트레이드 쇼인 코테리, 솔 커머스*Sole Commerce* 등에서도 그들의 바잉 팀과 여러 번 부스에서 마주치고는 했다.

이제는 그들의 바잉 파워가 엄청나게 강청진 덕분에 대부분의 브랜드가 그들에게 낙점받는 것을 크나큰 영광으로 여긴다. 그만큼 컨템퍼러리 바이어라면 없는 시간을 쪼개서라도 반드시 방문해 봐야 한다. 캐주얼과 컨템퍼러리 룩의 진수를 경험하게 될 것이다.

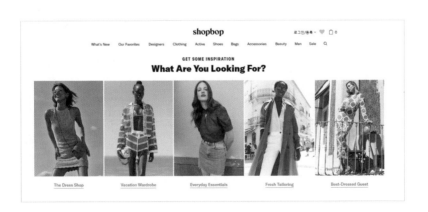

ssense.com 에센스닷컴

에스 센스라고 쓰고 에센스라고 읽는다. 요지 야마모토*Yohji Yamamoto* 또는 와이즈*Y's* 같은 약간 다크한 스트리트 웨어류를 사고 싶다면, 이곳을 봐야 한다. 한정판 디젤*Diesel* 청바지를 온라인에서 성공적으로 판매한 경험을 한 피라스 *Firas*, 라미*Rami* 및 바셀 아탈라*Bassel Atallah*가 이에 영감을 받아 2003년 설립 한 캐나다 멀티 브랜드 온라인 편집숍이다. 하이엔드*high-end* 스트리트 웨어 브랜드에 초점을 두고 있는 만큼 질 샌더, 발망*Balmain*, 릭오웬스*Rick Owens*처 럼 이미 유명한 브랜드를 만나볼 수 있다.

동시에 작지만 큰 잠재력을 가진 디자이너 발굴에도 열심이어서, 신진 디자 이너와 신흥 브랜드를 적극적으로 소개하며 지원하는 것으로도 유명하다. 또 K-디자이너의 발굴을 위해 한국에도 자주 온다. 그 결과 영국에서 유학 후 한 국에서 브랜드를 론칭한 디자이너 공영대, 김하린의 카르넷아카이브*Carnet-Archive*도 2023년 F/W부터 선보인다고 한다. 2021년 S/S에 첫 컬렉션을 선보

인 카르넷아카이브는 신생 디자이너로는 드물게 2023년 F/W 남성 밀라노 컬렉션에도 정식 초대되었으니, 이들의 브랜드 보는 눈은 보통이 아니다. 대부분의 유명 온라인 편집숍이 중구난방으로 많은 브랜드들을 앞다퉈 들여놓는 반면, 에센스는 스트리트 웨어라는 멀티숍 아이덴티티에 제법 충실하다.

한편 온라인 패션 플랫폼이 오프라인으로 진출하는 경향에 따라 에센스 역시 2018년 본사가 있는 몬트리올에 플래그십 소매점을 열었다. 유서 깊은 19세기 건물 안에 자리한 이곳은 카페, 예술 공간, 온오프라인 하이브리드 전용 공간 등으로 나뉘어 체험 소매 공간을 제공하고 있다.

이와 같이 온라인과 오프라인을 연동해서 진행하는 모델을 비즈니스 용어로 클릭스 앤 모르타르Clicks and Mortar라고 한다. 소비자가 제품을 온라인으로 구매하기 전에 오프라인에서 먼저 살펴보려는 경향에 따라 점점 인기를 얻고 있다. 온오프라인을 연동하는 이런 비즈니스 모델은 코로나 팬데믹의 고비를 넘긴 지금 훨씬 더 강한 흐름이 될 것이다. 국내 온라인 플랫폼의 강자인 무신사가 오프라인 매장을 내는 것 또한 이런 추세를 잘 보여준다.

큰 잠재력으로 주목받고 있는 카르넷아카이브의 컬렉션

matchesfashion.com 매치스패션닷컴

1987년에 오프라인으로 시작해 거의 반세기의 역사를 갖고 있는 편집숍이다. 온라인 편집숍이 늘어나고 있는 요즘에도 굳건하게 자리를 잡고 있다. 런던에 다섯 개의 오프라인 편집숍을 운영하고 있는 매치스는 웹페이지에 쓰여 있듯 '모던 럭셔리 쇼핑'몰이다.

샵밥이 중가의 미국 브랜드에 강하다면, 매치스패션은 이미 본국에서 우리나라로 직진출했거나 독점으로 전개하는 업체가 있는 고가의 유럽 브랜드가 주를 이룬다. 하지만 아직 독점 업체가 없는 명품 브랜드들도 많아서 잘 살펴보면 국내에 잘 알려지지 않은 좋은 브랜드를 발견할 수 있다. 편집숍의 수준을 업그레이드하고 싶다면 둘러보기를 바란다. 한두 개 끼워 넣을 만한 살짝 '수준' 있는 유럽 브랜드들도 제법 많이 찾아볼 수 있다.

또 처음 보는 브랜드라 하더라도 브랜드에 대한 연혁과 디자이너에 대한 간략한 소개를 제공하고 있어, 관심 가는 브랜드에 대한 콘택트 인포*Contact Info*를

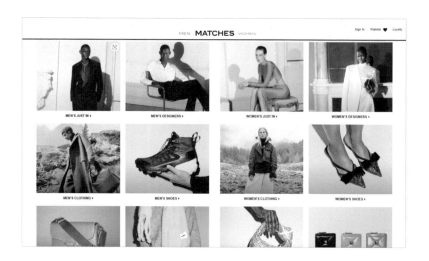

쉽게 얻을 수 있다.

영어로 되어 있다고 기죽을 필요는 없다. 요즘은 대부분의 해외 온라인몰이 한국어 서비스를 제공하고 있으니, 한글을 누르면 어색한 번역이기는 해도 브랜드 소개를 읽어볼 수 있다. 브랜드도, 스타일도 온라인몰 중 가장 시크하고 럭셔리하다.

브랜드의 콘택트 인포를 확인할 수 있는 상세 페이지

net-a-porter.com 네타포르테닷컴

2000년 홍콩을 베이스로 오픈한 럭셔리 온라인몰이다. 매우 큰 브랜드 풀을 갖고 있는데, 구찌*Gucci*의 익스클루시브 모델도 팔고 있을 만큼 파워가 있다. 큐레이션 섹션이 좀 지나치다 느낄 만도 하지만, 인스타그램용으로 과한 인생 컷을 남기고 싶다면 도움이 될 만한 아이템을 쉽게 발견할 수 있다.

특히 이들의 아울렛몰인 더아웃넷닷컴(theoutnet.com)은 쇼핑을 좋아한다면 결코 놓칠 수 없는 곳이다. 어떤 온오프라인 아웃렛몰보다 다양한 사이즈의 많은 상품들을 보유하고 있으며, 할인율도 50~70퍼센트는 기본이다. 네타포르테에 새로운 브랜드가 추가될수록, 더아웃넷닷컴의 브랜드도 점점 다양해진다. 알라이아*Alaïa*, 오스카 드 라 렌타, 끌로에, 크리스토퍼 케인*Christopher Kane* 등의 명품부터 헬무트랭*Helmut Lang*, 티비 등 중가의 컨템퍼러리 브랜드까지 다양한 브랜드와 큰 셀렉션의 아이템이 준비되어 있다.

주말이나 휴일 등에는 갖가지 이유를 붙여 특전도 열린다. 예를 들어, 플로럴

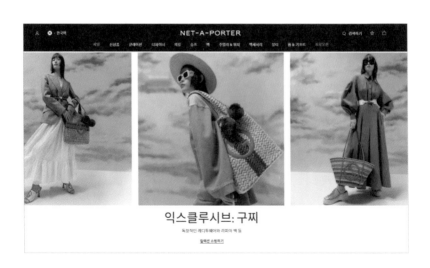

- 98 -

스프링Floral Spring이면 수많은 플로럴 팬츠와 드레스류를 모아놓고 기본 할인
가에서 30퍼센트 추가 할인 이벤트를 진행하니 지름신의 발동을 막을 재간이
없다. 나만 해도 저렴하다고 마구 질렀다가 계산할 때 놀란 적이 여러 번이었
다. 예전에는 파운드 결제였기 때문에 숫자 감각 없이 담았는데, 막상 원화로
계산하면 만만치 않은 가격이었다. 그래도 요즘은 가격이 원화로 적혀 있어서
천만다행이다.

그리고 더아웃넷닷컴에는 그곳에서만 구매할 수 있는 자체 브랜드 아이리스
앤 잉크Iris & Ink 또한 판매하므로 합리적인 가격에 흥미로운 아이템을 찾는다
면 둘러볼 만하다.

1. 놀라운 할인 가격에 다양한 상품을 볼 수 있는 더아웃넷닷컴
2. 더아웃넷닷컴의 자체 브랜드 아이리스 앤 잉크

yoox.com 육스닷컴

2000년에 오픈한 럭셔리 온라인몰로, 밀라노를 본거지로 하고 있다. 톱 디자이너*Top Designers* 섹션에서는 국내에서 독점으로 전개되는 거의 모든 명품 브랜드를 볼 수 있으며, 모든 디자이너 보기*View All Designers*를 클릭해 디자이너 A-Z, 전체 디자이너 리스트를 살펴볼 수도 있다. 그런데 그 순간, 이탈리아 온라인 편집숍이라는 사실을 실감할 수 있을 텐데, 그만큼 처음 보는 생소한 브랜드들이 머리가 어지러울 정도로 많다. 그러니 이탈리아 브랜드에 관심이 있는 바이어라면 반드시 둘러봐야 한다.

밀라노에 본거지를 두다 보니, 럭셔리 가방 마그리*Magri*처럼 밀라노 베이스의 브랜드 재고를 싼값에 받아다 보다 저렴한 가격에 소개한다. 가방류는 시즌 없이 가는 경우가 많으므로 이탈리아 럭셔리 가방을 저렴하게 구매할 수 있다는 것 자체로도 큰 이점이다. 물론 아직 국내에 제대로 알려지지 않은 퀄리티 좋고 디자인 가치도 뛰어난 가방이나 액세서리 브랜드를 공부하기에도 좋다. 고

객 등록을 해놓으면, 새로운 디자이너나 브랜드가 소개될 때마다 메일로 친절하게 알려주는 서비스도 제공한다.

더 나아가 최근에는 육시젠*Yooxygen*을 통한 리사이클링, 업사이클링 브랜드도 소개하고 있다. 보다 영하고 의식 있는 고객을 위해 패션뿐 아니라 경제 등 모든 분야에서의 커다란 흐름인 서스테이너빌리티*sustainability*에 부응하고자 한 것이다.

지속가능성이라는 세계 흐름에 맞춰 전개 중인 육시젠

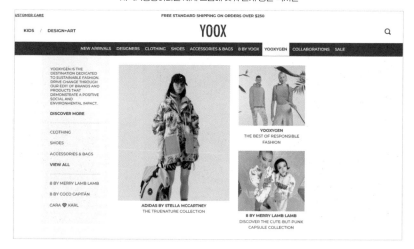

modaoperandi.com 모다오페란디닷컴

판매 방식이나 아이템 면에서 다른 쇼핑몰과 철저히 구분되어 주목받았던 온라인몰이다. 전문 엠디가 아닌 일반 고객이라면 다음 시즌 매장에서야 만나볼 수 있는, 즉 현재 진행되고 있는 런웨이 속의 옷을 미리 주문할 수 있는 유일한 쇼핑몰이었다.

일반 의류 수입 회사들이 오더를 넣고 OC*Order Confirmation*(주문 확인서)를 받은 후에 디파짓*deposit*(계약금)을 넣는 것처럼, 다음 시즌의 런웨이를 보고 마음에 드는 아이템을 찜하면 물건 값의 50퍼센트에 해당하는 디파짓을 지불한다. 그후 다음 시즌에 옷이 입고되면, 나머지 50퍼센트를 지불하고 원하는 곳으로 배송받는다.

시스템적으로는 보통 의류 수입 회사처럼 오더, 디파짓, 잔금, 수입 등의 절차를 따르지만 한 장씩, 도매가가 아닌 소비자가에 물건을 산다는 차이가 있다. B to B*Business to Business*가 아닌 B to P*Business to Person*인 셈이다. 일반 고객

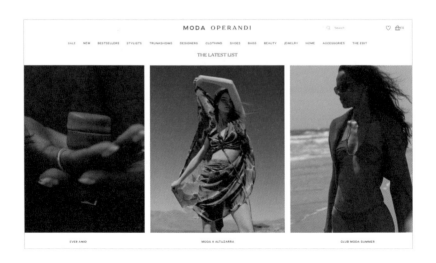

이 한 시즌 먼저 옷을 찜할 수 있고 런웨이에서 전개되는 이미지뿐 아니라 개별 아이템의 자세한 사진도 볼 수 있어 흥미롭다. 현재는 다른 온라인몰처럼 운영되며 원래 갖고 있던 프리오더는 하나의 섹션, 즉 트렁크쇼*Trunkshows*를 통해 진행하고 있다.

오스트레일리안 패션 위크처럼 크지 않고 멀어서 가기 어려운 곳의 컬렉션을 사무실에서 편하게 확인할 수 있다는 것 또한 강점이다. 직접 가지 않고도 아이템의 디테일 컷이나 가격 등을 알 수 있으니 전문 엠디나 수입 편집숍 오너에게는 상당히 유용하다. 자신의 편집숍과 맞는 브랜드인지 아닌지 금방 판단할 수 있어 자주 방문하면 도움이 된다.

한 시즌 앞서 런웨이의 제품을 찜할 수 있는 트렁크쇼

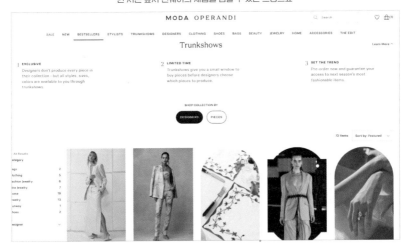

farfetch.com 파페치닷컴

'300 부티크 1 어드레스*300 Boutiques 1 Address*'라는 슬로건과 '파 페치*Far Fetch*'라는 이름이 모든 것을 말해준다. 한마디로 먼 나라의 편집숍도 파페치닷컴에 접속하는 순간 만나볼 수 있다는 의미다. 이렇듯 대부분의 온라인몰이 직접 바잉한 상품을 팔거나 일부 위탁하는 형태인 것과 달리, 파페치닷컴의 판매 방식은 태생부터 다르다.

파페치닷컴에서는 파리, 뉴욕, 밀라노, 부다페스트 등에 있는 유명 편집숍 300여 곳과 제휴를 맺고, 그들이 바잉한 상품을 소개한다. 고객이 오더를 하면, 그 상품을 보유하고 있는 부티크에서 직접 고객에게 배송해 주는 시스템이다. 한마디로 100퍼센트 위탁형 쇼핑몰인 셈이다. 그 제휴처가 지금도 계속 늘고 있다는 점에서 파페치만의 강점을 확인할 수 있다.

패션도 강하지만 소품이나 라이프스타일 제품도 다채롭고 흥미롭다. 마치 10 꼬르소꼬모의 생활용품 매장을 온라인으로 보든 듯하다. 특히 코로나 팬데믹

기간 동안 라이프스타일 분야가 더욱더 커진 만큼, 관련 브랜드를 찾는 바이어라면 관심을 가져볼 만하다.

또한 환경과 사회를 위해 패션의 서스테이너빌리티를 실천하려는 일환으로 프리-오운드Pre-Owned 중고 섹션도 점차 넓혀가는 중이다. 이는 단순히 대세를 따른다는 차원이 아니라 업사이클링과 리사이클링에 진심인 미래 고객을 위한 노력이라고 할 수 있다. 물론 무섭게 성장하고 있는 온라인 중고 명품숍 더리얼리얼닷컴(therealreal.com) 같은 곳을 벤치마킹하는 시도일 수도 있다.

지속가능성의 일환으로 확장 중인 프리-오운드 섹션

therealreal.com 더리얼리얼닷컴

오래전 뉴욕 패션 위크 때였다. 트레이드 쇼와 쇼룸 미팅 등 주요 일정을 모두 마치고, 시장조사라는 미명하에 사심을 가득 안고 소호Soho를 방문했다. 자그마한 한 블록 전체를 차지하고 있는 샤넬 매장 근처에는 유명 브랜드의 플래그십 스토어뿐 아니라, 크고 작은 시크한 편집숍들이 즐비했다.

그런데 엄청나게 커다란 규모에, 인테리어도 럭셔리한데, 듣도 보도 못한 이름이 걸려 있는 숍이 있었다. 그곳은 멋스럽고 시크한 사람들의 행렬이 끊임없이 이어지고 있었다. 이렇게 핫하고, 큰 편집숍을 놓치고 있었다는 사실에 깜짝 놀랐다. 그런데 부랴부랴 들어간 그곳은 편집숍이 아니라, 위탁형 중고숍이 아닌가. 바로 더리얼리얼이었다. 우리나라에도 구구스Gugus 같은 업체가 있지만, 규모도 훨씬 크고 분위기도 럭셔리했다. 샤넬, 루이비통 같은 명품뿐 아니라, 컨템퍼러리 브랜드들도 많았다.

그 온라인몰인 더리얼리얼닷컴에서는 실제 고객들이 사고, 입고, 위탁해 파

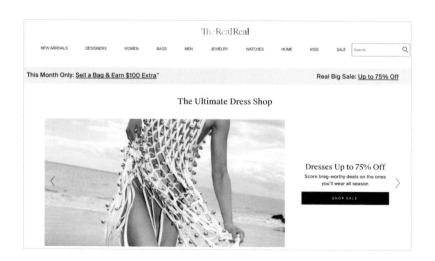

는 브랜드가 무엇인지 확인할 수 있다. 디자이너*Designers*의 이머징 브랜드 *Emerging Brands* 섹션에는 아직까지 우리나라에는 소개되지 않았지만 유럽의 백화점에서는 핫한 케이트*Khaite*, 손바닥보다 작은 가방으로 유명한 자크뮈스 *Jacquemus*, 가블리엘라 허스트*Gabriela Hearst* 등이 리스트에 포함되어 있다. 이 리스트는 계속해서 업데이트되니 주기적으로 들어가 보기를 추천한다. 일반 리테일에서 핫한 브랜드는 세컨드 핸드 스토어*2nd hand store*에서도 핫하기 마련이다.

오늘날 환경에 대한 염려, 지구 지키기, 서스테이너블 무드에 꼭 들어맞는 '어 서스테이너블 럭셔리 컴퍼니*A Sustainable Luxury Company*'라는 숍의 아이덴티티는 무서운 성장세를 견인하고 있다. 오프라인 매장은 벌써 열 곳이 훌쩍 넘었고, 뉴욕에만도 네 곳이다.

패션 트렌드를 미리 볼 수 있는 더리얼리얼닷컴

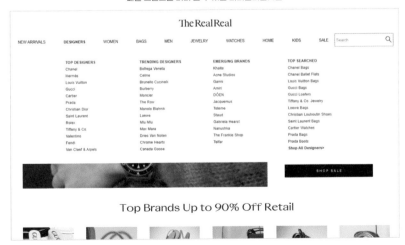

지금까지 다양한 온라인몰을 둘러보며 브랜드 공부를 했다면, 이제는 정말 옷 잘 입는 사람들을 보고 그들의 스타일을 배워볼 차례다. 아무리 훌륭한 아이템을 확보해도 제대로 스타일링하지 못한다면 무슨 소용이 있겠는가. 세계적으로 옷 잘 입기로 소문난 인플루언서들과 개인적으로 좋아하는 패션 인스타그램을 소개하겠다. 물론 다리 길이나 머리 색, 얼굴 등 신체 조건을 비교하면 절망할 수도 있다. 하지만 어쩌겠는가. 주어진 상황에서 최선을 다할 수밖에!

그럴 때일수록 스타일링이 더욱 중요하다. 같은 신체 조건이라 해도 스타일링과 자신감에 따라 옷맵시는 천지 차이다. 옷 잘 입기로 소문난 인플루언서들을 보며 엠디로서 갖춰야 할 소양 중 하나인 패션 지수를 높여보자.

스타일 서치

@voguemagazine 보그 매거진

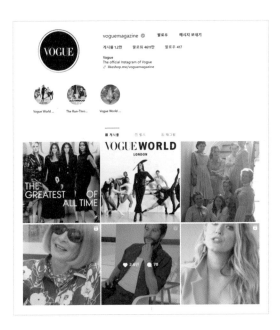

《보그Vogue》는 패션, 미용, 문화, 생활, 런웨이를 포함해 많은 주제를 다루는 미국의 패션 라이프스타일 잡지다. 패션 하면 보그, 보그 하면 패션이라 할 만큼, 패션의 대명사가 되었다. 그들의 인스타그램인 '보그 매거진'은 패션 피플이라면 당연히 팔로우Follow해야 할 넘버 원 계정이다. 매우 과한, 거의 예술에 가까운 스타일도 있지만 충분히 따라해 볼 만한 시크한 스타일도 많다. 언제 들어가도 즐겁다.

Ilirida Krasniqi @iliridakrasniqi 일리리다 크라스니키

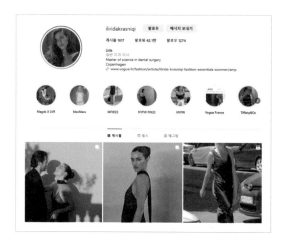

하나도 잘하기 힘든 세상에서 낮에는 치과의사, 밤에는 셀러브리티의 삶을 사는 인스타그래머. 과장된 어깨의 매니시한 오버핏뿐 아니라, 비즈가 주렁주렁 달린 럭셔리 재킷, 보디 콘셔스한 드레스 등 다양한 스타일을 소화한다. 그러나 북구의 패션 중심지인 코펜하겐 사람답게, 시크하고 미니멀한 룩이 저변에 흐른다. 데님에 심플한 톱, 여기에 하이힐만으로도 이렇게 세련될 수가!

일리리다 크라스니키는 유행을 타지 않는 패션 아이템으로 새하얀 셔츠, 청바지, 오버사이즈 블레이저 재킷, 블랙 실크 드레스, 편안한 힐을 꼽는다. 영화와 소셜 미디어, 거리를 지나가는 사람으로부터 패션에 대한 영감을 받는다고 하는데, 아마도 이런 패션 센스는 타고난 것도 같다. 어릴 적부터 엄마가 입혀준 드레스에서 매듭 방법을 바꾼다든가 액세서리를 추가하는 등 자기만의 스타일을 만들었다고 한다. 청소년기에는 수년 동안 핸드볼을 하며 선수가 될 것이라 생각했지만, 우연히 본 패션 블로그에서 창의적 욕구를 자극받으며 방향을 틀었다. 이제는 많은 여성들의 워너비로서 살고 있다.

Carolines Mode by Caroline Blomst
캐롤라인스 모드 바이 캐롤라인 블롬스트

1세대 패션 블로거로서 스칸디나비아의 정돈된 캐주얼 패션을 보여주며 유명세를 얻었다. 초창기 패션 블로거 대부분이 그렇듯, 현재 캐롤라인스모드닷컴(carolinesmode.com)이라는 온라인몰을 운영하며, 페이스북(@Carolines Mode)과 인스타그램(@carolineblomst)에서도 열심히 활동하고 있으니 둘러보면 좋다.

'더 퍼펙트 캐시미어 스웨터The Perfect Cashmere Sweater'와 '더 퍼펙트 스키니 진스The Perfect Skinny Jeans' 등 기본 아이템의 완벽한 핏을 추구했던 '캐롤라인 블롬스트'의 브랜드 제품도 이제 온라인몰에서만 만날 수 있다. 처음부터 수량을 적게 만드는 것인지, 아니면 많이 만들어도 정말 빨리 팔리는 것인지는 모르겠지만 모든 상품이 정말 빨리 품절된다. 블로그를 통해 판매할 때도 그렇고, 현재 자신의 온라몰에서도 마찬가지다.

자신의 데일리 패션을 마이 아웃핏My Outfits 섹션의 룩 오브 더 데이Look of the Day에 올리고 있으나, 이보다는 파리, 밀라노, 스톡홀름 등 유럽의 패션 도시에서 모은 스트리트스타일Streetstyle 섹션의 사진에서 스칸디나비아 특유의 심플함이 더욱 풍겨난다.

그 외에도 다양한 패션 브랜드의 컬렉션 사진, 인스피레이션Inspiration 보드, 카탈로그 사진을 올리는데, 이번 혹은 다음 시즌의 잇 아이템과 새로운 브랜드의

분위기, 스타일을 파악할 수 있다. 북구 편집숍을 했을 때 메인 브랜드였던 시

크한 스웨덴 브랜드 호프도 캐롤라인 블롬스트의 블로그를 통해 알게 되었다.

스웨덴계 스파SPA 브랜드를 포함해 많은 브랜드들과 꾸준히 캡슐 컬렉션을

선보이고 있다.

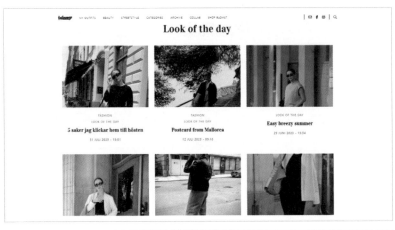

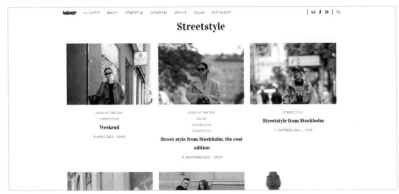

흥미로운 브랜드를 새롭게 발견할 수 있는 캐롤라인 블롬스트의 데일리 패션

Elin Kling @elinkling 엘린 클링

1983년생 스웨덴 스톡홀름 출신의 패션 블로거이자 저널리스트인 엘린 클링은 현재 가장 성공한 패션 블로거 중의 한 명이다. 이제는 자신의 이름보다 2014년 뉴욕에서 론칭한 브랜드, 토템으로 더욱 유명하다. 10년이 지난 지금 토템은 전 세계적으로 핫하게 떠오르는 브랜드로 자리 잡았으며, 얼마 전 현대백화점 본점에 국내 1호점을 오픈했다. 토템은 자신의 철학과 스타일을 고스란히 반영한 브랜드다.

엘린 클링은 보통 '무지'의 단색 아이템을 활용해 옷을 입는다. 따라서 의상의 화려함보다는 테일러링 등 옷의 정교함과 디테일, 오버사이즈와 스키니 핏의 조합과 같은 조화로움에 집중한다. 북구의 띠어리*Theory*라 불리는 필리파 케이 또한 엘린 클링의 블로그를 통해 알게 되었다. 언뜻 보면 너무 베이식해서 밋밋해 보일 수도 있지만, 평소 데일리 룩을 보면 다음 시즌의 트렌드를 알 수 있다. 한마디로 소피스티케이션*sophistication*, 보호, 시크, 미니멀리즘이라 표현할 수 있다.

다른 인플루언서와 달리 눈요깃거리의 명품이나 과격한 스타일보다 실제 입을 수 있는 아이템을 시크하게 스타일링하기 때문에 따라 하는 데 따로 쇼핑이 필요하지 않을 정도다. 그저 옷장을 열고 갖고 있는 검정 스웨터에 스키니 진, 빈티지한 가방에 좀 시크한 신발 정도만 매치하면 된다. 그러면 요란하지 않으면서 간결하고 실용적인 엘린 클링 스타일, 즉 미니멀리즘의 정수인 토템 스타일이 된다.

'미니멀리즘의 미학'이라 불리는 토템의 브랜드 철학은 요즘 업계의 화두인 지속가능성 등의 여러 측면과 긴밀하게 연결되어 있다. 토템이 고객에게 제안하는 것은 간결하게 정리된 옷장이라고 한다. 선택의 폭을 간소화하는 쪽으로 방향을 제시하며 오랫동안 입을 수 있는 타임리스 피스로 옷장을 채우는 것을 지향한다. 그런 만큼 엘린 클링이 제안하는 룩은 정말 편안하면서도 간결하다.

평소 엘린 클링은 스웨덴 국민 브랜드로 불리는 베이식한 필리파 케이 상의에 스키니 진이나 반바지 등을 자주 입는다. 마찬가지로 스웨덴 브랜드인 호프의 광팬으로 알려져 있는데, 호프 패션쇼에서 언제나 볼 수 있으며 단골손님으로 초대되어 프런트 로에 자리한다. 파리에서 있었던 2015년 S/S 호프 컬렉션 때는 헐렁하고 두꺼운 호프 스웨터에 속옷에 가까워 보이는 살랑거리는 짧은 원피스를 매치하고, 발목까지 오는 부티를 신었다. 신체 조건은 다르겠지만 그런 스타일링만으로도 스웨덴의 인기 패셔니스타와 같은 선상에 서게 된다.

나도 따라해 보고 싶었지만, 부티에 미니스커트는 나로서는 넘지 못할 산이다. 하지만 바이어로서는 결코 놓칠 수 없는 스타일링인 것만은 분명하다. 만약 당신이 바이어라면 직접 입을 수는 없더라도, 엘린 클링 같은 몸매를 가진 고객을 위해 바잉할 수는 있다.

Chiara Ferragni @chiaraferragni 키아라 페라니

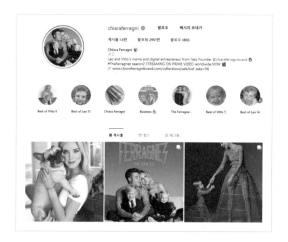

법대생에서 패션 블로거로, 신발 디자이너에서 RTW 전체의 크리에이티브 디렉터로 인생을 180도 전환한 화제의 인물이다. 1987년 이탈리아 크레모나에서 출생했으며, 2009년 블로그라는 것이 일상화되지 않았을 때 더블론드샐러드닷컴(theblondesalad.com)을 론칭해 패션에 대한 열정을 맘껏 보여줬다.

블로거 시절에는 캐주얼 룩을 많이 선보였는데, 다양한 색과 패턴을 믹스 앤 매치해서 매력적인 스타일을 완성했다. 근육질의 늘씬한 체격으로 전 세계 유수의 패션 잡지 커버를 누볐으며, 루이비통, 캘빈 클라인Calvin Klein 등의 명품 브랜드와 컬래버레이션할 정도로 높은 지명도와 영향력을 갖추고 있다. 오늘날 이탈리아뿐 아니라 전 세계 수많은 사람들에게 스타일과 영감을 전해주는 인플루언서로 평가받는다. 자신의 이름을 건 슈즈 브랜드와 RTW 컬렉션도 성공적으로 이끌고 있다.

아들도 낳고 딸도 나았지만 여전히 탄탄한 몸을 가졌으며, 아동복 라인도 론칭해서 엄마와 딸의 커플 룩을 보여주고 있다.

Leonie Hanne @leoniehanne 레오니 한느

일반적으로 따라 하기 힘든 스타일이지만, 대리 만족과 눈요기를 위해 자주 보는 인플루언서다. 화려하고 럭셔리한 패션 그 자체를 선보인다. 기업 전략 컨설팅 일을 했지만, 2014년 회사를 그만두고 블로거로서 패션계에 입문했다. 현재는 루이비통, 돌체앤가바나 등 해외 유명 브랜드들이 함께 일하고 싶어 하는, 한마디로 자기 브랜드를 입히고, 쇼에 초대하고 싶어 하는 패션계 셀러브리티 중 한 명이 되었다.

큰 키와 늘씬한 몸매로 시선을 사로잡고 직접 패션 위크의 런웨이에도 서는 등 진정한 인플루언서로서의 면모를 자랑한다. 과감한 스타일을 거침없이 소화해 내는 덕분에 디올Dior, 펜디, 끌로에 등 세계적인 유명 브랜드들과 꾸준히 파트너십을 맺고 있다.

레오니한느닷컴(leoniehanne.com)을 통해 화려함과 럭셔리의 극치를 펼쳐 보이며, 숍Shop 섹션을 누르면 직접 스타일링한 제품의 판매 웹페이지도 확인할 수 있다.

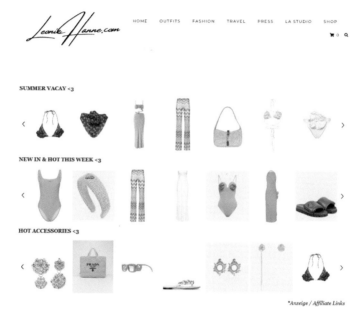

스타일링한 제품의 판매 웹페이지로 연결되는 숍 섹션

Yoyo Cao @yoyokulala 요요 카오

보통의 패션 인플루언서가 큰 키와 좋은 비율, 연예인도 울고 갈 정도의 생김새로 마치 다른 세상 사람 같다는 점에서, 일반인보다 그리 크지 않은 키에 자그마한 아시아인인 요요 카오는 더욱 차별화된 느낌을 준다. 마카오에서 태어났지만 현재는 싱가포르를 베이스로 활동하고 있으며 패션 피플에게는 요요 쿨랄라*yoyokulala*로 더 많이 알려져 있다.

인스타그램의 럭셔리함과는 달리, 중저가의 아시아 패션 브랜드를 집중적으로 소개함으로써, 패션 허브 역할을 하고자 한다. 이에 이그지빗*Exhibit*이라는 패션 플랫폼도 오픈하고 2014년에는 디자이너로서 자신의 브랜드도 론칭했다. 2017년까지 싱가포르 패션 위크에도 참여하는 등 사업가로서도 열심히 활동 중이다. 자그마한 키에도 온갖 스타일을 모두 소화하는 덕분에 요요 카오의 인스타그램은 봐도 봐도 지겹지 않다. 때로는 인형 같고, 때로는 성숙한 여인 같고, 때로는 소녀 같다. 변화무쌍한 스타일의 만화경을 보는 느낌이다.

발품을 팔아 국내 편집숍의 바잉 스타일과 브랜드를 공부했고, 손품을 팔아 해외 편집숍을 통해 각 나라의 라이징 브랜드도 공부했다. 또 옷 잘 입는 인플루언서들을 통해 다음 시즌에 뜨게 될 아이템이나 스타일도 둘러봤다. 이제 바잉을 떠나면 될까?

아니다. 가중 중요한 단계가 하나 더 남았다. 비용과 시간을 절약하며 가장 효과적으로 바잉할 수 있는 바잉 키트를 챙겨야 한다! 지난 15년간의 노하우가 담긴 내 소중한 키트를 열어보고 싶다면, 앞으로의 이야기에 귀를 쫑긋 세우고 들어주기를 바란다.

BUYING KIT

바잉 키트

성공적인 바잉을 위한
슈퍼 엠디의 동반자

몸 만들기

바잉을 준비할 때 가장 어렵고도 중요한 준비물을 꼽으라고 하면 단연 몸이다. 기본적으로도 몸을 만드는데는 오랜 시간이 걸리지만, 특히 달달하고 기름진 음식을 좋아한다면 더욱 많은 절제와 노력이 필요하다. 적어도 한 달전부터는 음식도 칼로리를 계산하며 먹어야 하고, 체력이나 옷맵시를 위해서도 꾸준한 운동을 해야 한다.

전 세계를 돌다 보면 그 나라에서만 맛볼 수 있는 디저트가 있기 마련이다. 이를 즐기기 위해서라도 바잉 전 체중 조절은 필수다. 또한 바잉 시 시간을 조금이라도 절약하고 지난 시즌보다 쉽게 바잉하고 싶다면, 전 시즌 바잉 때와 같은 체중과 몸매를 유지하는 것이 좋다.

물론 바이어가 모델은 아니기 때문에 모든 바이어가 옷맵시 나는 멋진 몸을 가져야 하는 것은 아니다. 하지만 사이즈를 체크하는 것은 판매에서 매우 중요한 요소인 만큼, 바잉시마다 일정한 몸무게를 유지하는 것은 반드시 중요하다. 그래야만 브랜드 사이즈에 변화가 있을 때 즉시 알아차릴 수 있고, 이에 맞춰 사이즈 오더를 제대로 넣을 수 있기 때문이다. 바이어가 살이 쪘는데 사이즈가 작아진 것으로 착각하고 사이즈 오더를 잘못한다면, 판매에 심각한 지장을 초래할 수도 있다.

주요 패션 국가에서 열리는 대규모 트레이드 쇼에서는 다닥다닥 붙어 있는 부스 안에 전 세계의 바이어가 모여든다. 그러니 브랜드에 따라서는 복작거리는 비좁은 부스 안에서 여러 벌의 옷을 입어보는 것을 달가워하지 않는 경우도 많다. 하지만 여기서 포기해서는 안 된다. 적어도 스타일당 하나씩은 반드시 입어봐야 한다. 브랜드마다 사이즈도 다르고, 같은 브랜드라 하더라도 시즌별로, 아이템별로 사이즈가 모두 다를 수 있기 때문이다.

예를 들어, 요가복의 샤넬이라고 불리는 룰루레몬lululemon을 보자. 내 경우 바지는 2 사이즈, 탑은 6~8 사이즈를 입어야 한다. 또 아우터인 러닝 재킷 등은 4 사이즈가 적당하다. 그들의 탑은 누구를 기준으로 하는 것인지 몰라도, 정말 작게 나온다. 따라서 처음 바잉하는 브랜드라면 욕먹을 각오를 하고서라도 반드시 바잉하고자 하는 모든 옷을 입어볼 것을 권한다. 브랜드의 직원이 내키지 않는 표정을 보이더라도 양해를 구하고 반드시 입어봐야 한다.

또 어떤 옷은 보기에는 좋지만, 입었을 때 어딘가 불편하고 어색해 보일 수 있다. 내 옷을 사는 것처럼 꼼꼼하게 입어보고, 훨씬 많은 물량이 달린 결정인 만큼 몇 배 더 고민하며 바잉해야 한다.

그렇게 성공적인 바잉을 한다면 다음 시즌에는 더욱 큰 버짓을 갖고 해당 브랜드로 돌아올 수 있다. 그러니 멀리 본다는 마음으로 첫 시즌에는 서로 불편한 것 정도는 감수해야 한다. 또한 몇 시즌 계속해서 바잉해 온 브랜드라 할지라도 사이즈나 패턴의 변화를 측정하기 위해서는 반드시 스타일당 한 벌은 입어보는 것이 현명하다.

트레이드 쇼에 참가한 비교적 큰 브랜드나 그들의 쇼룸으로 가서 바잉할 경우에는 미리 시간 약속을 잡고 간다. 그만큼 한결 쾌적하고 여유롭게 제품을 둘러볼 수 있는데, 이런 쇼룸에는 대체로 그들만의 모델이 존재한다. 대부분 판매원이 추천하는 룩을 모델이 믹스 앤 매치해서 번갈아 입고 나오기도 한다.

하지만 모델이 달리 모델이겠는가. 이들이 입으면 남대문에서 파는 '몸빼바지'도 런웨이를 당당하게 걸어도 될 정도의 쿠튀르 RTW 라인처럼 보인다. 그러니 눈에 보이는 것에 절대로 현혹되어서는 안 된다. 다만 브랜드가 모델을 통해 제안하는 모든 룩은 사진으로 담아서 공유해야 한다. 제품을 세트 판매할 때 매장의 판매 직원에게 길잡이 역할을 해주기 때문이다.

바이어가 모델이 아니듯 우리의 고객도 모델이 아니다. 우리가 바잉하는 옷은 그리 크지도 작지도 않고, 지나치게 마르거나 뚱뚱하지도 않으며, 모델처럼 입이 떡 벌어지게 시크하거나 눈에 띄지 않는 보통의 사람들이 입게 된다. 그저 평범하지만 옷을 좋아하는, 우리 같은 일반 고객을 위한 옷을 바잉해야 한다. 평범한 엠디가 입어서 예쁜 옷이 실제 판매도 잘되는 옷이다.

모든 엠디는 부모에게서 물려받은 평범한 신체 조건을 바탕으로, 의지가 허락하는 한 가장 괜찮은 체력과 체격을 갖추고, 6개월에 한 번씩 돌아오는 바잉 전쟁에 임해야 한다. 그러니 바잉에 맞는 몸매를 준비한다고 무작정 굶는 다이어트를 한다거나 평상시와 전혀 다른 행동을 해서는 안 된다. 뉴욕을 시작으로 런던, 밀라노, 파리, 스톡홀름, 코펜하겐을 거쳐 일본까지 훑어야 하는 일정을 소화하는 데 그에 걸맞은 체력은 필수다.

그렇다고 격렬하고 위험한 운동을 하는 것도 좋지 않다. 평소 아웃도어 스포츠를 좋아하더라도 적어도 바잉 한 달 전부터는 자제하자. 걷기나 워밍업 정도로만 운동하면서 조금이라도 사고의 위험이 있는 활동은 스스로 절제해야 한다. 내 경우 바잉 전에는 감기까지 조심할 정도로 가급적 사람들이 많이 모인 자리는 피하려고 한다. 미팅도 바잉 전에 꼭 필요한 건이 아니라면 되도록 바잉 후로 미룬다.

바잉 시즌을 앞둔 바이어는 아기를 가진 엄마처럼 조심 또 조심하며 자신의 몸을 소중히 해야 한다. 바잉 전과 바잉을 할 때, 바이어는 아파서도 안 되고 아플 여유도 없다. 혹사에 가까울 만큼 몸과 마음을 잠시도 가만두지 못하는 나도 이때만큼은 몸을 아끼며 되뇌인다. "For now, I cannot afford to be sick." 지금은 아플 여유가 없어!

최상의 체력과 컨디션으로 링에 오른 권투 선수만이 오랜 세월 갈고닦은 기량을 제대로 표출할 수 있다. 엠디도 마찬가지다. 최상의 체력과 컨디션으로 바잉에 나선 엠디가 가장 멋진 브랜드와 옷을 고객의 취향에 맞게 잘 고를 수 있다. 물론 프로페셔널한 엠디라면 몸이 아프다가도 뜻밖의 예쁜 브랜드에 눈이 반짝반짝 떠지고 정신이 맑아지기도 한다. 하지만 아픈 엠디보다는 건강한 엠디가 전 세계의 수많은 브랜드들 중에서 가장 예쁘고 멋진 옷을 찾아올 확률이 더 높지 않겠는가.

그리고 또 하나, 행복한 엠디일수록 고객을 행복하게 만드는 옷을 볼 줄 안다. 행복한 마음을 가진 엠디가 고른 옷과 몸이 아파서 지치고 슬픈 엠디가 고른 옷 중 무엇이 고객을 더 행복하게 하겠는가. 타지에서 몸이 아프면 마음도 무조건 서글퍼지기 마련이다. 그러니 엠디에게 건강한 몸이란 스스로의 마음을 챙기기 위해서도 중요하지만, 결국 고객을 행복하게 만드는 데도 중요한 요소다.

그런 만큼 바잉 전에는 엠디에게 지나치게 과다한 업무를 부여해서는 안 된다. 제대로 된 엠디라면 바잉을 위한 몸 만들기와 건강 관리, 시장조사만으로도 바잉 전 한 달 동안은 일거리가 차고 넘치기 때문이다.

판매 현황 분석 자료

편집숍을 오픈하려는 엠디나 새로운 브랜드의 바이어라면 이 준비물은 필요 없다. 하지만 세 번째 바잉 시점부터는 반드시 지니고 있어야 하는 필수 자료다. 여기서 세 번째라고 말하는 이유는 브랜드의 두 번째 바잉을 갈 때까지는 아직 첫 번째 바잉한 상품이 매장에 들어오기 전이라 판매 자료가 나올 수 없기 때문이다. 그리고 여러 시즌에 걸쳐 바잉해 온 브랜드라면, F/W 바잉에는 작년 F/W와 그 전해의 F/W 이렇게 두 해에 해당하는 시즌의 판매 현황을 뽑아야 한다.

예를 들어, 2024년 S/S의 바잉을 준비한다고 하자. 그러면 엠디는 2023년 S/S 판매 현황을 중심으로 2022년 S/S 자료까지 분석해야 한다. 판매 현황은 스타일별뿐 아니라 사이즈별, 컬러별로도 다 뽑아두어야 한다.

같은 스타일이라 해도 컬러별로 판매되는 사이즈는 다르다. 어떤 스타일이 잘 나간다거나 어떤 사이즈가 잘 나간다 또는 어떤 색깔이 잘 나간다는 등 고객의 대략적인 성향을

2023 S/S GERARD DAREL SALES REPORT

STYLE		COLOR	SIZE	입고	판매	판매율(%)
BSFGDBL09		BLU	1	24	24	100
		BLU	2	22	22	100
		BLU	3	22	11	50
		PIK	1	24	22	92
		PIK	2	21	10	48
BSFGDOP14		PIK	1	12	11	92
		PIK	2	10	7	70
BSFGDPT08		BLU	1	11	10	91
		BLU	2	10	10	100
BSFGDSK08		IND	1	12	10	83
		IND	2	12	9	75
BSFGDBG03		BLK	FRE	12	10	84
		CAM	FRE	12	10	84
BSFGDJK03		BLU	36	22	13	59
		BLU	38	11	11	100

전 시즌 아이템별 판매 현황 리스트

파악하는 것이 바잉 엠디의 기본이고, 이것이 편집숍에서 가장 중요한 '색깔'을 규정하는 골격이다. 따라서 스타일별로 사이즈, 컬러의 세부적인 판매 현황을 분석해 간다면, 해당 브랜드 바잉 시 매우 큰 도움이 된다.

이런 세부적인 자료를 분석하다 보면 때로는 편집숍 고객의 '대략적인 성향'이라고 믿었던 부분이 실제 판매되는 현실과 상당히 거리가 있다는 것을 발견하기도 한다. 어떤 경우는 거의 비슷해 보이는 두 가지 스타일이 판매 면에서 확연한 차이를 보일 때도 있다. 그럴 때는 현장에서 뛰고 있는 판매 직원과 대화를 통해 원인을 분석하고 그 이유를 알아내야 한다.

언젠가 이런 일이 있었다. 자연주의를 추구하는 파드칼레라는 브랜드에서 거의 같은 스타일의 마 코트가 두 종류 나왔다. 둘 다 100퍼센트 마 소재이고, 안감이 어깨 부분에만 들어가 있었다. 게다가 두 가지 모두 컬러가 옅은 회색과 데님 블루, 흰색 이렇게 세 가지였다. 거의 비슷해 보여 바잉 당시에도 한 스타일만 갈까 고민하기도 했다. 하지만 이 브랜드의 코트는 거의 매 시즌 세일 전에 완판되기에 욕심을 내서 두 가지 모두 가져가기로 했다. 다만 컬러의 경우 한 스타일은 옅은 회색과 데님 블루, 다른 스타일은 옅은 회색과 흰색 이렇게 가기로 했다.

　보통 바잉에서 베이식한 이너 외의 제품은 한 스타일당 세 컬러 이상 가져가지 않는다. 바이어와 세일즈 팀에서 판매를 100퍼센트 장담한다면 다르겠지만, 누구도 그럴 수 없으니 사실상 금기에 가까운 사항이다. 스타일이 정말 예뻐 세 가지나 네 가지 컬러를 다 가져가고 싶어도 의류에서 잘 팔리는 컬러는 언제나 두 가지를 넘지 않는다. 나 또한 처음에는 스타일이 너무 마음에 들고, 컬러도 어느 것 하나 버리고 싶지 않아 세 가지 컬러를 다 벌인 적이 많았다. 하지만 그때마다 한 가지 컬러는 반드시 판매 실적이 저조했다. 참 이상하지만 사실이다.

　파드칼레의 두 가지 코트 판매도 예상 밖이었다. 디자인에서나 옅은 회색이라는 컬러에서나 비슷해 보이는 두 코트 중에서 한 스타일은 들어오자마자 한 달 반도 채 안 되어 다 팔렸는데, 나머지는 다른 스타일이 완판되고 나서야 팔리기 시작했다. 이것은 안감의 유무 차이도 아니고 색상의 차이도 아니고, 그렇다고 스타일이나 소재의 차이도 아니었다. 참고로 S/S에는 안감이 있는 재킷이나 코트류는 피해야 하는데, 지구온난화로 봄이 점점 짧아지고 있어 안감이 들어간 아우터류는 잘 판매되지 않기 때문이다.

바이어로서 한 가지 기억하는 차이가 있다면, 입어봤을 때 핏이 약간 다르다는 정도였는데 그다지 큰 차이라 할 수는 없었다. 한 스타일은 핏이 살짝 헐렁하게 떨어졌고, 다른 스타일은 뒤에 절개가 들어가 있는 정도의 작은 디테일 말고는 딱히 이렇다 할 차이가 없었다. 그런데 숍 매니저에게 물어보니 답은 의외로 간단했다. 둘 다 100퍼센트 마 소재이지만, 하나는 살짝 빳빳한 느낌이 들고 다른 하나는 부드럽다 못해 축축 늘어진다는 것이었다. 고객들은 후자가 후줄근해 보인다고 싫어했고, 전자를 선호했다. 이것이 바로 고객의 반응이다.

편집숍 고객은 똑똑하다. 그들은 슈퍼 엠디라 불리는 나보다 옷에 대해 더 잘 알고 제대로 이해한다. 그래서 아주 작은 차이라 할지라도 즉각 구별한다. 편집숍, 그것도 브랜드가 아닌 바잉으로 승부하는 스페이스 눌이나 에크루 같은 편집숍 고객은 의류 구매 고객 중 최고로 똑똑하다. 이 브랜드가 떴다고 우르르 몰려가는 그런 고객이 아니다. 내로라하는 해외 브랜드를 모두 입어보고 스타일과 진정한 멋을 아는, 패션과 옷에 대한 이해가 깊은 사람들이다.

이런 고객의 취향을 만족시키려면 보통의 엠디로서는 역부족이다. 언제나 눈과 귀와 촉감 등의 오감을 열어놓고 '모든 것을 다 잘할 줄 아는 슈퍼 엠디'가 되어야 한다. 이를 위해서는 불철주야! 노력해야 한다.

　자료만 출력해 놓았다고 끝난 것은 절대 아니다. 그 자료를 몇 번이고 꼼꼼히 살피고 분석해 이 브랜드에서는 어떤 스타일이 잘나가는지, 어떤 색상에 어떤 사이즈가 가장 많이 판매되었는지 머릿속에 넣어두어야 한다. 만약의 경우, 해당 브랜드와 약속 자리에 자료를 잊고 갈 수도 있고 전 세계를 돌다보면 자료를 찾지 못할 때도 있다. 바잉 시 계속해서 이 자료 저 자료를 뒤지다 보면 컬렉션에만 집중해야 할 엠디의 정신이 분산될 수 있다.

　해당 브랜드와 바잉 약속이 잡힌 날은 마치 시험 보러 가는 학생처럼 마지막으로 정리 노트를 들여다보듯 판매 현황 분석 자료를 검토해야 한다. 차분한 마음으로 머릿속에 일목요연하게 자료를 정리해 놓고, 이를 바탕으로 어떤 방향의 바잉을 할 것인지 결정해야 한다.

번호표

바잉에 꼭 필요한 물건 중 가장 먼저 꼽을 만큼 중요하다. 일반 모노 브랜드가 아닌 편집숍 바이어에게는 절대로 없어서는 안 될 필수품이다. 물론 모노 브랜드 바이어라도 갖고 있다면 훨씬 편한 바잉이 가능한, 한마디로 바이어에게는 잇템이다. 그런데 이렇게 중요한데도 번호표를 갖고 다니는 바이어를 본 적이 거의 없다.

내가 사진을 찍기 위해 번호표가 든 작은 파우치를 꺼내면, 전 세계 바이어를 상대하는 크고 작은 해외 브랜드도 때마다 "와~"하는 함성을 보내며 놀란다. 그들이 번호표를 보고 체계적이고 정돈되어 있다고 감탄하는 것을 보면 다른 나라 바이어도 이를 갖고 다니지 않는 모양이다.

나 또한 첫 번째 바잉에서는 번호표 없이 다녔다. 그런데 브랜드 중에는 룩북Look Book이 없는 경우도 있어서 이때는 오더 시트Order Sheet만으로 오더를 넣어야 했다. 하지만 그것만으로는 원하는 물건의 아이템 넘버를 도대체 알 수 없는 경우가 많았다. 그래서 생각해 낸 방안이 바로 번호표였다.

물론 2~3주 만에 전 세계를 돌다 보면 별일이 다 일어난다. 바잉이 끝으로 갈수록 이 번호 저 번호가 없어지기도 하고, 때로는 번호표 가방을 잃어버리기도 하고, 호텔에 깜빡하고 놓고 오기도 한다. 그렇다고 당황해서 발을 동동 구를 필요는 없다. 이가 없으면 잇몸으로! 바이어는 언제나 예기치 못한 상황에서도 당황하지 않고 창의적일 필요가 있다. 번호표가 없다면 임시방편으로 해결하면 된다.

일단 바잉하고자 하는 브랜드의 직원에게 깨끗한 종이를 두 장 빌린다. 한 장에는 숫자 0~9, 다른 한 장에는 숫자 1~10까지를 써서 오려내면 웬만한 브랜드 바잉에는 충분한 번호가 된다. 만약 특정 번호를 잃어버렸을 경우에는 번호를 뛰어넘지 말고 있는 번호로 활용하는 것이 혼란을 줄이는 방법이다. 때로는 앞자리에 손가락을 사용하는 재치도 부려볼 만하다. 모두 내가 초기 출장 때 실제로 썼던 방법이다.

물론 요즘은 기기의 발달로 스마트폰이나 패드 등으로 사진을 찍고, 그 사진 위에 편집 기능을 활용해 번호를 써넣을 수 있다. 그러나 시간과 공간이 넉넉한 쇼룸이면 몰라도, 사람 많고 앉을 공간도 제대로 없는 트레이드 쇼에서는 거의 불가능한 일이다. 내가 아날로그한 사람이라 그럴지도 모르지만, 15년간 시도한 수많은 방법 중에 번호표만큼 분명하고

1. 출장 시 꼭 챙기는 번호표 2. 흰 종이 두 장을 이용해 임시로 만든 번호표
3. 숫자 3과 2를 붙여서 만든 32와 손가락 세 개를 붙여 만든 33 번호표
4. 디지털 기기로 사진을 찍고 그 위에 기재한 번호표

앞, 뒤, 옆 사진과 함께 찍어둔 아이템 넘버와 컬러 팔레트

쉽고 효과적인 것은 보지 못했다.

유럽, 특히 이탈리아의 많은 브랜드들은 룩북도 없고, 상품에 대한 디스크립션Description도 없으며, 심지어 오더 시트에 아이템 넘버만 덜렁 써 있는 경우가 많다. 따라서 바잉할 때 사진과 아이템 넘버를 확실하게 해놓지 않으면 정식 오더를 넣을 때 문제가 심각해진다. 룩북이 있는 경우에도 마찬가지다. 비슷하게 그려진 스타일만으로는 이와 같은 문제에 봉착하기 쉽다.

예를 들어, 후세인 살라얀Hussein Chalayan 같은 브랜드는 스타일북이 같은 스타일에 소재만 다르게 그려져 있다. 때로는 색상도 전부 검정이라 정확한 아이템 넘버를 알지 못하면, 그들의 라인 시트Line Sheet만으로는 어떤 아이템인지 제대로 알 수가 없다. 그래서 앞, 뒤, 옆 모습을 다 볼 수 있는 사진에다가 컬러 팔레트도 있다면 사진 번호와 맞게 세트로 함께 찍는다. 당시에는 다소 번거로울지 몰라도 결국 가장 효율적인 방법이다. 바잉을 떠나는 엠디라면 화장품 파우치보다 번호표 파우치를 먼저 챙기자.

메모 노트

메모 노트는 번호표와 서로 떨어져서는 안 되는 보완적인 관계다. 번호표가 촉촉하고 부드러운 빵이라면 메모 노트는 그 속을 꽉 채우는 앙금이라고 할 만하다. 큰 트레이드 쇼에서는 상황이 여의치 않은 경우도 많지만, 바잉할 때 시간과 공간만 허락된다면 메모 노트에 아이템 넘버와 소재, 입었을 때의 핏감 등을 써오면 오더를 넣을 때 큰 도움이 된다.

첫 바잉 때는 모든 것을 기억할 수 있을 것이라 생각한다. 하지만 막상 한두 도시를 넘어 시간이 흐르면 흐를수록 재킷의 어깨 폭이 좁았던 것 같은데 어떤 재킷인지, 심지어 이 브랜드를 어느 나라에서 봤는지도 헷갈린다. '절대 자신의 기억력을 믿지 말라!' 바이어라면 이를 언제나 가슴에 새겨야 한다. 모든 것을 머릿속에 기억할 수 있다면 당연히 더 좋겠지만, 사실상 어려운 일이다. 그러니 메모를 본 순간 까맣게 잊어버렸던 기억도 되살아날 정도로 가능한 자세히 기록해야 한다. 이때 아이템 넘버는 번호표 숫자와 일치해야 한다.

MEMO NOTE

/   /

YEAR	2023. F/W
COUNTRY	FRANCE
BRAND	GERARD DAREL
SAMPLE SIZE	38

ITEM NO.	FIT	REMARK

한 시즌의 시작, 바잉 준비하기

메모 노트 예

메모 노트에는 가장 먼저 어느 나라의 브랜드인지, 또 샘플 사이즈가 무엇이었는지를 기입한다. 샘플 사이즈는 브랜드마다 전부 다르고, 어떤 브랜드는 샘플 사이즈도 아이템마다 들쭉날쭉 다르기도 하다. 그러니 자신이 바잉하고 싶은 아이템의 샘플 사이즈가 무엇인지 반드시 물어봐야 한다.

트레이드 쇼에 나와 있는 샘플에는 사이즈 태그가 달려 있지 않은 경우도 많고, 나중에 생산 시에 사이즈가 수정되는 것도 많으니, 이를 하나하나 다 써놓아야 한다. 또한 해당 브랜드 혹은 아이템의 사이즈가 큰 편인지 작은 편인지도 파악해야 한다. 성공적인 바잉은 이런 디테일로부터 시작된다.

특히 메모 노트에는 사진만으로는 알 수 없는 것을 기록한다. 예를 들어, 소재가 살에 닿았을 때의 느낌이나 안감 등이 독특했다면 그런 특이 사항을 자세히 적는다. 바잉 미팅에 참여하는 다른 직원들은 사진과 엠디의 설명만으로 옷을 파악해야 하므로 그들에게 나눌 수 있는 정보가 많으면 많을수록 도움이 된다. 디자인은 예쁜데 소매통이 너무 좁다거나, 소재가 거칠다거나, 앞의 디자인은 별로이지만 입었을 때 뒷모습이 사랑스럽게 똑 떨어져서 예쁘다는 등 바이어가 구매 고객의 입장이 되어 모든 관련 사항을 자세하게 적어둔다.

한 통의 명함

회사명과 직함, 이메일과 회사의 전화번호가 영어로 적힌 명함이 필요하다. 특히 명함과 여권은 국제적인 규모의 트레이드 쇼에 입장하기 위해서 반드시 필요한 아이디 카드다. 요즘은 프리 레지스트레이션Pre-registration을 통해 모든 정보를 미리 입력하는 경우가 많아서 오히려 여권은 보여줄 경우가 적고 명함이 더욱 필수다. 특히 편집숍 바잉을 시작한 지 얼마 안 된 바이어일수록 명함을 넉넉히 가져가야 한다. 브랜드가 요구하면 모두 나눠 줘야 하고, 크고 작은 트레이드 쇼의 입구에서도 등록을 위해 제출해야 하므로 적지 않은 양의 명함이 필요하다.

나 또한 처음에는 '한 통이나 필요하겠어?' 하는 생각이었다. 조금이라도 짐을 덜자는 얄팍한 마음에 20장씩만 들고 다니기도 했는데, 커다란 트레이드 쇼를 돌다 보면 명함이 부족해지는 상황에 처하고는 했다. 그러면 관심 있는 브랜드에 들러도 명함을 못 놓고 간다고 사과하고, 마지막 명함을 내밀며 그들의 폰에 사진으로 남겨달라고 부탁을 해야 한다.

그러니 브랜드와 쇼룸에 대한 정보가 부족한 초기 바이어라면 반드시 명함을 넉넉히 챙겨서 요청하는 모든 브랜드에 뿌리고 나와야 한다. 이렇게 하면 나중에 쇼룸과 브랜드에서 먼저 연락이 오기도 하고, 때로는 생각지도 않은 재미난 아이템을 만나기도 한다.

요즘에는 온라인 쇼룸이 점점 발달하고 있어 바이어의 콘택트 인포를 갖고 있는 디자이너나 쇼룸에서 이메일로 온라인 쇼룸 초대권을 보내기도 한다. 그러면 사무실에 가만히 앉아서도 그들의 새로운 컬렉션을 볼 수 있다. 관심 있는 아이템이 보이면 바잉 때 쇼룸 약속을 잡고, 실제 상품을 보러 가면 된다. 눈썰미가 있는 바이어라면 온라인 쇼룸을 보고 다음 시즌의 키 컬러가 무엇인지, 어떤 스타일이 유행할지 집어낼 수 있다. 인터넷의 발달로 요즘은 바잉 시즌이 시작되기도 전에 이런 예측이 가능하다.

바이어가 굳이 발품과 손품을 팔지 않아도 브랜드에서 먼저 접촉해 오고, 그들의 컬렉션을 미리 보면서 실제로 갈지 말지를 결정할 수도 있다. 모두 바이어가 지난 시즌 뿌리고 온 명함 덕분이다. 컬렉션을 미리 볼 수 없다면 무작정 가야 하고, 막상 우리 숍과 전혀 맞지 않는 콘셉트의 브랜드라는 것을 확인하면 실망할 수밖에 없다.

결국 시간 낭비에 돈 낭비다. 바잉 시즌에는 시간이 곧 돈
이다. 컬렉션이 진행되는 시즌에는 전 세계 바이어가 그곳에
다 모이므로 숙박료도 1년 중 최고다. 또 유럽의 대도시와 뉴
욕, 도쿄 등의 택시비는 거의 살인적이다. 내가 뿌린 명함 한
장이 온라인 쇼룸의 초대권으로 돌아오고, 이를 통해 그들의
컬렉션을 미리 훑어보며 시간과 돈을 절약할 수 있다. 명함
한 장 값으로 충분히 남는 장사다.

여러 브랜드에서 이메일로 보내오는 온라인 쇼룸 초대장

비행기 티켓과 트레이드 쇼 입장권

비행기 티켓은 최대한 빨리 구매해 좌석을 선점하는 것이 좋다. 같은 좌석을 더 싸게 살 수 있다는 것도 이유이지만, 금액을 떠나 원하는 날짜에 좌석을 구하지 못할 수도 있기 때문이다. 패션 위크 기간에는 국내 패션업계 종사자들이 컬렉션이 열리는 국가로 대거 움직인다.

코로나19가 극심했던 기간에는 바잉 여행뿐 아니라 모든 여행이 불가했으니 이런 문제가 없었지만, 어느 정도 일상으로 복귀한 지금은 더욱 신경 써서 미리 준비해야 한다. 바잉 귀국 후 곧장 그다음 바잉 티켓을 예약하려 해도 비즈니스 업그레이드권은 이미 솔드아웃인 경우가 많다. 비행기 티켓에 관해서는 얼리 버드, 그것도 초얼리 버드가 되어야 한다.

그렇다면 어느 날짜, 어느 시기의 티켓을 사야 할까? 쇼룸 날짜가 자신이 잡은 체류 스케줄과 맞지 않을까 선뜻 예약하기가 어려울 수 있다. 그러나 답은 의외로 간단하다. 우리가 다음 시즌 바잉을 위해 컬렉션이 열리는 도시로 가는 것처럼, 전 세계 브랜드도 우리 같은 바이어를 만나기 위해 해당 도시로 온다. 물론 해당 도시에 아예 브랜드 전용 쇼룸을 갖추고 있는 회사도 있지만, 많은 브랜드와 쇼룸, 회사가 컬렉션이 열리는 기간에 해당 도시로 온다.

실제로 헬무트랭이나 클루Clu 등 유명 브랜드에서도 여행 가방에 쇼에서 보여줄 샘플을 잔뜩 싸 들고 파리로 온다. 우편으로 부칠 경우 비싸기도 하고 분실 염려도 있지만, 그보다 유럽의 통관이 워낙 복잡하고 깐깐해서 세관에 오래 붙들려 있을 수 있기 때문이다. 심하면 3~4일밖에 안 되는 트레이드쇼가 끝날 때까지 받지 못할 수도 있다.

유럽, 특히 이탈리아나 파리 세관의 이런 상황은 해외로 진출하려는 K-디자이너라면 반드시 알아야 한다. 그렇지 않으면, 6개월간 열심히 준비해 온 컬렉션을 쇼룸에 걸지도, 바이어에게 보여주지 못하게 될 수도 있다. 최악의 경우에는 세관에서 물건을 돌려주지 않고, 폐기 처분하기도 한다. 실제로 그런 일을 당한 디자이너들을 여럿 봤다.

이렇듯 바이어가 숙박료와 식비, 교통비 등의 체류비를 감안해서 될 수 있는 한 효율적인 스케줄을 짜는 것처럼, 모든 브랜드도 그들의 컬렉션을 잔뜩 싸 들고 온다. 그들 역시 높은 가격의 쇼룸 렌털비에다 똑같이 살인적인 숙박료와 식비, 교통비를 지불하며 지내야 한다. 그러니 그들도 가장 짧은 기간에 가장 많은 바이어들을 맞을 수 있기를 바란다. 그렇다면 그 시기가 도대체 언제라는 말인가? 쉽게 말해 해당 도시의 대표적인 트레이드 쇼가 열리는 날짜 앞뒤로 일주일 정도라고 보면 된다. 물론 이렇게 계산해도 2주나 된다.

컬렉션이 진행되는 도시에서는 해당 국가의 다양한 브랜드뿐 아니라 세계 각국의 브랜드가 참여하는 대표적인 트레이드 쇼가 열린다. 뉴욕의 ENK, 파리의 트라노이Tranoï, 런던의 서머셋 하우스Somerset House, 밀라노의 화이트 우먼White Women, 코펜하겐의 CIFFCopenhagen International Fashion Fair와 리볼버Revolver 등이다. 이 트레이드 쇼들은 1년에 두 번, 즉 S/S 컬렉션과 F/W 컬렉션을 보여주는 패션 위크 중 3~5일 정도밖에 열리지 않는다. 그렇지만 적어도 5~6개월 전 인터넷 홈페이지에 오픈 시기를 공지하므로 일정을 미리 확인할 수 있다.

바이어에게 한 가지 희소식이라면, 패션 전문 국내 월간지 《패션비즈Fashionbiz》에서 트레이드 쇼를 정리한 캘린더를 몇 년 전부터 1월호 안에 제공하고 있다는 것이다. 남성, 여성, 아동, 신발, 액세서리까지 크고 작은 모든 국제적인 트레이드 쇼가 총망라되어 있다. 편집숍 바이어로서는 너무도 고마운 일이 아닐 수 없다. 이 캘린더에 따라 미리 출장 스케줄을 짜

《패션비즈》1월호에 들어 있는 국제 트레이드 쇼 캘린더 ⓒ《패션비즈》

고, 비행기 티켓과 호텔을 저렴한 가격에 예약할 수 있다. 사
무실 책상 가까이에 놔두면 여유로운 시간에 재미난 트레이
드 쇼가 없는지 때때로 확인할 수도 있고, 인터넷으로 관련
내용을 검색하며 상상의 나래를 펼쳐볼 수도 있다.

그러니 주로 가는 패션 컬렉션 도시가 대표 트레이드 쇼를
언제 개장하는지 미리 확인하고 2~3일 전에 출국하는 일정
으로 스케줄을 세우면 된다. 트레이드 쇼가 끝나는 당일 저녁
이나 그다음 날은 업그레이드는 물론이고 요금을 다 내야 하
는 비즈니스석까지 만석인 경우도 많다. 끝나기 하루 전, 또
는 시간 여유가 있다면 트레이드 쇼가 끝난 이틀 정도 후에

귀국하는 일정이면 큰 페어뿐 아니라 거래하고 있는 모든 쇼룸의 오픈 기간과도 맞아떨어질 것이다.

하지만 트레이드 쇼가 끝나는 날이 쇼룸의 마지막 날인 브랜드가 있는가 하면, 가끔은 트레이드 쇼가 끝나는 동시에 쇼룸을 시작하는 브랜드도 있다. 샘플이 한 세트밖에 없는 브랜드의 경우 트레이드 쇼에서 사용한 샘플을 쇼룸으로 이동해서 보여줘야 하기 때문이다. 그러니 쇼룸 기간을 반드시 사전에 이메일로 확인해야 한다. 이처럼 먼저 비행기 티켓을 예매하고, 체류 기간에 맞춰 호텔을 예약한 다음에는 세세한 출장 스케줄을 계획한다. 거래하는 브랜드의 프라이빗 쇼룸의 오픈 일정을 문의하고 미리 약속을 잡으면 된다.

코로나19가 발발하기 수년 전부터, 경기가 어려워져서인지 아니면 주최 측이 점점 더 욕심을 내서 그런지 트레이드 쇼의 무료 입장이 모두 유료로 바뀌었다. 예전에는 파리에서 열리는 액세서리 쇼인 프리미에 클라세Premiere Classe만 유료였는데, 이제 전 세계 바이어가 빼놓을 수 없는 파리의 트라노도 유료로 바뀐 지 오래다.

유료 입장권은 트레이드 쇼 2~3주 전부터 오픈하기 하루 전까지 온라인에서 구매할 수 있다. 이를 통해 미리 구매하면 아침부터 트레이드 쇼 입구에서 끝이 보이지 않는 긴 줄을 서느라 힘과 시간을 낭비할 필요가 없다. 게다가 온라인에서는 입구에서 파는 입장료보다 5~8유로나 저렴하게 구매할 수 있다.

비행기표든 호텔이든 입장권이든 미리미리 예약해야 시간도 돈도 절약할 수 있다. 입장권은 미리 구매하면 바코드가 찍힌 e-입장권을 받아 미리 출력할 수 있으므로, 항공권 e-티켓, 출장 일정표와 함께 파일에 끼워놓으면 나중에 찾기도 쉽다.

여기에 더해 바코드의 숫자가 보이게 휴대폰으로 사진도 찍어 저장해 놓는다. 원래는 프린트해 간 페이지의 바코드 또는 QR코드를 스캔해서 입장권을 받아야 하지만, 요즘은 거의 다 모바일 바코드만으로도 입장할 수 있도록 시스템이 바뀌었다. 들어가고 나갈 때 매번 이 바코드를 보여주고 스캔을 받아야 하니, 다시 방문하는 만일의 경우에 대비해 트레이드 쇼가 끝날 때까지는 절대 지워서는 안 된다.

혹시라도 무료 입장인 트레이드 쇼가 있다 하더라도 방문할 계획이 있다면 사전 등록을 하는 것이 좋다. 등록하지 않으면 긴 대열에서 바이어인지, 언론사인지, 어떤 아이템에 관심이 있는지 등의 질문이 빼곡한 폼을 작성해야 한다. 사전 등록만으로 이 모든 과정을 줄일 수 있다.

트레이드 쇼 사전 등록을 알리는 안내문

　　이렇게 한 번만 등록해 놓으면 주최 측에서 알아서 사전 등록 이메일을 보내오므로 굳이 다음 트레이드 쇼는 언제일까 일일이 신경 쓰지 않아도 된다. 사전 등록을 놓쳐서 몇 유로만 더 내도 괜히 억울한 마음이 든다. 수십만 유로의 바잉을 하러 와서 고작 30~40유로의 입장료가 대수냐고 할지 모르지만, 사람 마음이 그렇지가 않다. 고객 중에서는 쇼핑은 수백만 원대를 해도 몇천 원에서 몇만 원의 주차비는 아까워하는 경우가 있는데 그 심정을 백분 이해한다.

　　그런데 이런 바이어라면 귀가 번쩍 뜨일 만한 팁이 있다. 비싼 유료 입장권을 공짜로 얻을 수 있는 방법이다. 해당 트레이드 쇼에 참여하는 브랜드와 거래를 하고 있다면, 그 브랜드에 요청해 프리 인비테이션 리스트Free Invitation List에 이름을 올려달라고 하는 것이다. 다만 이는 여러 시즌에 걸쳐 그 브랜드와 거래했으며 앞으로도 계속 거래할 것이라는 확신이 있어야 하고, 그 브랜드에서도 우리를 지속적인 바이어, 좋은 파트너라고 인식하고 있다는 전제하에 가능하다. 한 시즌 정도 바잉했다고 이런 요청을 하면 들어주지 않을뿐더러 좋지 않은 인상을 남길 수 있으니 주의해야 한다.

초반에만 해도 수많은 트레이드 쇼를 오랫동안 돌면서도 프리 인비테이션 리스트의 존재조차 몰랐다. 그런데 바잉이 여러 시즌 지난 후, 트레이드 쇼에 참여하는 브랜드로부터 프리 인비테이션을 받았고 그제서야 새로운 세상에 눈뜨게 되었다. 공짜 좋아하면 머리카락 빠진다는 말이 있지만, 35~40유로 정도면 괜찮은 프렌치 레스토랑에서 맛난 점심 한 끼 값이 아닌가. 설마 공짜 입장권 받는다고 대머리에 배까지 나온 바이어가 될까?

1. 브랜드로부터 받은 프리 엔트리 QR코드 2. 프리미에 클라세 무료 초대장

출장 일정표

출장 일정을 정리할 때는 각국의 대규모 트레이드 쇼를 중심으로 비행 정보와 호텔 이름, 연락처 등 결정된 사항을 먼저 기입한다. 호텔 이름 등은 크고 두껍게 써서 나이 많은 택시 기사라도 잘 볼 수 있게 준비한다. 특히 일본은 대부분 택시 기사의 나이가 지긋하므로 눈에 잘 들어오게 쓰는 것이 좋다. 프랑스어나 스웨덴어, 덴마크어, 일본어로 된 이름은 읽기도 어렵고 아무리 정확하게 발음해도 그 나라 사람이 알아듣기 어렵다. 그래서 무조건 그 나라 언어로 크고 진하게 써서 갖고 가야 한다.

그리고 기존에 거래하는 쇼룸에 연락해 원하는 방문 시간을 미리 잡는다. 뉴욕이나 파리는 도시 자체가 크지도 않거니와 주요 쇼룸이 몰려 있는 지역이 있다. 그 유명한 파리의 마레 지구가 가장 좋은 예다. 일단 그들의 쇼룸 주소를 먼저 받고 우편번호가 75001, 75002, 75003 등에 있으면, 걸어서 5~10분 정도의 가까운 거리에 있다는 뜻이다. 그렇게 쇼룸 주소를 받는 과정에서 담당자 연락처도 반드시 함께 확인해

2023 OCTOBER JAPAN

MON	TUE	WED
23	**24**	**25**
FLIGHT INFO.		
DEPARTURE : 27TH 09:00 KIMPO (KOREAN TIME) ARRIVAL : 27TH 11:05 HANEDA (KOREAN TIME)		
HOTEL INFO.	**ILIANN LOEB (10:00)**	**REKISAMI'S (10:00)**
THE PRINCE PARK TOWER HOTEL 4-8-1 SHIBA-KOEN, MINATO-KU, TOKYO, 105-8563 P : +81-3-5400-1111 Reservation number: 1309-21345	NEOCAMINITO BLD. 2-21-7 150-0001 SHIBUYA-KU, TOKYO, JAPAN P : +81-3-3470-9145 KOBAYASHI	EL BAGUS Co., ltd 7F 1-1-2 HATAGAYA, SHIBUYA-KU, TOKYO, JAPAN P : +91-90-2327-6986 TAKASHI NAKAHARA
	LUNCH	
MINT DESIGNS (13:00)		**PASS THE BATON**
9F, 5-12-2 MINAMI AOYAMA, MINATO-KU, TOKYO, 170-0062 P : +81-3-6450-5622 YOKO SHIBATA	**Q-POT (14:00)**	
		FLYING TIGER COPENHAGEN
	FLAGSHIP SHOP 3-7-11 KITA-AOYAMA, MINATO-KU, TOKYO, 107-0061 RISA Skype ID : midorikawa9810 Line ID : risa0405midori (16:00)	오모테산도점
PAS DE CALAIS (15:00)		**FLIGHT INFO.**
GALERIE DE POP SHOWROOM 1F 3-9-19 EBISU-MINAMI, SHIBUYA-KU, TOKYO, 150-0022 JAPAN P : +81-3-3794-8220 AKIKO		DEPARTURE : 27TH 19:55 HANEDA (KOREAN TIME) ARRIVAL : 27TH 22:25 GIMPO (KOREAN TIME)

한 시즌의 시작, 바잉 준비하기

출장 일자와 시간별로 세세하게 기록한 일정표

서 써둔다.

특히 파리나 이탈리아 등의 쇼룸 건물은 정문에서 그저 벨만 누른다고 문이 열리지 않는다. 정문 코드를 사전에 받는 경우는 반드시 일정표에 적어두고 이를 통해 들어가야 한다. 그렇지 않은 경우에는 문 앞에서 담당자에게 연락을 취해야 열어줄 때가 많다. 15년 전 첫 바잉 때는 연락처를 가져가지 않아, 발을 동동 구르며 문 앞에서 몇십 분 동안 서 있기도 했다. 지금 생각해 보면 '웃픈' 일이지만, 내 후배 바이어는 이런 일을 겪지 말았으면 하는 노파심에 사소한 것까지 알려주고 싶다.

그러니 길 위에서 시간과 돈을 낭비하지 말고, 쇼룸 주소를 먼저 받고 우편번호가 같거나 가까운 쇼룸끼리는 하루 일정으로 잡는 것이 효율적이다. 요즘은 구글 지도에 주소를 입력하고 표시하면, 쇼룸 간의 거리를 한눈에 확인할 수 있다. 받은 주소를 모두 구글 지도에 점으로 표시하면 효율적인 동선을 짤 수도 있다. 참 좋은 세상이다.

지도도 제대로 볼 줄 모르는 방향치에 거의 백치에 가까운 길치인 나로서는 효율적인 동선을 짜기까지 오랜 시간이 걸렸다. 처음 몇 년간은 브랜드가 일방적으로 제안하는 대로 쇼룸 일정을 잡다 보니 3일 연속 택시를 타고 같은 곳에 간 적도 왕왕 있었다. 어떤 정보나 전략도 없이 무작정 다녔으니, 지금 생각해 보면 참으로 어리석은 일이다.

그리고 아주 빡빡한 일정이 아니라면 새로 발견한 쇼룸이나 브랜드 또는 시장조사를 위해 하루나 이틀 정도는 여유를 가져도 좋다. 뉴욕이나 파리, 도쿄에서는 수고한 자신을 위한 쇼핑 시간도 반드시 필요하다. 특히 나는 엔폴드, 사카이, CFCL, 리미후LIMI feu 등 독특한 일본 브랜드들을 무지무지 좋아하므로 도쿄에서의 쇼핑을 놓치지 않는다. 고생한 엠디가 누릴 수 있는 보석 같은 시간이다.

지금까지 이야기한 모든 준비가 끝났다면 출발하면 된다. 탄탄한 몸과 판매 현황 분석 자료, 번호표가 들어 있는 작은 가방과 메모 노트, 충분한 명함과 비행기 티켓, 트레이드 쇼 입장권, 그리고 출장 일정표를 담은 바잉 키트만 있다면 걱정 없다. 이제 컬렉션이 시작되는 뉴욕으로 떠날 차례다.

02

02 VISITING COLLECTIONS

VISITING COLLECTIONS

세계적으로 주목받는 컬렉션 탐방하기

패션 위크, 컬렉션 하면 왠지 글래머러스하고 폼나게 들린다. 하지만 모든 전문가는 잘 안다. 그렇게 멋지고 화려한 장면을 연출하기 위해서는 일명 '노가다'보다 더한 일이라도 해야 한다는 것을. 물 위에 고고히 떠 있는 백조는 아무런 노력 없이 도도하고 우아한 매력을 갖게 된 것이 아니다. 보이지 않는 물 밑의 두 발은 끊임없이 노를 젓고 있다. 아무런 노력도, 아무런 애도 쓰지 않는 것처럼 자연스럽게 보이는 그 자체가 엄청난 내공과 노력의 결과물이다.

세계 최고의 발레리나 강수진이 중력을 거스르는 듯 사뿐히 나는 모습을 본 적이 있는가. 그 뒤에는 수천수만 시간의 땀과 눈물이 있고, 그녀의 발은 이 시간의 지난함을 그대로 말해준다.

모든 노력은 그 자체로 아름답고 값지다. 인테리어 디자이너도, 흰 가운을 입은 의사도, 런웨이를 멋지게 걷는 모델도, 런웨이 모델이 입고 있는 옷을 만드는 디자이너도, 그 옷을 바잉하는 엠디도 자신의 분야에서 피나는 노력을 한다. 패션 위크 기간에는 정말 제대로 앉아 점심을 먹을 시간조차 없다. 하지만 우리는 이 모든 것을 매우 폼나게, 아무런 힘도 들이지 않은 듯 매력적으로 해내야 한다.

몇 년 전까지만 해도 컬렉션이라 하면 런던, 밀라노, 파리, 뉴욕의 4대 컬렉션을 의미했다. 그런데 전 세계 경기에 빨간불이 들어오면서 런던과 밀라노 컬렉션을 건너뛰는 바이어들이 늘어났고, 한 명의 고객이라도 잃고 싶지 않은 런던과 밀라노의 유명 쇼룸과 대규모 트레이드 쇼가 파리나 뉴욕으로 오는 경우가 많아졌다.

그래서 바이어가 런던과 밀라노에 가지 않고서도, 웬만한 영국과 이탈리아 브랜드를 파리나 뉴욕에서 볼 수 있게 되었다. 전 세계적 불경기가 역으로 파리에게는 행운이 된 셈이다. 파리 컬렉션의 인기가 많아지면서 파리에서 열리는 트레이드 쇼의 규모와 종류도 점점 크고 다양해지고 있다.

이제부터는 도쿄를 포함한 5대 컬렉션에 대한 이야기다. 그중에서도 뉴욕 컬렉션과 파리 컬렉션을 위주로 다룰 텐데, 더불어 코로나 팬데믹 이전 3~4년 전부터 세계의 주목을 받고 있는 북구, 즉 코펜하겐과 스톡홀름 컬렉션도 둘러보도록 하겠다.

NEW YORK
COLLECTION

뉴욕 컬렉션

화려한 세계
패션 위크의 시작

일명 뉴욕 패션 위크라 불리는 뉴욕 컬렉션은 원래 세계 4대 컬렉션 중 맨 꼴찌라서, 다른 3대 컬렉션의 카피라는 오명을 벗지 못했다. 하지만 런던, 밀라노, 파리, 뉴욕의 순서였던 패션 위크는 이제 뉴욕, 런던, 밀라노, 파리의 순서로 바뀌었다. 모두 영화〈악마는 프라다를 입는다The Devil Wears Prada〉의 실제 주인공 애나 윈터Anna Wintour 덕분이다.

검정 선글라스와 깔끔한 단발머리로 특유의 카리스마를 내뿜는 애나 윈터

지금도 그렇지만 전 세계 컬렉션은 남성 컬렉션이 여성 컬렉션에 비해 한 달여 먼저 진행된다. 원래는 런던 남성, 밀라노 남성, 파리 남성, 뉴욕 남성이 마무리된 후 다시 런던 여성, 밀라노 여성, 파리 여성, 뉴욕 여성의 순서였다.

그런데 미국《보그》편집장 애나 윈터가 뉴욕 패션 위크에 남성 컬렉션과 여성 컬렉션을 합쳐 동시에 보여줬고, 이후부터 런던 남성, 밀라노 남성, 파리 남성, 뉴욕 남성과 여성, 런던 여성, 밀라노 여성, 파리 여성의 순으로 바뀌었다. 패션이나 컬렉션이라 하면 단연 여성 컬렉션이 중요한 만큼, 그녀의 결단으로 이때부터 뉴욕은 전 세계 여성 패션 위크의 시작을 알리는 도시가 되었고, 세계 컬렉션의 팔로워follower에서 리더가 되었다.

물론 처음 이런 변화는 남성복과 여성복 컬렉션을 동시에 진행해야 했던 디자이너와 쇼룸에 큰 혼란이기도 했다. 그러나 이제는 뉴욕 컬렉션이 당당히 세계 컬렉션의 리더로 자리 잡았고 뉴욕 컬렉션이 배출해 낸 많은 디자이너는 세계적인 디자이너로 떠올랐으며, 떠오르고 있다. '핵폭탄 윈터', '패션계의 교황'으로도 알려진 이 카리스마 철철 넘치는 여인 덕분에 알렉산더왕, 필립 림, 프로엔자 슐러Proenza Schouler의 잭 맥콜로Jack McCullough와 라자로 에르난데스Lazaro Hernandez,

그리고 베나즈 사라푸어Behnaz Sarafpour, 타쿤 파니치걸 Thakoon Panichgul, 데렉 램Derek Lam, 피터 솜Peter Som 등 이름만 대면 알 만한 많은 디자이너가 뉴욕 컬렉션에서 탄생했다.

코로나19가 퍼지기 몇 년 전에만 해도 컬렉션 사진이나 이런 디자이너 정보를 얻기 위해서는 《갭 프레스Gap Press》를 정기적으로 구입해야 했지만, 이제는 어제 끝난 런웨이 쇼도 휴대폰을 통해 볼 수 있다. 관심이 있다면 유튜브의 FF 채널(FF Channel) 또는 패션 채널(Fashion Channel) 계정에 접속하거나, 보고 싶은 컬렉션에 해당 연도와 시즌을 함께 검색하면 그 생생한 현장을 느껴볼 수 있다.

그래도 나는 아날로그 감성을 좋아하는 사람이라, 여전히 《갭 프레스》를 사 본다. 특히 일본 출판사가 출간하는 만큼, 도쿄 컬렉션 브랜드에 충실한 점이 좋다. 최근에는 K-디자이너가 뜨며, 《갭 프레스: 서울 컬렉션》 편도 출간되어, 수입 브랜드 바이어인 나조차 어깨가 은근 으쓱해진다.

뉴욕 패션 위크는 매년 2월과 9월에 열리며, 약 1~2주간 계속된다. 보통 패션쇼는 바이어가 바잉을 위해 방문하는 트레이드 쇼나 프라이빗 쇼룸이 시작하기 약 일주일 전에 진행되므로 시간 여유가 아주 많은 바이어가 아니라면 잘 참석하지 않는다. 쇼를 보고 바잉까지 한다면 일주일 이상을 한 도

주요 컬렉션별 및 남녀별로 출간되는 《갭 프레스》

시에서 머물러야 한다는 말인데, 어떤 바이어에게도 시간적, 경제적으로 쉽지 않다.

뉴욕 컬렉션의 가장 큰 쇼는 뉴욕 패션 위크New York Fashion Week인데, 만약 진지하게 독점을 고려하거나 바잉 버짓이 아주 큰 브랜드가 있다면 한두 번은 그들의 쇼에 참석하는 것이 좋다. 그리고 이때는 해당 브랜드의 옷을 입고 가는 것이 예의다.

입장을 하려면 대부분 초대장이 있어야 하므로, 바잉을 하는 브랜드라면 보통 런웨이 쇼 스케줄을 바이어에게 알려주면서 몇 장의 초대장이 필요한지 묻는다. 처음 시작하는 바이어라면 경험을 위해 한두 번은 참석하는 것이 좋다. 무엇이든 해본 것과 한 번도 하지 않은 것은 천양지차다.

트레이드 쇼

패션 페어로도 불리는 트레이드 쇼는 디자이너, 브랜드, 쇼룸 등 패션 관련 회사들이
최신 의류나 액세서리 트렌드를 패션 종사자들에게 선보이는 이벤트다.
패션 비즈니스 거래에서 매우 중요한 플랫폼 역할을 하며,
각 도시의 패션 위크와 맞물려 대개 S/S, F/W 이렇게 연 2회 진행된다.

Coterie 코테리

뉴욕 패션 위크에서 가장 다양한 아이템이 총출동하는 최대 규모의 여성 하이
패션 트레이드 쇼다. 다양한 여성 의류뿐 아니라 액세서리 및 라이프스타일 제
품까지 다룬다. 뉴욕 패션 위크의 여러 여성 패션 트레이드 쇼가 그렇듯이, 코
테리 또한 ENK 인터내셔널에서 주최한다. ENK는 독보적인 리딩 트레이드 쇼
오거나이저로, 코테리는 그들이 주최하는 여러 트레이드 쇼 중에서도 편집숍
엠디라면 결코 놓치지 않아야 하는 쇼다.

뉴욕 컬렉션을 대표하는 트레이드 쇼, 코테리

언제나 자비츠 센터*Javits Center*에서 열리는데, 주소가 필요 없을 정도로 유명한 건물인 만큼 ENK 주최의 트레이드 쇼뿐 아니라 제법 큰 규모의 다른 쇼도 동시에 진행된다. 그중 코테리가 다양한 미국 브랜드의 유명 쇼룸뿐 아니라 프랑스, 이탈리아 브랜드도 대거 참여하는 가장 큰 트레이드 쇼다.

입장료는 없으나 대게는 레지스트레이션 줄이 상당히 길기 때문에 사전에 등록해서 시간과 수고를 아끼는 편이 좋다. 출입증을 받으려면 반드시 명함과 다른 신분증, 우리의 경우는 여권이 필요하다. 출입증과 함께 아침, 점심, 음료 쿠폰을 줄 때도 있고, 제법 비싸고 맛있는 생과일 스무디를 정해진 시간에 무료로 마실 수도 있다. 유럽이라면 상상도 못 할 일이다. 코테리 외의 자비츠 센터에서 진행되는 다른 쇼에서도 무료 점심을 제공하기도 한다. 제법 괜찮으니 괜히 밖에 나가서 다른 식당 찾느라 헤매지 말고, 한곳에서 모든 것을 공짜로 해결하는 것이 좋다.

코테리에는 띠어리, 헬무트랭, 클루, 신발 브랜드 아쉬*Ash* 등의 캐주얼에서 럭셔리, 신진 디자이너, 오래된 큰 기업형 브랜드까지 모두 참여한다. 가끔 국내 브랜드들도 참여하는데 그들의 부스가 바이어들로 북적거리는 것을 보면 내 브랜드라도 되는 양 가슴이 뿌듯하다. 외국에 나오면 다들 애국자가 된다.

또 발품과 손품을 팔며 찾아다녀야 하는 크고 작은 쇼룸들이 대거 참여하므로 눈만 크게 뜨고 보면 괜찮은 브랜드도 만날 수 있다. 어떤 유럽 브랜드는 미국의 독점 에이전트들이 갖고 나오는 경우가 있는데, 마음에 드는 브랜드를 발견하면 유럽에는 쇼룸이 어디에 있는지 먼저 물어보고 콘택트 인포를 받아둔다. 에이전트를 통해서가 아니라 직접 접촉하는 것이 오래 갖고 갈 브랜드라면 훨씬 좋다.

그리고 코테리에는 많은 멀티 쇼룸들도 참석한다. 이들 중에는 공간이 협소해서, 자신들이 전개하는 브랜드 중 한두 개만 들고 나오는 경우도 많다. 그러니

코테리에 참여한 수많은 브랜드의 부스들

이곳에서 본 브랜드 중 하나가 마음에 든다면 그 외 브랜드도 직접 확인해 보는 것이 좋다. 그들이 전개하는 다른 브랜드도 비슷한 스타일이나 비슷한 톤일 가능성이 높으므로 트레이드 쇼 기간에 약속을 따로 잡고 이후 그들의 쇼룸을 직접 방문해 보는 것이 좋다. 처음일수록 많은 발품을 팔아야 한다.

이런 방식을 거듭하다 보면 쇼룸 정보와 리스트가 늘어난다. 국내 패션계가 그렇듯이 외국의 패션계 종사자도 이직이 잦다. 한 쇼룸에 있는 스태프가 다른 쇼룸으로 이직하는 경우도 비일비재한데, 다른 쇼룸으로 옮겼다는 연락이 오면 가능한 들러서 브랜드도 보고 그 스태프와 눈도장도 찍어둔다. 나중에 그가 정말 좋은 브랜드를 가진 쇼룸으로 옮겨갈 수도 있고, 내가 그 브랜드 때문에 국내에 있는 다른 어카운트와 경쟁 관계에 놓일 수도 있다.

그럴 경우 해답은 역시 '관계'다. 그가 나를 필요로 할 때는 일정이 빡빡해도 잠시 들러서 작은 브랜드 하나라도 바잉해 주는 것이 좋다. 새로운 쇼룸으로 간 그에게 내가 새로운 고객이 되어 그의 몸값이 되어주는 것이다. 이는 꽤 끈끈한 연대감을 만든다. 앞일은 아무도 모른다. 언제 어디서 내가 뿌려놓은 씨앗이 싹터 아름답고 커다란 나무가 될지는 정말 모를 일이다. 그러니 만나는 한 사람 한 사람에게 정성을 다해야 한다. 좋은 씨앗을 많이 뿌려놓아야 나중에 거둘 열매도 많은 법이다.

Sole Commerce 솔 커머스

신발과 액세서리, 핸드백 브랜드만을 따로 모아놓은, 한마디로 슈즈와 백 트레이드 쇼다. 코테리와 마찬가지로 자비츠 센터 내에서 열리고 ENK 인터내셔널이 주최한다. 다양한 신발 브랜드가 참여하니 코테리를 보러 간 김에 들러보는 것이 좋다.

참여 브랜드가 너무 많은 경우 자비츠 센터만으로는 공간이 부족해 피어*Pier*에 코테리 제2관이 만들어지기도 한다. 그럴 경우에는 반드시 피어까지 돌아볼 것을 추천한다. 이렇게 장소가 두 곳으로 나뉘어 있으면 자비츠 센터를 먼저 둘러보고, ENK가 제공하는 무료 셔틀버스를 타고 피어로 이동하면 된다. 그러면 주로 피어에서 하루의 일과를 끝맺게 된다.

뉴욕의 쇼룸이 파리로 가고 이탈리아 등 다른 나라의 대규모 트레이드 쇼가 미국과 프랑스, 일본으로 가는 것처럼, 2010년부터는 ENK도 떠오르는 거대 마켓인 중국 시장을 겨냥해 ENK 베이징, ENK 상하이 등을 주최하고 있다. 하지만 자비츠 센터에 참가하는 브랜드와는 많이 다른 브랜드가 참여하기에 ENK 트레이드 쇼는 뉴욕으로 가는 것이 좋다. 분점이 있어도 본점이 지닌 강점이 있지 않겠는가. 자비츠 센터에서 실시되는 많은 트레이드 쇼 중 모다*Moda*와 액세서리 더 쇼*Accessories the Show*도 시간이 있다면 쓱 한번 둘러볼 만하다.

코로나 팬데믹을 거치며 트레이드 쇼들의 규모도 많이 작아졌다. 다시 트레이드 쇼가 반짝반짝한 브랜드들을 잔뜩 소개하며 바이어들로 북적북적한 공간이 되기를 기대해 본다.

이름 그대로 신발 브랜드가 대거 참여하는 솔 커머스

뉴욕에서 대중교통으로
이동하려면?

피어에서 하루 일정을 마무리할 때쯤이면 밖은 이미 어두워져 있을 것이다. 그런데 만약 호텔로 돌아가는 교통편을 모른다면? 아주 난감할 수밖에 없다. 나 또한 처음 몇 시즌은 교통편 때문에 고생을 많이 했다. 너무 많은 사람이 몰려나와 택시도 잡을 수 없고, 예약도, 우버도 너무 밀린 상태라 발만 동동 굴렀다. 하지만 이제 15년 차인 내게 더 이상 그런 고생은 없다.

ENK의 셔틀버스는 ENK의 다른 장소뿐 아니라, 맨해튼 시내에 있는 주요 장소와 전철역 등으로도 바이어를 데려다준다. 방향은 두세 곳으로 다르지만 21, 32번가에 머무는 나는 주로 펜 스테이션Penn Station행을 탄다. 하지만 마지막 셔틀버스만 남은 상황이라면 어느 방향이건 일단 무조건 타야 한다. 번화가로 나오기 때문에 택시도 많고, 우버를 부르기도 편하고, 전철과 버스 등의 대중교통도 많다.

그런데 만약 마지막 셔틀버스까지 놓쳤다면? 마지막 남은 방법이 있다. 뉴욕에 있는 한인들이 운행하는 택시 서비스, 뻐꾸기(전화번호 718-888-8888)가 있다. 개인 자동차로 택시 영업을 하는 뻐꾸기는 JFK 공항에서 맨해튼으로 들어오는 가장 안전하고 저렴한 방법이기도 하다. 정액 요금으로 약 50~60달러에 5~6달러 정도의 팁을 주면 된다.

한국에서 출발하기 전 JFK 공항으로 도착하는 시간을 미리 알리고 예약하는 것도 좋다. 그러면 짐을 찾아 곧장 맨해튼에 있는 호텔로 갈 수 있다. 택시 라인에서 옐로캡을 타도 괜찮지만 그간의 경험으로는 뻐꾸기가 가장 편하고 안전하고 싸다. 맨해튼 내에서 이동할 때는 옐로캡과 우버가 뻐꾸기보다 훨씬 저렴하지만, 옐로캡이 눈에 띄지 않고 우버가 잘 잡히지 않을 때의 마지막 대안은 언제나 뻐꾸기다. 대신 뻐꾸기를 부르기 위해서는 자신이 있는 위치의 정확한 주소를 알아야 한다.

그리고 개인적으로 느끼기에는 뻐꾸기 운전기사들이 옐로캡보다 수천 배는 친절하다. 파리나 밀라노도 만만치 않지만 뉴욕의 택시 기사들은 정말이지 두려울 정도로 불친절하고 운전도 무지막지하게 해서 가슴이 콩알만 해진다. '뉴욕에서 운전기사를 하려면 불친절해야 한다'는 법이라도 있는 것 같다. 일반화할 수는 없겠지만 지금까지 만난 운전기사들은 공통적으로 그랬다. 여기에 팁까지 줘야 하니 울며 겨자 먹기가 아닐 수 없다.

D&A NY D&A 뉴욕

D&A*Designers and Agents*에는 작지만 제법 흥미로운 브랜드가 많다. 원래는 두 군데에서 열렸으나 코로나19 발발 몇 해 전부터 센터 548*center 548*을 제외한 스타렛 리하이*Starrett Lehigh*에서만 진행한다. 지금은 신세계 독점인 패딩 브랜드 에르노도 14년 전 여기서 내가 처음 발견해, 여성 라인을 국내 최초로 소개했다. 이제는 너무 커져서 이 쇼에는 참가하지 않고 프라이빗 쇼룸으로 옮겨갔다. 이외에 페이크 백*fake bag* 시리즈로 유명한 투게더 백*Together Bag*이나 슬로 앤 스테디 윈스 더 레이스*Slow and Steady Wins the Race* 역시 이 쇼에서 발견했다.

또 쇼의 참가자 중 에이전시 비율이 높아서 이탈리아나 프랑스 등 유럽 브랜드들도 많다. 이곳에서 본 많은 브랜드들은 파리의 가장 큰 트레이드 쇼인 트라노이에서도 종종 만나게 된다. 관심 있는 유럽 브랜드를 발견하면 반드시 파리에도 쇼룸이 있는지 물어보고, 콘택트 인포를 받아 브랜드에 직접 오더하도록 한다. 다소 힘들더라도 브랜드를 장기적으로 가져가려면 그편이 훨씬 좋다.

환경친화와 서스테이너블이 현 패션업계 화두인 만큼 D&A 쇼 안의 그린룸 *Green Room*이라는 섹션에서는 관련 브랜드도 작게 소개하고 있다. 아마도 이 섹션은 업계의 블루 오션으로 점점 커지지 않을까 싶다.

흥미로운 브랜드를 발견할 수 있는 D&A 뉴욕

Capsule 캡슐

여성 컨템퍼러리 패션에 초점을 맞춰 큐레이팅된 트레이드 쇼다. 독특한 미학과 고품질 장인정신으로 유명한 독립 디자이너와 브랜드가 많다. ENK나 D&A보다는 규모가 훨씬 작으나, 원 헌드레드Won Hundred, 우드우드Wood Wood 같은 훌륭한 북구 쪽 브랜드들이 제법 많이 참여하고 회사 브랜드보다는 작은 신진 디자이너 브랜드들이 많다. 규모 자체는 그다지 크지 않아도 톡톡 튀는 펑키한 신진 디자이너들이 많으니 놓칠 수 없는 쇼다.

신진 디자이너는 규모가 작은 만큼 오더 미니멈이 적어 한국에서 마켓 테스트를 해볼 수도 있고, 국내 마켓을 위한 약간의 디자인 수정 요구를 들어줄 가능성도 높다. 편집숍 바이어로서는 우리 멀티숍 온리 제품 생산을 요구해 볼 수 있는 좋은 기회로 삼을 수 있다. 가끔은 액시스Axis 라는 액세서리 위주의 다른 트레이드 쇼 등과 함께 진행되어, 한 번에 두 곳의 트레이드 쇼를 볼 수 있는 것도 장점이다. 트레이드 쇼 간의 이동은 주최 측에서 제공하는 무료 셔틀버스를 이용한다.

재기 발랄한 신진 디자이너 발굴에 좋은 캡슐 쇼

Magic 매직

라스베이거스에서 1년에 두 번 진행되는 트레이드 쇼로 그 규모와 열기가 코테리를 능가한다. 더 나아가 2020년 즈음부터는 뉴욕에서도 열리고 있어 뉴욕 패션 위크만 참석하는 바이어로서는 감사하기 이를 데 없는 변화다.

남성복, 여성복, 아동복, 신발, 액세서리 등 패션 아이템을 총망라해 보여주는데, 주로 영 컨템퍼러리 및 트렌드 중심의 여성 패션에 초점을 맞추고 있다는 점이 코테리와의 차이점이다. 코테리보다 더 젊고, 더 미국적이다. 데님 브랜드와 싸고 트렌디한 티셔츠를 취급하고, 젊고 패셔너블한 고객층을 둔 편집숍 바이어라면 꼭 들러야 한다.

코테리만큼 대규모에 더 젊고 미국적인 분위기의 매직 쇼

Tranoï NY 트라노이 뉴욕

파리의 대표 트레이드 쇼인 트라노이는 뉴욕 패션 위크에서도 열린다. 유럽으로 가지 않는 미국의 편집숍 바이어와 리테일러*retailer*(소매 상인)를 위한 것인데, 파리의 트라노이보다 규모는 훨씬 작지만 매우 좋은 브랜드들이 많이 참여한다. 크지 않은 규모에도 엄청난 성장 가능성을 지닌 쇼인 만큼, 코로나 팬데믹 기간 동안 중단된 것을 딛고 곧 다시 열릴 것이라 본다.

파리 트라노이의 뉴욕판 트레이드 쇼, 트라노이 뉴욕

패션 산업이 역동적인 만큼 무역 박람회와 이벤트 또한 시간이 지남에 따라 변경되거나 발전할 수 있다. 따라서 뉴욕 패션 위크의 여성 패션 전시회에 대한 가장 정확하고 빠른 정보를 얻으려면 최신 출처와 공식 웹사이트의 정보를 참조하는 것이 좋다. 보통 장소를 잘 바꾸지는 않지만 한 번 더 확인해서 나쁠 것은 없다. 출장 전에 정확한 장소, 날짜, 시작과 끝나는 시간 등을 더블 트리플 체크하도록 한다.

쇼룸

미국에 있는 많은 쇼룸들이 대표적인 브랜드 한두 개를 들고 ENK나 D&A에 참여한다.
그러니 아직 쇼룸 정보가 충분하지 않은 바이어라면
좋은 브랜드를 가진 쇼룸이 어디인지 눈을 크게 뜨고 찾아다녀야 한다.
첫 시즌에는 트레이드 쇼에서 바잉했다고 해도,
두 번째 시즌부터는 그들의 쇼룸으로 가는 것이 '관계' 형성에도 도움이 되고,
훨씬 사적이고 조용하게 바잉할 수 있는 방법이다.

News Showroom 뉴스 쇼룸

뉴욕에 있는 쇼룸 중 하나를 추천한다면 단연 뉴스 쇼룸이다. 이곳에서 3.1 필립 림이 소개되었고, 알렉산더왕이 자라났다. 두 브랜드 모두 처음에는 한쪽 벽면에 행어 한두 개로 시작하다 점차 컬렉션이 커지고 유명해지며 대규모 펀딩을 받았다. 그렇게 결국 단독 쇼룸으로 나가게 되었다. 그동안 나는 두 브랜드가 작은 벽면 한편의 행어 두 개에서 단독 쇼룸으로 나가기까지 커가는 과정 모두를 지켜봤다. K-디자이너 브랜드인 클루도 이 쇼룸이 전 세계 판권을 갖고 있다.

뉴스 쇼룸에서는 홀 세일 판매를 통해 잘나가는 아이템과 개발해야 하는 아이템에 대한 바이어들의 의견을 취합한다. 그리고 이를 디자이너와 함께 의논해 다음 시즌의 컬렉션을 더 좋게 하는 방향의 협업도 진행한다. 단순히 물건만 팔아주는 쇼룸이 아니라, 디자이너와 함께 더 좋은 브랜드로 키워나가는 역할까지 해주는 것이다. 지금은 역사의 뒤안길로 사라졌지만, K-디자이너로 뉴욕 컬렉션에서 주목받았던 두리 정*Doori Chung*의 두리*Doo.Ri*와 그녀의 세컨드 라인인 언더라인*Under.Ligne*도 여기서 소개되었다.

좋은 브랜드를 잘 발굴하고 키우는, 저력이 있는 쇼룸으로 세계 각지의 좋은

바이어를 고객으로 확보하고 있다. 뉴스 쇼룸에서 소개되면 전 세계 좋은 스토어로 들어가고, 결국 패션 피플들 사이에 입소문이 나며 유명세를 탄다. 지금도 그들은 제2의 필립 림, 제2의 알렉산더왕을 찾고 있다. 오너가 일본인이고, 치프 인터내셔널 세일즈 퍼슨이 일본인이라, 아시아 디자이너 브랜드에 관심이 많다.

원래는 아시안-아메리칸 브랜드(아시아인이 미국에서 론칭한 브랜드) 등에 집중했으나, 지금은 K-브랜드, 일본 브랜드까지 관심의 영역을 넓혀 한국이나 일본 브랜드 중 괜찮은 브랜드도 발굴하고자 한다. 한번은 내게도 물어와서 추천해 줬는데 상당히 마음에 들어 하는 눈치였다. K-브랜드를 곧 뉴스 쇼룸에서 볼 날이 머지않은 듯하다. 참고로 이곳은 다른 쇼룸처럼 쇼룸 사진을 인터넷에 배포하지도 않고, 또 쇼룸 사진이 책에 실리기를 원하지도 않는다. 독특한 아날로그적 감성을 가진 오너의 쇼룸이다.

M5 엠파이브

미국에서 이탈리아 브랜드를 가장 많이 취급하는 쇼룸이다. 몽클레르의 인기를 능가하는 에르노도 이곳, M5에 있다. 미국 바이어를 위한 곳인 만큼 이탈리아 브랜드의 시장조사 차원에서 둘러보는 것도 나쁘지 않다. 하지만 대부분이 미국 마켓만을 위한, 즉 미국에 숍을 둔 어카운트만 바잉할 수 있는 브랜드다. 그러니 마음에 드는 브랜드가 있다면 이탈리아 본사의 콘택트 인포를 받아 나중에 본사나 아시아 지부를 관할하는 인터내셔널 세일즈 담당자에게 직접 연락해야 한다.

M5 쇼룸 내부

오더 데드라인,
지키지 않으면 진짜 데드?

미국의 쇼룸이나 브랜드는 오더 데드라인을 파리 컬렉션 전으로 요청하는 경우가 많다. 바이어가 자기 브랜드가 아닌 파리 패션 위크에서 본 브랜드를 바잉할까 봐 데드라인을 그전으로 설정해 버리는 것이다. 그런데 이런 말에 결코 속으면 안 된다.

이런 주장은 마치 쇼핑할 때 가장 먼저 들어간 숍에서 다른 숍을 둘러보기 전에 미리 계산해야 한다는 것과 다르지 않다. 자신의 제품이 마음에 들어도 더 예쁜 것을 발견하면 사지 않을 테니, 미리 결제를 유도하는 것이다. 당연히 말이 되지 않는다. 그러므로 꿋꿋하게 파리 컬렉션까지 다 돌고 나서 가장 좋은 브랜드에 가장 좋은 컨디션을 선택해서 오더를 넣어야 한다. 사실상 파리 패션 위크가 끝난 뒤 오더를 넣어도 대부분 다 받아준다. 그런데 주의할 점! 일본 브랜드만은 예외다.

코로나19로 많은 브랜드들이 지옥과도 같은 시간을 경험했다. 이처럼 어려운 시기에는 브랜드 입장에서 아주 작은 어카운트의 오더도 감지덕지다. 그러니 아무리 오더 데드라인을 들이밀며 재촉하더라도, 자신의 페이스를 유지해서 가면 된다. 15년간의 바이어 경험에서 나온 말이니 믿어도 좋다.

1. M5의 카탈로그 2. M5에서 볼 수 있는 명품 패딩 에르노

세계 경기의 악화는 코로나19라는 금세기 초유의 팬데믹을 만나며 더욱 가속도가 붙었고, IT 영역을 제외한 모든 리테일 분야를 초토화시켰다. 패션도 예외는 아니어서 밀라노 컬렉션과 런던 컬렉션뿐 아니라, 뉴욕 컬렉션까지 건너뛰는 바이어도 늘고 있다. 덕분에 파리 컬렉션만 규모가 점점 커지는 추세다. 바이어를 놓치지 않기 위해 밀라노와 런던의 쇼룸을 비롯해 뉴욕에 있는 유명한 브랜드나 쇼룸까지 파리 컬렉션 기간 동안 바이어를 맞으려 파리에 쇼룸을 연다. 뉴욕 최고의 쇼룸인 뉴스 쇼룸 또한 그들이 가진 많은 브랜드들 중 일부를 들고 파리로 찾아간다.

하지만 맨 처음 바잉을 하는 바이어나 편집숍 오너라면, 파리 컬렉션이 열리기 전 뉴욕부터 런던, 밀라노까지의 모든 컬렉션을 다 돌아보는 것도 나쁘지 않다. 점점 위상과 중요성이 줄고 있기는 하지만 런던 컬렉션과 밀라노 컬렉션에서도 결코 놓칠 수 없는 트레이드 쇼와 쇼룸이 열린다.

LONDON COLLECTION

런던 컬렉션

전통과 파격의
공존

세계적으로 주목받는 컬렉션 탐방하기

런던 컬렉션은 2월과 9월, 뉴욕 컬렉션 바로 후에 진행되며 서머셋 하우스가 가장 큰 트레이드 쇼다. 쇼룸에도 여러 브랜드가 참여하는데, 내추럴한 오버핏의 고급스러운 무드의 에스칸다Eskandar처럼 오직 런던에서만 쇼룸을 진행하는 경우도 있지만, 대부분의 유럽 브랜드는 파리 컬렉션에서도 볼 수 있다. 한편 한국과 유럽 국가 간에 FTAFree Trade Agreement가 체결된 이후부터는 주한 영국대사관과 이탈리아대사관, 프랑스대사관 등이 자국 브랜드를 한국 주요 바이어나 디스트리뷰터distributor(판매자)에게 소개하는 자리도 매우 적극적으로 마련하고 있다.

영국 브랜드 하면 가장 먼저 무엇이 떠오를까? 바로 버버리Burberry와 비비안 웨스트우드Vivienne Westwood다. 버버리를 비롯한 멀버리Mulberry, 아쿠아스큐텀Aquascutum 등이 전통적이고 전형적이며 규격 잡힌 유니폼 같은 스타일을 전개한다면, 비비안 웨스트우드 등의 브랜드는 과격하고 과장된 핏이나 컬러를 강조하는 모습을 보인다.

런던 컬렉션의 가장 큰 트레이드 쇼 서머셋 하우스

영국 패션의 대모 비비안 웨스트우드와 과감한 디자인

매티 보반의 2018년 F/W 컬렉션

매티 보반의 2023년 S/S 컬렉션

참고로 지금도 트레이드 쇼에서 고딕하게 과격하건, 귀엽고 펑키하게 과격하건, 어찌 되었든 과격하다고 할 만큼 개성 있는 브랜드의 디자이너는 십중팔구 런던 최고의 패션 스쿨인 센트럴 세인트 마틴Central Saint Martins 출신이다. 현재 뉴욕 베이스로 활동하는 영국 디자이너 매티 보반Matty Bovan의 컬렉션, 런던 베이스로 활동하는 터키 디자이너 보라 악수의 컬렉션, 케이 왕이 런던에서 론칭한 데이드림 네이션까지, 모두 나름의 색으로 센트럴 세인트 마틴 졸업생으로서의 과함의 극치를 잘 보여준다.

데이드림 네이션의 다양한 컬렉션들

보라악수의 2023년 S/S 컬렉션

그런데 개인적으로는 너무 전통적인 것도 과격한 것도, 요즘 트렌드에서는 벗어난 것으로 보인다. 전통적인 버버리류의 브랜드에 약간의 트위스트를 입히고, 과격한 브랜드에서 약간만 힘을 뺀다면, 두 경향의 브랜드 다 나름의 장점으로 살려낼 수 있을 것이다.

예를 들어, 현재 버버리는 새로운 크리에이티브 디렉터를 통해 버버리의 전통을 재해석하며 훨씬 시크해졌고, 심하게 과장된 컷의 비비안 웨스트우드는 우리나라 팀이 라이선싱으로 생산하는 앵글로마니아Anglomania 라벨을 통해 훨씬 웨어러블하게 되었다. 현재 국내 비비안 웨스트우드 매장에서 매출의 견인차 역할을 하는 것은 수입되는 비비안 웨스트우드 라인이 아니라, 앵글로마니아 라인이다. 더 놀라운 것은 앵글로마니아 라인을 중국 등으로 수출도 하고 그 볼륨 또한 괄목할 만한 속도로 커지고 있다는 사실이다.

라이선싱이나 우리나라화되지 않은 영국 브랜드 자체는 그 핏이 동양인과 잘 맞지 않는 듯하다. 입어봐도 그렇지만 왠지 모르게 보기에도 불편한 감이 있다. 그리고 국내 시장과 영국 시장에서 고객의 선호도 또한 다르다. 그들이 좋아하고 고급스럽다고 생각하는 두툼한 겨울 패브릭의 경우 국내 편집숍 고객은 질색하는 경우가 많다. 영국 브랜드는 두텁고 거친 울로 만든 소재를 즐겨 사용하는데, 코트나 재킷의 각을 잡아줘 정말 멋져 보인다. 그러나 이런 소재는 대체로 무겁고 거칠 어서 국내 고객은 입어보려고도 하지 않는다. 국내 시장에서 겨울 코트의 성공 코드 중 하나는 무조건 가볍고 부드러워야 한다는 점이다.

그러니 반드시 런던에 갈 이유가 없다면, 영국 브랜드에 관 심이 있는 바이어의 경우 주한 영국대사관 주최의 크고 작은 패션 행사에 가볼 것을 권한다. 이곳에서 런던에 쇼룸을 가진 디자이너들을 만나고 그들의 컬렉션도 볼 수 있다.

나 또한 영국 왕세자비 케이트 미들턴Kate Middleton이 입어 유명해진, 이사런던Issa London, 리스Reiss, 휘슬스Whistles 등의 중가 영국 브랜드에 관심이 생긴 적이 있었다. 이를 위해 런 던을 휘젓고 다니며, 영국의 국민 브랜드와 다름없는 이들 브 랜드의 옷을 많이도 사 입었다. 도대체 어떤 매력을 지닌 것 인지 너무나도 이해하고 싶었다. 그러나 결론은 국내 패션 피 플의 눈높이에는 맞지 않는다는 것이었다. 모델 같은 몸매에 모델보다 더 예쁜 영국 왕세자비가 입으니 예뻐 보였을 뿐이 다. 실제 그녀의 트레이드 마크인 몸에 꼭 맞는 포멀한 원피 스는 더 이상 국내 시장에서는 팔리지 않는 아이템이다.

한때 리스는 신세계인터내셔날에 의해 국내에 소개되기도

했지만, 수입 브랜드를 잘 전개하는 그들의 실력으로도 그리 좋은 결과를 이뤄내지 못했다. 또 다른 영국 브랜드인 마거릿 호웰Margaret Howell 역시 너무 베이식한 디자인이라 국내 편집 숍 고객의 취향에는 맞지 않아 보인다. 국내 한 회사가 3~4 시즌 진행하다 급하게 문을 닫은 것만 봐도 그렇다.

영국 브랜드는 어딘지 모르게 우리와는 잘 맞지 않는다. 그 래서 그런지 국내에서 성공한 영국 브랜드는 매우 드물다. 이 야기했듯이 비비안 웨스트우드도 라이선싱 라인인 앵글로마 니아만이 시장에서 반응을 얻고 있다. 그렇지 않았다면 벌써 백화점에서 퇴점 수순을 밟았을 테고, 국내 패션계에서는 역 사 속으로 사라졌을 것이다. 국내 편집숍 고객의 패션 지수가 너무 높아 이 정도 브랜드로는 성에 차지 않는다.

다만 14년 전부터 꽤 괜찮다고 생각하고 찜해두었던 영국 브랜드가 하나 있다. 2014년 국내에 론칭한 올세인츠Allsaints 인데, 시크한 매력으로 편집숍의 일부를 꾸리기에는 매우 좋 은 브랜드라고 생각했다. 멋스러운 재봉틀이 잔뜩 있는 그들 의 숍 콘셉트 그대로 코엑스 파르나스몰에 오픈해서 당장에 달려갔었다. 이후 백화점의 다른 매장에도 여러 군데 입점했 지만 매출은 그리 좋지 못하다고 한다. 직진출인데도 영국에 비해 가격도 많이 비싼 듯하다.

MILANO
COLLECTION

밀라노 컬렉션

이지적인 컬러 팔레트와
최고의 퀄리티

트레이드 쇼

Pitti 피티

이탈리아에는 어마어마하게 큰 트레이드 쇼가 하나 있다. 이른바 피티, 아마 세상에서 제일 큰 트레이드 쇼가 아닐까 싶다. 돌아도 돌아도 끝이 없다. 아무리 열심히 돌아도 하루 만에 다 볼 수 없을 만큼의 규모다. 마치 '나 이탈리아 브랜드예요' 하는 거의 모든 브랜드가 참여하는 것 같다. 여기에 다른 나라 브랜드도 대거 참여하는데, 밀라노가 아닌 피렌체에서 1월과 6월, 1년에 두 번 열린다.

원래는 피티 워모 *Pitti Uomo*라는 남성 쇼였는데, 오래전 그 명성을 등에 업고 피티 돈나 *Pitti Donna*라는 여성 쇼도 시작했다. 아직 피티 돈나는 피티 워모의 명성은 따라가지 못하지만 열리는 시기는 같다. 유니섹스 브랜드들도 많이 참여하니 클래식하면서도 캐주얼한 유니섹스 브랜드를 찾는 여성복 바이어라면 관심을 가질 만하다.

피티가 원래 남성 쇼에서 시작한 만큼 이곳에서는 남성 패션쇼의 향연이 펼쳐진다. 마치 '나 옷 좀 입네' 하는 이탈리아의 모든 남성이 모인 듯하다. 어느 쪽으로 눈을 돌려도 '어쩌면 저렇게 어려운 색을 잘 소화할까' 하는 감탄이 나온다. 이것만 봐도 이탈리아 남성들은 세계에서 가장 옷을 잘 입는 사람들인 것 같다.

이탈리아 최대의 트레이드 쇼, 피티 워모

피티 워모에서 만날 수 있는 옷 잘 입는 이탈리아 남성들

White Women 화이트 우먼

여성복 트레이드 쇼로 가장 유명한 곳은 밀라노에서 열리는 화이트 우먼이다. 참여 브랜드들이 너무 많아 서너 곳에서 나뉘어 열리는데, 밀라노 패션 위크 동안 열리는 트레이드 쇼 가운데 가장 큰 것 같다.

한편 세계 경기가 악화되면서 많은 바이어들이 밀라노 패션 위크를 건너뛰자 쇼룸뿐 아니라 대규모 트레이드 쇼인 화이트 우먼도 공격적인 마케팅 전략을 펴고 있다. 다른 도시의 패션 위크 동안 바이어를 찾아 파리는 물론 뉴욕으로도 건너가는 것이다. 따라서 바이어는 굳이 밀라노로 가지 않아도, 파리나 뉴욕에서 화이트 우먼을 볼 수 있다. 또 밀라노 화이트 우먼에 참가하는 괜찮은 브랜드는 파리나 뉴욕의 화이트 우먼이 아니라 파리의 메인 트레이드 쇼인 트라노이, 뉴욕의 코테리에도 참여한다.

밀라노에서 가장 유명한 여성복 트레이드 쇼, 화이트 우먼

'메이드 인 이탈리아' 하면 브랜드 불문하고 다 넘어갔던 시절이 있었을 만큼, 이탈리아 제품의 품질은 여전히 세계 최고다. 그러나 전통적이고 베이식한 디자인을 고수하는 많은 이탈리아 브랜드들은 이제 패션 피플에게 너무 심심하게 느껴진다.

한국의 스파 브랜드 시장을 장악하고 있는 유니클로가 베이식한 아이템에서는 타에 추종을 불허할 가격을 제시하고, 품질 또한 나날이 발전하고 있다는 점에서 더욱 그렇다. 평범하고 깔끔한 디자인의 캐시미어 제품이나 수피마 코튼 티셔츠, 에어리즘과 히트택 등의 이너 웨어가 승승장구하고 있어 이탈리아 브랜드가 설 자리가 별로 없다. 퀄리티로만 승부하던 말로malo, 페델리Fedeli뿐 아니라 콜롬보 보르고세시아 캐시미어Colombo Borgosesia Cashmere 등의 많은 이탈리아 브랜드들은 이제 국내에서 맥을 못 춘다. 참고로 악어 백으로 유명한 콜롬보 비아델라 스피가Colombo via Della Spiga와는 별개 브랜드다!

2023년 F/W 밀라노 패션 위크에서의 메릴링

이제는 제품의 질만으로 승부하려 해서는 안 된다. 디자인이 받쳐줘야 한다. 질도 좋고, 디자인도 예쁜 로로 피아나*Loro Piana*, 파비아나 필리피*Fabiana Filippi*, 브루넬로 쿠치넬리*Brunello Cucinelli* 등은 아직도 많은 사랑을 받고 있다. 비싸도 너무 비싸서 그렇지, 질과 디자인은 참 좋다.

밀라노 패션 위크는 런던 패션 위크와 거의 동시에 이뤄지며, F/W 패션 위크는 2월 말부터 3월 초에, S/S 패션 위크는 9월 말이나 10월 초에 시작한다. 보통은 패션 위크가 열리기 1~2주 전쯤 해당 도시 브랜드의 런웨이 쇼 스케줄이 뜬다. 만약 마음에 드는 브랜드가 있어 쇼를 보고 싶다면 브랜드에 직접 연락해서 초대장을 받아야 한다. 물론 이때 본 옷은 수개월 후에나 매장에 걸릴 수 있다.

한편 주한 이탈리아대사관 무역진흥부에서는 한국과 이탈리아 간 FTA가 체결된 이후 이탈리아 브랜드를 소개하는 다양한 활동을 펼치고 있다. 주한 영국대사관과 주한 프랑스대사관이 하는 것처럼 브랜드를 초청해 한국의 다양한 편집숍 바이어나 백화점 또는 디스트리뷰터와 연결하고, 이탈리아 무역공사 ITA*Italian Trade Agency*에서는 이탈리아에서 열리는 다양한 쇼에 한국 바이어를 초청해 무료 숙식을 제공하기도 한다. 2015년 6월에는 밀라노 엑스포를 기념해 한국 바이어를 밀라노로도 초청했다.

심지어 주일 밀라노 대사관 무역관은 도쿄에서 주최하는 이탈리아 의류 패션전, 모다 이탈리아*Moda Italia*와 슈즈 프롬 이탈리아*Shoes from Italy*에도 한국 바이어를 초청했는데, 호텔 숙박권을 제공하는 등 무상으로 편의를 제공했다. 남녀 의류, 가죽 의류 및 신발 등을 만드는 150여 개의 이탈리아 업체가 참여하므로 시간만 있다면 안 갈 이유가 없다.

또 세계 최대의 신발과 액세서리 박람회인 미캄*MICAM*으로도 한국 바이어를 초대한다. 미캄은 뉴욕 패션 위크의 솔 커머스 같은 것이지만, 규모 면에서 수십 배 더 크다. 신발에 관해서라면 단연 세계 최고의 쇼다. 한 번 가본 뒤에 또

세계 최대 신발 전시회 미캄

방문할지는 개인의 선택이지만, 가보기 전에는 어떤 브랜드를 만날지 아무도 모른다. 그러니 시간이 된다면 한 번쯤 꼭 가보라고 권하고 싶다. 바이어는 브랜드와 만날 수 있는 모든 기회를 잘 이용해야 한다. 시간만 있다면 모든 것이 공짜인데, 와이 낫? 가지 않을 이유가 없다. 바이어는 없는 기회를 만들어서라도 최대한 많은 것을 봐야 한다.

참고로 FTA의 체결로 고객의 입장에서도 체감할 만한 변화는 있다. FTA 덕분에 유럽에서 생산되고 유럽에서 배송되는 유럽 브랜드는 수입 관세를 면제받게 되었다. 과거에 비해 유럽 물건이 좀 더 싸다고 느꼈다면 그 이유다.

Studio Zeta & Riccardo Grassi 스튜디오 제타와 리카르도 그라시

밀라노에서 가장 퀄리티 높은 브랜드들을 많이 가진 쇼룸이라면, 단연 스튜디오 제타다. 국내 편집숍 바이어 거의 모두가 찾아가는 곳일 것이다. 리카르도 그라시는 20년 동안 쇼룸을 함께 일구었던 스튜디오 제타의 공동 창립자 중 한 사람이 2012년 새롭게 오픈한 쇼룸으로, 좋은 브랜드는 거의 다 들고 나왔다고 보면 된다. 이 때문에 스튜디오 제타에서는 이전만큼 좋은 브랜드를 만나지는 못한다. 스튜디오 제타도 리카르도 그라시도 모두 파리 패션 위크에 참여한다.

리카르도 그라시에서는 기존에 스튜디오 제타에서 소개하던 지암바티스타 발리*Giambattista Valli* 같은 고가의 컬렉션 라인을 비롯해 우리나라의 푸시버튼 *Pushbutton*, 고엔제이*Goen.j* 등 영하고 힙한 라인을 많이 소개했다. 이곳에서 N°21을 비롯해 MSGM 역시 소개되고 자라났다.

이탈리아의 대형 쇼룸은 그 뒤에 커다란 펀드를 끼고 일한다. 그래서 어떤 디자이너의 브랜드가 좀 잘 팔린다 싶으면, 펀드가 들어와 갑자기 컬렉션 크기가 4~5배쯤 커지는데, N°21과 MSGM도 그런 예다. 리카르도 그라시는 현재 스튜디오 제타보다 훨씬 더 영향력이 큰 쇼룸으로 자리 잡았다.

이처럼 2인자로 있다가 독립 후 새로운 브랜드 또는 쇼룸을 만들고, 디자이너 이름의 브랜드를 디자이너에게서 빼앗아 쫓아내는 등의 일은 이탈리아 패션계에서는 별로 놀랄 사건도 아니다. 15년을 함께 일하면 식구나 마찬가지일 텐데, 그런 식구를 하루아침에 내쫓거나 10년 이상 일한 비즈니스 파트너에게 말 한마디 없이 다른 파트너로 교체하는 것도 봤다.

이탈리아의 좋은 브랜드들을 가장 많이 갖고 있던 스튜디오 제타

RICCARDO GRASSI
SHOWROOM

ABOUT · COLLECTIONS

ALL · ACCESSORIES · MENSWEAR

ACT N°1
ALESSANDRO VIGILANTE
AVAVAV
BLANCHA
BLUMARINE
CAVIA
DODO BAR OR
ERDEM
ERIKA CAVALLINI
F.R.S. FOR RESTLESS SLEEPERS
FEDERICA TOSI
FEDERICO CINA
GIUSEPPE DI MORABITO
NATASHA ZINKO
NUÉ
OFFICINE GÉNÉRALE
UNTITLED ARTWORKS
VIVETTA

1. 스튜디오 제타의 영향력을 뛰어넘은 리카르도 그라시의 브랜드 리스트
2. 리카르도 그라시 쇼룸 안에 있는 N°21 섹션   3. 리카르도 그라시 쇼룸 안에 있는 MSGM 섹션

1. N°21로 명성을 되찾은 알레산드로 델라쿠아
2. 이탈리아의 하이엔드 컨템퍼러리 브랜드 N°21 런웨이

알레산드로 델라쿠아Alessandro Dell'Acqua라는 브랜드도 더 이상 디자이너 알레산드로 델라쿠아의 것이 아니다. 브랜드의 오너인 펀드가 디자이너를 해고 했기 때문이다. 그렇게 알레산드로 델라쿠아가 독립해서 새로 만든 브랜드가 바로 N°21이다. 오랜 시간을 거쳐 세계적으로 유명해졌지만, 국내에서는 독점 디스트리뷰터 때문에 사라질 위기에 있다. 자신의 온라인몰에 너무 치중해 오프라인 기반을 닦지 못한 탓에, 거의 모든 백화점에서 퇴점당했다. 개인적으로 많이 좋아했던 브랜드라서 더욱 안타깝다.

거짓과 배신의 아픔을 수차례 맛봤던 브랜드는 또 있다. 내가 직접 국내에 소개하고 마켓을 키운 이탈리아 브랜드 하쉬다. 디자이너 마누엘라 아카리 Manuela Arcari는 오너인 불가리Bvlgari를 가진 펀드 그룹 오페라 에퀴티Opera Equity에 2015년 S/S 계약을 해지당했고, 이후 다른 브랜드에 합류하게 된다.

그 자리에 새로 들어온 크리에이티브 디자이너는 코스타스 무르쿠디스kostas Murkudis로, 헬무트랭에서 오래 일했던 만큼 2016년 S/S부터 헬무트랭의 색깔이 묻어나는 컬렉션을 선보였다.

하지만 많은 바이어들은 여성스러우면서도 유머러스한 마누엘라 아카리의 디자인을 좋아했고, 이런 변화에 고개를 돌렸다. 결국 오페라 에퀴티는 두 시즌 후에 디자이너 마누엘라 아카리와 그녀의 남편이자 영업 총책인 데이비드 아구스David Agus에게 하쉬를 다시 싼값에 팔았다. 그렇게 이제 하쉬는 디자이너인 마누엘라 아카리와 남편, 그리고 그들의 아들과 딸이 100퍼센트 주식을 갖는 가족회사가 되었다. 쫓겨날 염려는 없겠지만 이제는 오페라 에퀴티 같은 큰 펀드가 돈줄이 되어주지 못하니, 컬렉션의 크기도 퀄리티도 예전만 못해서 안타깝다.

이탈리아인은 비즈니스라는 미명하에 적은 돈에도 쉽게 움직인다. 그러니 대부분의 이탈리아 브랜드에서도 신뢰나 충성도를 기대할 수 없다. 패션에서도, 가구에서도, 조명에서도, 이탈리아와 비즈니스를 하는 모든 영역에서 이런 예는 수도 없이 찾아볼 수 있다. 슬픈 일이다.

TIP

이탈리아에서
택시로 이동하려면?

이탈리아, 특히 밀라노에서 택시를 타고 내릴 때는 반드시 거스름돈을 받고 나서 차에서 내리는 것이 좋다. 거스름돈이 클 경우 승객이 내려서 문을 잡고 기다려도 문을 연 채 그냥 가버리는 경우가 종종 있다. 처음에는 정말 어이가 없었지만 몇 번 당하다 보니 이제는 절대 먼저 내리지 않고, 돈을 다 받을 때까지 차 안에서 기다린다. 문 밖에 서서 기다리다가는 돈만 잃는 것이 아니라 자칫 몸까지 다칠 수도 있다. 일반화할 수는 없겠지만 이탈리아에서 성숙한 시민 정신이나 진실한 신뢰 관계 등은 기대하기 쉽지 않다.

그런데 정말 무서운 것은 그들은 이런 것을 배신으로 생각하지 않는다는 점이다. 그들에게는 이것이 단지 사업의 기회일 뿐이다. 우리의 국민성과는 다소 맞지 않는 측면이 있다. 신뢰도 충성도도 전혀 없는 이탈리아인에게 여러 차례 호되게 당한 덕분에 나는 이탈리아 전문가 시오노 나나미*Shiono Nanami*가 쓴 책 전체와 마키아벨리*Machiavelli*를 섭렵하고 연구하게 되었다.

그 결과 좀 과장하자면, 이탈리아 역사와 국민성에 관해 박사 논문을 써도 될 정도다. 배신과 거짓으로 점철된 역사답게 이탈리아인과 중요하고도 장기적인 파트너십을 맺을 때는 고민에 고민을 거듭해야 한다.

이탈리아에는 워낙 브랜드들이 많다 보니, 유명세를 얻기 전에는 이탈리아에서 오래 산 한국인 에이전트를 통해 계약하는 경우가 많다. 에이전트를 업으로 하는 한국인들이 제법 많기 때문에 찾기도 쉽고, 어차피 무명의 브랜드 입장에서도 팔리는 만큼 수수료를 주기 때문에 잃을 것이 별로 없다.

하지만 정말 가능성 있는 좋은 브랜드라면 이런 식의 에이전트 계약은 잘 하지 않는다. 무명일 때는 에이전트를 쓰다가도 유명해지면 에이전트보다는 파트너를 찾기도 하고, '프라다 코리아', '구찌 코리아'처럼 직진출을 하기도 한다.

그리고 에이전트에만 기대다 보면 바이어로서의 역량도 절대 늘지 않는다. 에이전트와 일하면 에이전트가 데려가는 쇼룸에 그저 따라가기만 하면 되니까 처음에는 편하기 그지없다. 하지만 에이전트에만 기대다 보면 브랜드 서치 능력뿐 아니라 바잉 실력조차 제대로 늘지 않는다.

또한 브랜드로부터 받을 수 있는 할인 폭도 에이전트 수수료 때문에 줄어들 수밖에 없다. 에이전트 수수료가 당장 내 주머니에서 안 나간다고 공짜로 착각하면 안 된다. 브랜드 측에서는 내 물량이 늘어나 싸게 주고 싶어도 에이전트 수수료 때문에 디스카운트 폭을 늘릴 수 없다. 결국 에이전트 수수료는 내 주머니에서 나가는 것과 같다. 웬만하면 발품, 손품을 열심히 팔아 자신의 능력으로 브랜드를 발굴하고 직접 콘택트해서 키우라고 강력하게 말해주고 싶다.

참고로 패션 위크가 열리는 동안 밀라노는 거의 한 집 건너 한 집이 쇼룸이라 할 만큼 많은 쇼룸들이 포진해 있다. 혹시라도 관심 가는 브랜드나 찾는 제품이 있다면, 주한 이탈리아 대사관 무역진흥부에 유명 쇼룸 리스트를 요청하면 된다. 이곳 직원들은 이런 요청에 정말 빠르게 응대해 준다.

세계적으로 주목받는 컬렉션 담당하기

PARIS COLLECTION

파리 컬렉션

시크한 도시의
화려한 피날레

파리 패션 위크는 세계 패션 위크 가운데 가장 화려하다. 파리야말로 전 세계에서 내로라하는 브랜드와 그에 걸맞은 전 세계의 크고 작은 바이어들이 모두 모이는 곳이다. 한 시즌 패션 위크의 피크이자 마지막 무대다. F/W는 2월 말부터 3월 초에 열리고, S/S는 9월 말에서 10월 초에 열린다. 편집숍 바이어라면 다른 모든 패션 위크는 건너뛰더라도 파리 패션 위크만큼은 반드시 가야 한다.

기존에 파리 트레이드 쇼의 양대 산맥으로는 트라노이와 랑데부Rendez-vous를 꼽을 수 있었다. 그런데 트라노이는 점점 커지고, 신진 디자이너가 주로 참여하던 랑데부는 점점 규모가 작아지더니 사라지고 말았다. 이제 트라노이는 파리 패션 위크 하면 떠오르는, 명실공히 제1의 대형 트레이드 쇼다.

이 밖에도 다소 작은 규모로 펼쳐지는 여러 개의 트레이드 쇼가 있는데, 그중 반드시 가봐야 할 곳이 액세서리 쇼인 프리미에 클라세다. 두 가지 쇼 모두 입장료가 있지만, 앞서 소개한 방법으로 할인이나 무료 입장권을 이용할 수 있다.

트레이드 쇼

Tranoï 트라노이

원래 팔레 드 라 부르스*Palais de la Bourse*(2 Palce de la Bourse, 75002), 카루젤 드 루브르*Carrousel du Louvre*(99 Rue de Rovoli, 75001), 몽테뉴*Montaigne*(7 Rond-point des Champs Élysées, 75008), 이렇게 세 곳에서 진행했던 트레이드 쇼다. 매년 그 규모도 커져 그들의 콧대는 하늘을 찔렀었다. 참가자들에게 받는 장소 대여료도 매년 올리고 2014년부터는 바이어에게 30~40유로 정도의 입장료 도 받고 있다. 물론 온라인으로 구입하면 약간의 할인을 받을 수 있고, 무료 초 대장 또는 무료 입장 QR코드를 받는 방법도 있다.

트라노이가 열리는 팔레 드 라 부르스의 외부와 내부

현재 트라노이는 더 이상 세 곳에서 열리지 않는다. 코로나19 발발 이전에
이미 없어진 몽테뉴를 비롯해, 코로나 팬데믹 이후로는 카루젤 드 루브르에서
도 더 이상 열리지 않는다. 이제 코로나19의 공포에서 어느 정도 벗어났고 해
외여행도 자유롭게 된 만큼, 곧 다시 세 군데에서 개최될 날을 기대해 본다.

편집숍 초기에는 브랜드를 하나라도 먼저 선점하기 위해 첫날 아침부터 세 곳
을 모두 돌았다. 엄청나게 많은 사람들의 행렬에 한두 시간을 내리 서 있기도
했다. 미리 등록을 하고 왔더라도 첫날은 프린트해 온 패스를 목에 거는 플라

스틱 패스로 바꾸기 위해 한 시간 이상 기다리는 인내가 필요하다. 세 곳 중 팔레 드 라 부르스와 카루젤 드 루브르가 메인이었는데, 그중 카루젤 드 루브르는 우리가 아는 그 루브르 박물관이다. 박물관이 있는 건물의 지하에서 트레이드 쇼가 펼쳐졌다.

줄을 서지 않고 빨리 패스를 받으려면 몽테뉴로 가면 되지만 몽테뉴는 셋 중 규모도 가장 작고, 우리나라 바이어가 관심 있어 할 만한 브랜드들은 그다지 많지 않았다. 보통 이브닝 웨어나 화려하고 드레시하고 비싼 원피스 스타일 위주라서 트라노이 세 곳 중 국내 바이어의 발길이 가장 뜸했다.

트라노이는 일단 사전 등록을 하면 브랜드에서 받는 온갖 자료를 담을 정도의 커다란 가방을 준다. 이곳에서만 받을 수 있기 때문에 이를 선물로 가져가면 파리에 오지 못한 직원에게 더없이 좋은 기념품이 된다. 한마디로 "나 파리 패션 위크에 갔다 왔어" 또는 "나 패션계에서 일해" 하는 징표다.

역대 트라노이 가방을 모아 한 면을 장식해 놓은 트라노이 백 월

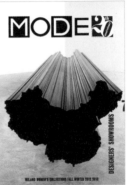

파리 컬렉션에 대한 모든 정보가 담긴 바이어의 바이블 《모뎀》

그리고 가방 안에는 두세 권의 제법 두꺼운 책이 들어 있는데 처음에는 무거
워서 버리기도 했지만 절대 그러면 안 된다. 그중 《모뎀Modem》이라고 써 있는
작고 도톰한 책은 바잉하러 온 바이어의 바이블이라 할 수 있다. 이 책에 찾고
자 하는 거의 모든 정보가 들어 있다 해도 과언이 아니다. 맨 뒷장에는 파리 지
도가 있고, 지도 위에 주요 쇼룸도 표시되어 있다. 파리에 체류하는 동안 항상

갖고 다녀야 하는 책이다. 돈 주고도 못 사는 정보가 차고도 넘치기 때문에 바잉이 끝나고 귀국할 때도 반드시 가져와야 한다. 또 한 권은 트라노이에 참여하는 브랜드를 장소에 따라 알파벳 순서로 써놓은 책이다. 이를 훑어보고 나서 원하는 브랜드가 어디 있는지 살펴보는 것도 좋다.

팔레 드 라 부르스에는 고급 가죽 재킷 등을 파는 이탈리아 브랜드들이 많고, 이탈리아 명품 패딩 브랜드 에르노도 이곳의 터줏대감처럼 자리 잡고 있다. 개인적으로 '최애'로 꼽는 아이 웨어 브랜드 린다 패로우*Rinda Farrow*의 선글라스와 그들의 컬래버레이션 제품은 바로 입구에서 만날 수 있다.

개인적으로는 트라노이가 열리는 세 곳 중 카루젤 드 루브르를 가장 좋아했다. 카루젤 드 루브르는 코로나19가 퍼지기 전까지만 해도 매 시즌 눈에 보이게 커지는 모습이었다. 처음에는 루브르 지점의 1층 전체를 로비 공간으로 사용했는데, 점차 로비까지 브랜드 부스가 가득 들어섰다. 이제는 과거의 영광이 되었지만 머지 않아 이런 모습이 다시 펼쳐졌으면 한다.

카루젤 드 루브르에는 주로 신진 디자이너가 주를 이루며 톡톡 튀는 펑키한 브랜드들이 많다. 천연 염색과 자연주의 콘셉트를 내세우며 세계적으로 많은 팬층을 확보하고 있는 파드칼레와 귀여우면서도 시크한 니트 디자인의 사랑스러운 일본 브랜드도 이곳에서 만날 수 있다. 합리적인 가격에 고급스러운 이너웨어를 전개하는 마제스틱*Majestic*과 시크한 이탈리아 감성의 텔라*Tela*, 박시하면서도 고급스러운 소피 드 후레*Sofie D'hoore* 등도 눈을 즐겁게 한다.

하지만 모든 브랜드가 이런 대형 트레이드 쇼에 참여하는 것은 아니다. 브랜드가 유명해져 전 세계에 많은 어카운트들을 갖게 되면 더 이상 새로운 어카운트를 오픈할 수 없을 만큼의 포화 상태가 된다. 그러면 고급화 전략이나 모노 브랜드 정책 등으로 더 이상 참여하지 않는 것이다. 원래 이로*Iro*도 트라노이에 참여하다 갑자기 커지면서 프라이빗 쇼룸을 갖게 된 경우다. 이런 프라이빗 쇼룸은 '어포인트먼트 온리appointment only'로 진행하는 경우가 대부분이지만 정말 바잉하고 싶은 브랜드라면 무작정 부딪혀보는 것도 나쁘지 않다. 지성이면 감천이고, 거절당한다 해도 밑져야 본전 아니겠는가.

과감하고 혁신적인 디자인의 럭셔리 아이 웨어 린다 패로우

Premiere Classe 프리미에 클라세

루브르 바로 옆의 아름다운 공원, 튈르리 정원*Jadin des Tuileries*에는 패션 위크 동안 여러 개의 커다란 임시 부스들이 세워진다. WSN 디벨로프먼트*WSN Developement*가 주최하는 두 가지 트레이드 쇼, 파리 쉬르 모드*Paris sur Mode*, 프리미에 클라세를 위한 부스들이다. 프리미에 클라세는 처음부터 꿋꿋하게 입장료를 받아왔는데, 대신 그 입장권 하나로 두 곳을 모두 돌아볼 수 있다. 다만 항상 하는 생각이지만 바이어로서 흥미로운 쇼는 이 두 곳 중 액세서리 전문 트레이드 쇼 프리미에 클라세 한 곳뿐이다.

파리의 유명 액세서리 브랜드뿐 아니라 이탈리아, 뉴욕 등 전 세계의 가방, 신발, 주얼리, 액세서리 브랜드까지 대거 참여한다. 르 봉 마르셰*Le Bon Marché*나 갤러리 라파예트*Galeries Lafayette*, 프렝탕*Printemps* 등에서 볼 수 있는 많은 액세서리 브랜드들도 만날 수 있다. 한 가지 팁이라면 트레이드 쇼 시작 하루나 이틀 전에 이들 백화점에 가볼 것을 추천한다. 파리 최고 백화점의 전문 바이어는 어떤 브랜드와 아이템을 골랐는지 보면서 보다 좋은 바잉을 할 수 있다.

또한 RTW 브랜드의 바이어에게도 희소식이 있다. 신발이나 가방까지 직접 바잉하기 위해서는 미니멈 등 모든 것이 만만치가 않은데, 프리미에 클라세에는 슈즈나 가방 브랜드 중 컬래버레이션으로 소량 생산이 가능한 곳도 제법 참여한다. 찾는 자에게 열릴 것이니, 두드려 볼 일이다. 그중 프랑스 슈즈 메이커로 유명한 아틀리에 메르카달*Atelier Mercadal*은 2023년 S/S 데바스테와 예쁜 샌들 컬렉션을 컬래버레이션했다.

트레이드 쇼가 열리는 튈르리 정원은 루브르 궁전에 딸린 정원인 만큼, 나무도 분수도 조각도 보는 것만으로도 눈이 호사롭다. 파리의 아침 조깅으로 빼놓을 수 없는 코스다. 나무 하나하나부터 그 나무에서 떨어진 밤까지 파리다운 시크함으로 중무장한 듯하다. 파리의 모든 것은 여성스러운 아름다움을 보여주는

액세서리 전문 트레이드 쇼 프리미에 클라세 입구

액세서리 전문 트레이드 쇼 프리미에 클라세 내부

데, 튈르리 정원은 여성성의 정점을 찍는다.

그러니 프리미에 클라세에 왔다면 튈르리 정원도 산책해 보고 그 아름다움을 온몸으로 느껴보기를 바란다. 하늘과 구름, 바로 옆으로 흐르는 센강과 작고 예쁜 다리들… 워낙 유명하고 예쁜 공원이어서일까, 아니면 프리미에 클라세가 중요한 트레이드 쇼이기 때문일까. 그 유명한 애나 윈터도 여러 명의 보디가드들 사이로 종종 목격할 수 있다. 그녀는 정말 사진과 똑같다.

이외에 더 박스The Box라는 쇼도 프리미에 클라세와 주최 측이 같아 무료 셔틀버스를 타고 들를 수 있다. 여유가 있으면 둘러보고, 일정이 바쁘다면 굳이 시간을 낼 필요까지는 없다.

아틀리에 메르카달의 부스와 데바스테와의 컬래버레이션 샌들

틸르리 정원의 분수 앞에서 추우나 더우나 일광욕을 즐기는 사람들

Man & Woman Show 맨 앤 우먼 쇼

이름과 달리 파리에서는 주로 우먼 쇼만 열린다. 아직 규모가 그리 크지는 않은데, 과거 트라노이와 쌍벽을 이루다 지금은 역사 속으로 사라진 랑데부를 보는 듯하다. 하나하나 자기만의 개성을 가진 아이덴티티 강한 브랜드로 이뤄져 있고, 브랜드 편집 또한 매우 잘되어 있다. 호프, 마라 호프만Mara Hoffman 등 북구의 좋은 브랜드들이 여럿 참여하고, 서스테이너블을 지향하는 브랜드들도 다양하게 참여한다. 규모는 작지만 꼭 둘러보기를 바란다.

작은 규모에도 좋은 브랜드를 담아내는 우먼 쇼

Capsule Paris & D&A Paris 캡슐 파리와 D&A 파리

캡슐 파리와 D&A 파리도 빼놓으면 찜찜한 트레이드 쇼다. 다만 트라노이를 제외한 작은 트레이드 쇼는 시즌마다 개최하는 장소가 바뀔 수 있으니, 반드시 《모뎀》을 보고 체크해야 한다. 뉴욕에서와는 다른 브랜드도 참여하니 시간이 있다면 가볼 것을 권한다.

파리는 지하철이 정말 잘 되어 있고 역과 역 사이가 고개를 빼꼼 내밀면 보일 정도로 짧다. 그런 만큼 파리 시내는 어디를 막론하고 거의 모든 곳을 전철로 갈 수 있으며 대부분의 쇼룸도 전철역에서 걸어갈 수 있는 위치다.

택시는 불친절하고, 비싸고, 전화로 부르지 않으면 잡기도 어렵다. 게다가 전화로 부르면, 콜을 받은 위치에서부터 미터기를 켜고 와서 그 거리에 기다리는 시간에 대한 요금까지 내야 한다. 우리나라의 카카오 택시나 몇천 원만 추가하면 되는 콜택시와는 차원이 다르다. 나는 심한 길치라 몇 년간 택시만 타고 다녔는데, 잡느라 고생도 많았고 돈도 많이 썼다. 다행히도 요즘은 우버가 잘 되어 있어 수월한 편이다.

그러다 문득 이런 방식으로는 10년 넘게 파리에 가도 여전히 길도 못 찾고 시간 낭비에다 돈 낭비까지 하겠다는 생각이 들었다. 파리는 역사로 가득한 아름다운 건물들이 많다. 새로운 건물과 작고 귀여운 파리의 디저트 가게나 빵집은 걸어야만 발견할 수 있다. 길치인 나도 걷다 보니 그런 재미에 빠져들었고, 이제 웬만한 길은 지도 없이도 찾아갈 수 있다.

그래도 제법 먼 거리를 이동하거나 빨리 움직여야 할 때는 단연 지하철이 파리 최고의 교통수단이다. 그러니 호텔 프런트에서 지하철 노선도를 얻어 일정표와 함께 갖고 다닐 것을 추천한다. 요즘은 스마트폰으로 보면 되지만, 와이파이 등의 시설이 한국처럼 잘 구비되어 있는 나라는 매우 드물다. 꼭 파리가 아니더라도 해외 어디든 마찬가지다. 그러니 지하철 노선도는 어디를 가든 반드시 지니고 다녀야 한다.

지하철 표는 필요할 때마다 한 장씩 사도 되지만 열 장 세트를 구입하면 싸고 편하다. 지하철의 메인 입구가 아니면 티켓을 파는 매표소가 없는 경우도 많으니 웬만하면 열 장을 사서 쓰도록 한다. 유효기간이 없으므로 남으면 잘 두었다 다음 바잉 때 쓰면 된다. 다만 이제는 이민자가 많이 늘고 경기도 좋지 않아서 지하철의 치안이 별로 좋지 않다. 지갑 등 귀중품이 있는 가방은 반드시 앞쪽으로 매야 한다.

그리고 파리 지하철을 처음 타는 바이어라면 깜짝 놀랄 것이 하나 있다. 파리 지하철은 문에 핸들이 있어 이를 위아래로 움직여야 문이 열린다. 우리나라 지하철처럼 자동으로 열리지 않는다. 그리고 파리지앵의 말에 따르면, 이 핸들은 너무 더러워서 절대로 맨손으로 만져서는 안 된다고 한다. 내리려는 사람의 뒤에 있다가 따라 내리는 재치를 발휘하자.

파리가 패션 위크의 마지막이다 보니 트레이드 쇼의 마지막 날이 오더 데드라인인 브랜드들도 많다. 뉴욕 컬렉션 때와 달리 파리에서의 오더 데드라인은 실제로 임박한 때다. 그런 만큼 브랜드로부터 그 자리에서 오더를 넣어달라는 요청도 많이 받는다. 하지만 가급적 한국에 가서 넣겠다고 양해를 구해야 한다. 만약 안 된다고 하면 원하는 아이템을 하나씩만 오더하고, 추가 물량은 돌아가는 즉시 넣겠다고 약속하면 된다.

그 자리에서 오더 수량을 결정할 경우 대체로 버짓보다 훨씬 더 지르기가 쉽다. 절대 금물이다! 대부분 하루 이틀이 지나도 추가 오더는 받아준다. 반면 오더를 줄이는 것은 거부하므로 반드시 주의해야 한다.

TIP

파리 컬렉션,
식사는 어떻게?

트레이드 쇼는 규모도 크고 참여하는 브랜드들도 많아서 끼니를 그 안에서 해결하게 된다. 하지만 웬만하면 트라노이나 프리미에 클라세 안에 있는 레스토랑에서는 먹지 않기를 바란다. 값은 비싸지만 너무 맛이 없어 우리 입맛으로는 먹기가 쉽지 않다. 만약 루브르나 튈르리 정원 근처라면 다음 블록인 생토노레로 가는 것을 추천한다. 샐러드, 질이 결코 나쁘지 않은 스시, 일본식 라멘 등을 먹을 수 있다. 같은 돈으로 훨씬 더 풍성한 식사가 가능하다. 편집숍 콜레트가 있던 자리에서 대각선의 바로 앞의 식당은 샐러드도 신선하고 양도 넉넉해서 좋고, 일식집 마츠다*Matsuda*도 합리적인 가격에 훌륭한 스시와 덮밥을 제공한다. 또한 마츠다 바로 옆에 있는 이탈리아 식당 쿠치나 이탈리아나 바이오*Cucina Italiana Bio*도 추천한다. 이 식당은 미슐랭 가이드에서 여러 해 동안 추천받았다.

나는 일과를 제대로 마치지 않고서는 편히 앉아 밥을 먹지 못하는 성격이다. 그래서 첫 바잉 때는 과일로 점심을 때웠다가 탈이 나기도 했다. 하루 한 번은 곡기나 단백질로 위를 달래줘야 한다. 옛 어른 말씀은 버릴 것이 없다. 한국 사람은 밥심으로!

패션 위크 기간이면 작고 낭만적인 파리 전체가 하나의 거대한 쇼룸으로 변한다. 75003, 75004 등의 우편번호를 가진 3, 4구역, 즉 마레 지구는 한 집 건너 한 집이 쇼룸이라 할 만하다. 거리를 지나다 윈도를 통해 들여다보고, 괜찮다 싶으면 들어가 컬렉션을 구경하는 것도 좋다. 한 브랜드를 보여주는 작은 단독 쇼룸도 많고, 여러 개의 브랜드를 전시하는 멀티 라벨 쇼룸도 많다.

그중 유명한 쇼룸을 꼽으라면, MC2 디퓨젼MC2 Diffusion, 마르코나3Marcona3, 투모로우Tomorrow 등이다. 그리고 오너가 한국인인 쇼룸 로메오Showroom Romeo도 흥미로운 브랜드 리스트를 갖고 있다. 이 쇼룸 근처에는 파리에서 유명한 편집숍 레클뢰르L'Eclaireur도 있으니 겸사겸사 가보면 좋다.

또 영국 브랜드만 모아놓은 이스턴 블록Eastern Block과 스웨덴 브랜드를 선보이는 식스 쇼룸Six Showroom도 들러볼 만하다. 거의 대부분의 멀티 라벨 쇼룸이 이 지역에 몰려 있다. 일대가 워낙 패션으로 유명하다 보니, 알 만한 브랜드는 모두 포진해 있는 것이다. 쇼룸에 대한 보다 자세한 이야기는 『패션 MD 3: SHOWROOM』에 더욱 자세히 풀어놓았다.

마레 지구를 걷다 보면 수공예품을 파는 작은 가게, 시간 여행을 하는 듯한 재미난 빈티지숍, 온갖 종류의 치즈를 판매하는 상점, 알록달록 동심을 자극하는 예쁜 마카롱 가게 등 눈이 가는 곳마다 볼거리가 가득하다. 쇼룸을 찾아다니는 길이 힘들지만은 않은 이유다.

한편 단독 쇼룸은 트라노이 기간 동안 알게 된 브랜드를 호젓하게 바잉할 수 있는 공간이기도 하다. 프라이빗 쇼룸에서 전시회를 진행하는 데바스테, 스테판 슈나이더Stephan Schneider, 꼼데가르송, 데렉 램 등 많은 유명 브랜드들이 파리에서 단독 쇼룸을 진행한다.

1. 하이엔드 디자이너 쇼룸 MC2 디퓨전
2. 밀라노의 주소에서 따온 이름의 마르코나3
3. 런던, 밀라노, 뉴욕 등 전 세계에 뻗어 있는 투모로우

프랑스의 꼼데가르송, 데바스테의 단독 쇼룸

COPENHAGEN FASHION WEEK & STOCKHOLM MONO SHOWROOM

코펜하겐 패션 위크와 스톡홀름 모노 쇼룸

패션의 붐을 선도하는 북구의 두 도시

코펜하겐 패션 위크는 흔히 말하는 노르웨이, 덴마크, 스웨덴의 스칸디나비아 3국에 핀란드까지 포함한 스칸디나비아 4국에서 가장 큰 패션 행사다. 합리적 소비, 선진국형 소비가 자리를 잡아가는 국내의 패션업계에서 점점 관심이 높아지고 있는 컬렉션이기도 하다. 수년 전 스웨덴 유명 브랜드에 대한 독점권을 고민할 무렵, 이들 국가를 오랜 기간 여행했다.

한 브랜드에 대한 독점권을 갖고 국내 유일한 정식 파트너가 된다는 것은 단순히 어카운트를 열고 물건을 가져오는 것과는 다른 차원의 문제다. 그러니 정말 신중하게 결정해야 한다. 브랜드와 마켓에 대한 책임감은 말할 것도 없고, 이 파트너가 과연 믿을 수 있는지 알아보는 것도 매우 중요하다. 따라서 파트너십을 맺을 때 그 나라의 국민성은 브랜드의 성장 가능성만큼이나 중요하다.

패션에서 스칸디나비아 3국은 거의 한 국가처럼 움직이고 트렌드와 고객의 성향도 비슷하다. 그중 스웨덴 브랜드인 호프, 타이거 오브 스웨덴, 필리파 케이가 스칸디나비아 전체를 대표하는 브랜드로 활약하고 있다. 이와 함께 삼쇠삼쇠Samsøe Samsøe도 파리에 여러 매장을 두는 등 패션 피플의 주목을 받는 덴마크 브랜드다. 요즘 핫한 브랜드 가니 또한 덴마크의 브랜드로, 역사가 짧고 아직 컬렉션은 작지만 전 세계적으로

'삼쇠'라는 성을 가진 두 형제가 론칭한 삼쇠삼쇠

1

2

1. 제니가 입으며 국내에서도 인기를 얻고 있는 가니
2. 디자인과 가성비 모두 부담스럽지 않은 디자이너스 리믹스

핫하게 떠오르고 있다. 레오파드, 그것도 영 레오파드와 볼륨 소매를 시그니처로 해서 강하고 귀여운 아이덴티티를 선보이는데, 스칸디나비아 브랜드답게 가격은 합리적이다.

또 국내에 아직 제대로 소개되지는 않았지만 덴마크의 코펜하겐 브랜드인 디자이너스 리믹스Designers Remix는 내가 좋아하는 브랜드이기도 하다. 컬렉션 크기도 크고 디자인도 다양한 연령대를 커버할 수 있으며, 가격 역시 스칸디나비아스럽다.

한편 스웨덴과 덴마크 모두 세계에서 가장 행복한 나라답게 국민성 역시 믿을 만하다고 할 수 있다. 나름의 이런 판단에 따라 독점을 체결하고 스웨덴 브랜드를 중심으로 북유럽 브랜드를 꾸준히 소개하고 있다. 앞으로 다른 스칸디나비아 브랜드 또한 지속적인 관심을 갖고 소개할 계획이다.

유럽 브랜드는 각자 고유한 개성을 갖고 있지만, 하나의 편집숍에 모아놓아도 색감과 느낌이 자연스레 어우러진다. 이는 선진국형의 합리적인 소비 형태를 닮아가는, 눈 높은 국내 패션 트렌드와 맞아떨어질 것으로 본다.

이러한 북구 패션 트렌드를 총망라한 코펜하겐 패션 위크에서 두 개의 큰 봉우리는 대형 트레이드 쇼 CIFF와 리볼버다.

트레이드 쇼

CIFF 시프

반드시 사전 등록을 하고 가야 하는 트레이드 쇼다. 인터넷으로 사전 등록을 하면 다른 트레이드 쇼와 달리 줄을 서서 입장권과 교환할 필요가 없다. 사전 등록 시 인터넷상으로 바코드가 찍힌 어드미션 티켓Admisson Ticket을 받는데, 실제 입장권이므로 뽑아만 가면 된다. 이외에도 사전 등록을 해야 하는 이유는 또 있는데, 현장 입장 시에는 트레이드 쇼 입구에서 60유로라는 말도 안 되는 비용을 지불해야 한다. 단언컨대 이 돈을 내고 입장해야 할 만큼의 가치가 있지는 않다. 시프는 스칸디나비아 브랜드를 찾는 외부의 바이어를 위한 쇼라기보다는 밖으로 잘 나가지 않는 스칸디나비아 국가의 바이어를 위한 쇼다.

스칸디나비아의 다양한 브랜드를 만날 수 있는 시프

시프에는 대중적이고 세계적으로 잘 알려진 많은 해외 브랜드들이 참여한다. 여기에 시프 슈즈CIFF Shoes가 따로 있어, 어그Ugg, 컨버스Converse, 슈페르가 Superga 등 중저가 신발 브랜드와 캐주얼한 가방 브랜드도 다양하게 볼 수 있다. 질은 좋고 많이 비싸지 않은 코펜하겐이나 스톡홀름의 신발 브랜드를 보려면 가보는 것도 나쁘지 않다. 그러나 RTW에 관심이 많은 바이어라면 쇼의 70퍼센트 이상은 살짝 기준 아래여서 큰 흥미를 느끼지 못할 것이다.

하지만 장점 하나는 분명하다. 물가도 비싸고 맛있는 것도 별로 없는 코펜하겐에서 꽤나 괜찮은 샐러드와 참치 샌드위치, 펜네 파스타 등을 점심으로 제공받을 수 있다. 코펜하겐에서 맛있는 음식을 먹으려면 1인당 30만 원 정도의 큰돈이 드니 결코 무시할 수 없는 부분이다. 아마 입장료가 60유로인 것도 그런 이유인 듯하다. 따라서 시프에 갈 때는 반드시 이곳에서 제공하는 점심으로 끼니를 해결할 것을 권한다.

스칸디나비아 RTW에 관심이 많은 바이어라면 시프를 다 돌고 나서 리볼버로 향하게 된다. 트레이드 쇼가 열리는 장소 앞에는 택시들이 줄지어 있지만 북유럽의 택시비는 도쿄, 뉴욕, 파리보다 몇 배는 더 비싸다. 아마도 전 세계에서 제일 비싼 것 같다. 그들의 미터기는 초시계 바늘보다 더 빨리 올라가는데, 정말 살인적인 택시 요금이다. 우버도 마찬가지다.

하지만 시프와 리볼버를 오가는 무료 셔틀버스가 있기 때문에 걱정할 필요는 없다. 이 두 곳의 장소는 진정 멀리 떨어져 있으니 반드시 셔틀버스를 이용해 움직여야 한다.

Revolver 리볼버

입장료는 따로 없지만, 인터넷으로 사전 등록을 하고 가면 줄 서는 시간을 절약할 수 있다. 리볼버에는 스톡홀름과 코펜하겐에서 내로라하는 거의 모든 브랜드가 참여한다. 물론 스칸디나비아 고객만으로도 벅차거나 더 이상의 바이어를 감당할 수 없는 몇몇 브랜드는 참가하지 않는 경우도 있다. 대표적인 브랜드가 스웨덴의 국민 브랜드 필리파 케이와 타이거 오브 스웨덴으로, 베이식하면서도 입어보면 절묘한 핏에 감탄을 자아낸다. 이 두 브랜드를 보려면 반드시 그들의 쇼룸이 있는 스톡홀름으로 가야 한다.

트레이드 쇼 중간중간에는 목마른 바이어를 위해 냉장고에 물병이 가득 채워져 있으니, 눈치 보느라 주저하지 말고 적극 애용하시라! 여기에 귀여운 아이스크림 박스도 있는데, 왠지 아이스크림 맛도 살짝 스칸디나비아스러운 듯하다. 입이 즐거워야 행복하고, 행복한 바이어가 물량을 많이 산다는 것을 잘 아는 것이다.

리볼버는 뉴욕의 코테리, 파리의 트라노이 다음으로 전 세계 바이어가 주목해야 할 트레이트 쇼가 아닌가 싶다. 코펜하겐과 스톡홀름의 쇼룸들도 많이 참여하니 프라이빗 쇼룸을 일일이 찾아다니는 번거로움도 덜게 된다. 스칸디나비아의 패션은 스톡홀름과 코펜하겐, 이 두 도시의 브랜드가 장악하고 있다고 해도 과언이 아니다. 참고로 노르웨이 디자이너와 브랜드는 들어본 적도 없고 가봐도 마찬가지니, 노르웨이에 패션이라는 것이 존재하는지조차 의심스러울 정도다.

1. 코테리, 트라노이 다음으로 주목해야 하는 트레이드 쇼 리볼버
2. 리볼버에 입장하면 볼 수 있는 다양한 외부 전경
3. 르네 마그리트(René Magritte)의 그림을 연상시키는 리볼버의 데커레이션

리볼버에 참여한 브랜드의 부스들

코펜하겐패션위크닷컴(copenhagenfashionweek.com)에 가면 코펜하겐 패션 위크 기간에 진행되는 모든 트레이드 쇼에 대한 정보를 일목요연하게 확인할 수 있다.

스톡홀름 패션 위크는 코펜하겐 패션 위크보다 1~2주 일찍 시작해서 1~2주 늦게 끝난다. 리볼버나 시프 같은 트레이드 쇼는 없지만 앞서 이야기한 필리파 케이나 타이거 오브 스웨덴 등의 쇼룸이 스칸디나비아반도 내의 바이어를 맞는다. 하지만 스톡홀름을 굳이 보고자 하는 바이어가 아니라면 코펜하겐 패션 위크만으로도 충분하다.

오직 스톡홀름에만 쇼룸이 있는, 고집 센 브랜드 필리파 케이

북유럽에서 많이
먹을 수 없는 이유?

북구 쪽만큼 타는 것과 먹거리가 비싼 곳도 없다. 다행히 파리나 뉴욕처럼 코펜하겐도 별로 크지 않으니 걷기나 메트로, 에스 트레인S-train 같은 대중교통으로 교통비를 절약할 수 있다. 그리고 식비 또한 반강제적으로 아끼는 것이 가능하다. 코펜하겐은 미슐랭 스타를 받거나 미슐랭 가이드에 올라 있는 레스토랑이 세계적으로 가장 밀집한 도시 중 하나다. 그만큼 음식 가격이 비싼 것도 두말할 필요가 없다.

파리에서 미슐랭 가이드에 오른 레스토랑의 점심 프리 픽스Pre Fixe 메뉴는 10만 원 아래이지만, 북유럽에서는 세 배 이상은 내야 비슷한 수준의 음식을 먹을 수 있다. 그러니 코펜하겐에서는 어쩔 수 없이 조금씩만 먹게 된다. 처음 코펜하겐과 스톡홀름에 방문했을 때는 비싼 식비 때문에 저절로 다이어트가 되어 사람들이 말랐나 하는 생각도 들었다. 그만큼 사람들이 날씬하고, 유일하게 싼 것이 옷이라서 모두가 패셔니스타가 되었나 싶었다.

한편 코펜하겐과 스톡홀름에는 미슐랭 스타 레스토랑들도 많지만, 우리 입맛에는 먹을 수 없을 정도로 간을 짜게 하는 경우도 많다. 그래서 아예 "노 솔트!"라고 주문해야 한다. 정말이다. 미슐랭이라고 해도 우리 입맛에는 별로 맛도 없고 비싸니 굳이 여기서 비싼 식당에 갈 필요가 없다. 여러 나라에 방문하던 중 다이어트할 곳을 찾는다면 단연 코펜하겐과 스톡홀름이다. 많이 걷고 적게 먹어야 한다. 돈도 절약하고 살도 빼고 일석이조다.

TOKYO COLLECTION

도쿄 컬렉션

세상 어디에도 없는
독특한 매력

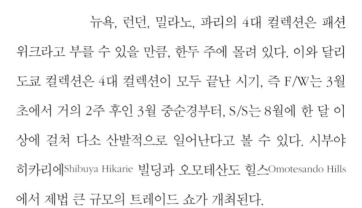

뉴욕, 런던, 밀라노, 파리의 4대 컬렉션은 패션 위크라고 부를 수 있을 만큼, 한두 주에 몰려 있다. 이와 달리 도쿄 컬렉션은 4대 컬렉션이 모두 끝난 시기, 즉 F/W는 3월 초에서 거의 2주 후인 3월 중순경부터, S/S는 8월에 한 달 이상에 걸쳐 다소 산발적으로 일어난다고 볼 수 있다. 시부야 히카리에Shibuya Hikarie 빌딩과 오모테산도 힐스Omotesando Hills 에서 제법 큰 규모의 트레이드 쇼가 개최된다.

도쿄 컬렉션은 한 번의 비즈니스 트립으로 여러 브랜드를 보고 오기가 쉽지 않다. 내 경우 일본 브랜드들을 많이 바잉 했던 초반에는 한 시즌 바잉을 위해 다섯 번까지도 일본에 가야 했다. 여러 일본 브랜드를 보고자 하는 해외 바이어에게는 이만저만 어려운 컬렉션이 아니다. 사카이, 꼼데가르송, 요지 야마모토 등 몇몇 유명 브랜드를 제외하고는 해외 트레이드 쇼 참여에도 소극적이다. 이렇게 일본 브랜드가 해외 바이어에 대한 배려가 부족하고 유치에도 소극적인 이유는, 일본 내의 홀 세일 마켓이 매우 발달해 있기 때문이다.

프랑스의 패션 도시라 함은 파리 정도, 한국의 패션 도시라 하면, 서울, 부산, 대구 정도일 것이다. 그런데 일본은 도쿄뿐 아니라, 오사카, 교토, 고베, 나고야 등 패션 도시로 꼽을 만한 지역이 훨씬 더 많고, 자신의 취향대로 셀렉트하는 '세레 크토 쇼프', 즉 편집숍이 정말 많다. 백화점 내에도 매우 다양한 세레크토 쇼프가 있고, 심지어 모노 브랜드도 다양한 브랜드의 아이템을 모아 편집숍처럼 운영되기도 한다.

한마디로 일본 브랜드는 자국 내 홀 세일 어카운트만으로도 운영이 가능하다. 그만큼 브랜드는 자국의 다른 편집숍과도 가격 경쟁을 해야 하기에 높은 홀 세일 가격을 유지할 수밖에 없고, 결국 홀 세일 가격이 로쿠카케卸の6掛け, 즉 정가의 60퍼센트나 되는 것이다.

게다가 우리나라와는 FTA도 체결되어 있지 않아서, 수입 랜딩가가 거의 그들의 소매가와 같아진다. 국내에 일본 브랜드들이 많지 않고, 일본 브랜드로 이윤을 남기기도 쉽지 않은 이유다. 하지만 일본 브랜드에는 세상 어디에도 없는 독특한 컷과 실루엣이 있어, 그 매력에 저항하기란 쉽지 않다.

도쿄 컬렉션 기간 동안 열리는 가장 큰 두 개의 트레이드 쇼로는 룸스 링크Rooms Link와 패션 월드 도쿄Fashion World Tokyo가 있다. 룸스 링크에는 일본 브랜드가 대거 참여하기 때문에, 재능 있는 디자이너의 작은 브랜드를 보고 발견하는 재미가 쏠쏠하다. 일본 브랜드에 관심이 있는 바이어라면 꼭 가보라고 강력 추천한다. 이세탄Isetan이나 다카시마야Takashimaya 등의 백화점 바이어도 이곳에서 새로운 디자이너를 발굴한다. 나도 초창기에 작고 예쁘고 톡톡 튀는 브랜드들을 꽤나 많이 바잉했었다. 민트 디자인스, 뷰티플 피플Beautiful People 등도 관심이 가는 일본 브랜드다.

패션 월드 도쿄는 750여 개의 브랜드가 참여하는 인터내셔널 쇼라고 보면 된다. 여성, 남성, 텍스타일textile, 서스테이너블 브랜드 등이 모두 참여하고, 국내에도 에이전시가 있어 편집숍 바이어에게 꼬박꼬박 초대장을 보내온다.

1. 국제적인 규모의 트레이드쇼, 패션 월드 도쿄
2. 특유의 디자인 철학이 묻어나는 민트 디자인스의 컬렉션
3. 클래식에 새로운 가치를 부여하는 뷰티플 피플

슈퍼 엠디가 알려주는
민족성에 따른 국가별 협상법

한 국가에서 태어나서 같은 문화를 공유했다고 해도 사람의 성격은 가지각색이다.
하지만 전 세계 사람들을 만나다 보니,
이들을 커다랗게 묶는 국민성이라는 개념이 정말 존재한다는 것을 느낀다.
이를 알고 협상 테이블에 앉는 것은 협상 당사자의 개성을 아는 것만큼이나 유용하다.

JAPAN 일본

비즈니스 문화라는 것은 한 나라의 국민성과 문화 전반에 영향을 받아 형성된다. 그런 의미에서 일본의 비즈니스 문화는 매우 독특하다. 비즈니스 마켓 구조나 에티켓만 봐도 유럽이나 미국과는 당연히 다르고, '아시아'로 묶기에도 한국, 중국과 다르다. 일본과 비즈니스를 할 때 이런 특성을 모르고 덤볐다가는 백전백패일 것이다. 물론 이를 다 안다고 백전백승은 아니지만, 승률을 올리는 데는 틀림없이 도움이 된다.

섬나라의 특성 때문인지 일본인은 외부 사람들이나 그들이 주는 영향에 대해 처음에는 매우 의심스러워하고 마음을 터놓지 않는다. 하지만 여러 차례의 비즈니스를 통해 인간적인 신뢰를 얻는다면 그다음부터는 문제될 것이 없다. 어떤 상황이 와도 염려하지 않아도 될 정도의 충성도 높은 최고의 비즈니스 파트너가 된다. 한 가지 아쉬운 점은 개인도, 기업도 융통성이 매우 떨어지기 때문에 환율 변동에 따른 할인 등에 대해서는 변화를 기대하기 어렵다. 세상 이치가 그렇듯, 완벽한 것은 없다.

1

내수 안정이 해외 진출보다 우선

일본에는 매력적이면서도 합리적인 가격의 패션 브랜드들이 정말 많다. 그런데 왜 우리나라에는 들어오지 않는 것일까? 홀 세일 가격 즉, 도매 공급률이 높기 때문이다. 일본어로는 오로시우리卸売り라고 하는데 현지에서는 보통 '오로시'라고 줄여서 부른다.

일본의 경우 이 홀 세일 가격이 무려 60퍼센트에 육박한다. 유럽, 북유럽, 미국 등의 홀 세일 가격이 소비자가격suggested retail price의 30~40퍼센트 선에서 결정되는 것과 비교하면 굉장히 높은 수준이다. 이것이 '공포의 카케리츠掛け率(비율)'라고 부르는 '오로시노 로쿠카케'다. 말 그대로 홀 세일 가격 60퍼센트라는 의미다. 바잉 물량이 아무리 많아도 비율은 고카케5掛け, 즉 50퍼센트 이하로 내려가지 않는다. 이는 일본 패션이 해외로 크게 뻗어나갈 수 없는 결정적 이유다.

예를 들어, 본국에서 똑같이 100원짜리 아이템을 가져온다고 할 때 이탈리아 브랜드는 국내에서 130원, 일본 브랜드는 257원에 팔아야 한다는 말이다. 100원짜리 이탈리아 브랜드를 정가의 33퍼센트에 사온다고 치면 홀 세일 가격은 33원, 랜딩 가격은 39.6원이 된다. 랜딩 가격이란 시핑shipping(선적)과 관세를 포함한 가격인데, FTA 협정이 맺어진 유럽 브랜드가 유럽에서 생산하고 유럽에서 물건을 실을 경우에는 관세 13퍼센트가 발생하지 않으므로, 랜딩 가격은 홀 세일 가격의 1.2배를 적용한다. 이 랜딩 가격에서 3.3~3.7 정도 곱해 리테일 가격인 국내 정가가 책정되는데, 그러면 약 130원이 된다. 이탈리아 현지 가격보다 30~40퍼센트 높아지는 셈이다.

그런데 일본 브랜드를 들여올 때는 현지 가격보다 60퍼센트 이상 비싸진다. 우선 홀 세일 가격이 60퍼센트인데다 일본과 한국은 패션에 관해 FTA 협정도 맺지 않아 관세 면제도 받지 못한다. 그래서 랜딩 가격도 홀 세일 가격의 1.3배를 적용한다. 일본의 100원짜리 아이템을 홀 세일 가격 60원에 사오면 랜딩 가격은 78원, 리테일 가격은 무려 약 257원이 된다.

	이탈리아 브랜드	일본 브랜드
본국 소비자가격	100원	100원
홀 세일 가격	33원	60원
랜딩 가격	39.6원(홀 세일 가격×1.2)	78원(홀 세일 가격×1.3)
리테일 가격	약 130원(랜딩 가격×3.3)	약 257원(랜딩 가격×3.3)

여기에 우리나라의 경우는 지리적 영향도 빼놓을 수 없다. 유럽이나 미국 등과 달리 일본은 한국에서 두 시간이면 갈 수 있기에 차라리 일본 현지에 가서 정가로 사는 것이 더 낫다.

그러면 일본은 애초에 왜 홀 세일 가격이 높을까? 그 이유는 일본 내에 있는 엄청난 수의 편집숍 때문이다. 예를 들어, 신주쿠 다카시마야 백화점에서는 GVGV 스토어와 같은 층에 있는 전혀 별개의 편집숍에서도 GVGV의 아이템을 판다. 우리나라로 비유하면, 타임이나 마인 매장 바로 옆의 편집숍 매장에서 타임이나 마인 제품을 파는 것과 같은 꼴이다.

이렇게 홀 세일 수요가 많다 보니 브랜드 본사가 운영하는 직영 스토어가 그 브랜드를 바잉하는 다른 편집숍과 경쟁을 해야 한다. 그러니 유럽처럼 33퍼센트나 40퍼센트까지 공급률을 낮춰 물량을 줄 수가 없는 것이다. 그리고 홀 세일 가격이 저렴할 경우 각각의 편집숍이 이윤을 남기는 비율도 천차만별일 것이다. 이는 결국 시장 가격에 혼란을 가져오고 브랜드 이미지를 실추시킬 수 있다. 게다가 수백 곳이 넘는 어카운트를 본사에서 일일이 관리할 수도 없다.

반면 홀 세일 가격이 60퍼센트라면, 브랜드가 제시하는 소비자 가격에서 적어도 80퍼센트를 정가로 책정해야 이윤을 낼 수 있다. 이마저도 임대료나 수수료를 낼 필요가 없는 자기 소유의 매장일 때의 이야기다. 그러니 홀 세일 가격이 60퍼센트일 때는 시장에서 어느 정도의 가격 선이 유지될 수 있는 것이다. 다만 이렇게 형성된 내수 시장에서의 가격 구조가 해외시장에도 그대로 적용되고 있다는 점이 문제다. 그렇기에 디자인 경쟁력은 좋아도 해외에서의 가격 경쟁력은 떨어질 수밖에 없는 것이다.

2 패션에 자리한 '코다와리' 정신

일본어에는 한국어에 없는 신기한 단어가 있다. 코다와리こだわり라는 단어인데, 굳이 번역하자면 '고집, 집착, 타협하지 않는 장인정신'이다. 예를 들어, '요리사가 스시를 만들 때 자신만의 방법을 고집한다', '디자이너가 옷을 만들 때 특별히 신경 쓴 부분이 있다'의 문장에서 '고집한다', '특별히 신경 쓴 부분이 있다' 등의 의미를 일본에서는 '코다와리가 있다'라고 표현한다. 일본에 대를 이어가며 운영되는 회사나 수백 년 된 노포가 많은 것도 코다와리 정신 덕분이다.

코다와리는 이어령 선생이 『일본문화와 상인정신』에서 말한 '노렌暖簾' 정신과도 비슷하다. 노렌은 포렴布簾이라고 하는 천을 말하는데, 이곳에 상호를 적어 식당이나 상점 입구의 처마 끝에 걸어둔다. '노렌을 건다'는 것은 '간판을 내건다'는 의미로, 손님에게 최고의 품질과 서비스를 제공하겠다는 그 가게의 신념과 신뢰를 상징한다.

재미있게도 이 노렌 전통은 일본 패션 브랜드 발전에도 영향을 미쳤다. 노렌은 상점의 상징과도 같은 것이기에 크기도 소재도 모두 달라야 한다. 따라서 오늘날까지 그 전통을 지키는 많은 상점들은 꾸준히 원단을 찾는다. 이런 전통 때문인지 일본 패션 브랜드는 오리지널 원단, 즉 패브릭 개발을 매우 중요하게 생각한다. 매 시즌 그들의 로고나 시즌 패턴이 들어간 독특한 원단을 개발하는데, 그 덕에 일본 원단은 이탈리아 원단과 견줄 정도로 세계 패션계에서 인기가 많다. 디자인에 믹스드 패브릭을 많이 사용하는 대표적인 브랜드로는 사카이, 민트 디자인스, 뮤베일, 토가, 엔폴드, 요지 야마모토, 꼼데가르송 등이 있다.

그런데 이처럼 자기만의 고집이 담겨 있는 데는 그만큼의 단점도 있다. 한마디로 융통성이 없다! 이는 일본과 비즈니스를 할 때 곤란한 상황이 연출되는 이유이기도 하다. 보통 바잉을 할 때는 자국 문화나 특성에 맞게 약간의 디자인 수정을 요구할 수 있는데, 일본 브랜드는 쉽게 허락해 주지 않는다. 상황이 이러니 일본 브랜드로부터 라이선스 권한을 가져올 생각은 당연히 꿈도 못 꾼다. 유명 브랜드일수록 코다와리 정신의 고수이지 않겠는가. 당연히 자신이 아닌 남이 생산하는 것은 허락할 수 없고, 그들만큼 브랜드 이미지나 품질을 잘 관리할 사람도 없다고 여길 것이다.

그런데 아이러니하게도 일본은 매우 많은 해외 브랜드들의 라이선싱을 전개한다. 우리나라는 아이디룩Idlook이 산드로나 마쥬Maje 등의 브랜드를 일부 수입하고 일부는 라이선싱하는데, 이런 일이 일본에서는 거의 모든 컨템퍼러리 브랜드에서 일상적으로 일어난다. 한섬에서 전개하는 랑방 컬렉션처럼 아예 브랜드를 통째로 라이선싱하는, 완벽하게 '일본화된 랑방'이나 '일본화된 버버리'도 있다. 가격도 수입 랑방, 수입 버버리보다 훨씬 저렴하고 심지어 일본 버버리는 수입 버버리보다 더 귀엽기까지 하다. 이렇게 아주 오래전부터 일본은 해외의 라이선싱 제품을 기획 및 생산, 제조함으로써 세계적인 브랜드의 제품을 직접 경험하고 학습할 수 있었다.

일본 패션 산업을 보며 신기하게 여겼던 점은 또 있다. 수년 전 도쿄에 출장을 갔을 때, 바오바오Baobao 가방을 사다 달라는 지인의 부탁을 받고 두세 군데 매장에 들렀었다. 그런데 매장이 마치 공사 중인 것처럼 텅 비어 있었고, 다른 플리츠 플리즈Pleats Please 매장도 마찬가지로 휑했다. 꼼데가르송의 포켓 티셔츠 역시 여권 소지 고객 한 사람당 두 장까지만 살 수 있었다. 일본인이 한정판 아이템을 특히나 좋아하는 만큼 그 특성을 마케팅 전략으로 활용하는 것일 수 있지만, 분명 코다와리 정신도 반영되었다고 볼 수 있다.

브랜드의 인기라는 것은 언제 사그라들지 알 수 없다. 그러니 기업의 이윤을 생각한다면 인기가 높을 때 생산을 늘려 판매를 극대화하는 것이 답이다. 그렇지만 일본인은 단순한 매출 확대보다 품질 유지에 더 신경을 쓴다. 수요에 비해 공급이 부족해도 자신과 수십 년간 거래한 생산 공장 외의 다른 공장은 웬만해서는 개발하지 않는다. 다른 공장에 디자인과 제조법을 제공하는 '모험'을 감행하고 싶지도 않고 쉽게 신뢰를 줄 수도 없기 때문이다.

그래서 나는 이어령 선생이 '일본문화와 상인정신'이라고 칭한 것을 '일본문화와 장인정신'으로 부르고 싶다. 일본인은 '단순히 이윤을 추구하는 상인'이라기 보다는 손해를 보더라도 본인이 중시하는 '코다와리를 지키는 장인'에 가깝기 때문이다. 이것이 오늘날 다양하면서도 창의적인 일본 패션 산업의 단단한 기반이 되었다고 본다.

3 진심이 담긴 '신뢰'의 문화

전 세계를 다니며 사람들을 만나고 비즈니스를 해왔지만, 일본인보다 신뢰와 의리를 더 중히 여기는 국민은 보지 못했다. 간단한 예로, 브랜드 바잉 시 바이어는 다른 어느 회사가 샀는지를 먼저 묻는다. 해당 회사가 너무 가깝거나 경쟁 관계인데 배수를 적게 할 수 있는 곳이라면 가격을 맞출 수 없기 때문이다. 이 경우에는 바잉을 해서는 안 된다.

그런데 일본 브랜드는 이를 물어볼 필요가 없다. 구매 금액과 상관없이 먼저 온 바이어를 우선시하기 때문이다. 나중에 다른 회사가 더 많은 물량을 바잉하겠다고 해도 그들은 먼저 온 바이어에게 후에 온 바이어의 숍과 거리가 어떤지, 그들에게 팔아도 되는지 등을 묻는다. 게다가 거래 기간이 길어지면 공식 계약서가 없어도 독점 파트너로 대한다. 그래서 일본 브랜드와 거래할 때는 굳이 미니멈이니, 기간이니 하는 것 등을 명시하는 독점 계약서가 필요하지 않다.

신뢰는 일본 비즈니스의 꽃이다. 그런 의미에서 일본과 거래 시 가장 중요한 것은 약속 시간을 지키는 것이다. 일본인은 쇼룸 약속뿐 아니라 개인적인 식사 약속 시간도 칼같이 지키고, 상품의 딜리버리 날짜 역시 세계 어느 브랜드보다 정확하다. 그러니 상대가 약속 시간에 늦는다면 자신에 대한 예의를 지키지 않는다고 느낀다. 그러므로 일본과 비즈니스를 할 때 오더 데드라인*order deadline*, 페이먼트 데드라인*payment deadline* 등을 지키는 것은 기본 중에 기본이다. 이를 어길 경우 신뢰, 관계, 나아가 비즈니스를 잃을 수 있다.

4 언어 속에 담긴 의미 파악이 관건

비즈니스 세계에서 영어는 미국의 언어가 아니다. 세계어다. 비단 패션계뿐 아니라 어떤 해외 비즈니스에서도 영어는 필수다. 비즈니스 상대국이 영어를 모국어로 삼지 않은 경우도 그 나라의 언어에 더해 '유창한' 영어까지 할 수 있다면, 단순히 의사소통 수단을 하나 더 가진 정도가 아니다. 이는 협상을 성공으로 이끌 커다란 무기를 손에 쥐고 있는 것과 같다. 팽팽한 협상은 일종의 전투와도 같아서, 이때 언어는 심리적 위축 없이 상대를 설득하고 제압할 수 있는 도구가 된다.

그런데 일본은 규모가 큰 회사라 하더라도 영어를 유창하게 구사하는 스태프가 드물다. 그러니 일본 회사와 비즈니스를 할 때 일본어를 할 줄 알면 훨씬 유리하다. 통역을 통해 의사 전달을 하는 것에는 한계가 있을 뿐 아니라 '정'과 '관계'를 쌓는 데도 어려움이 있기 때문이다. 식사 자리에서 오고 가는 유머나 농담 등을 떠올려보자. 이는 맥락과 찰나의 미학이라고 할 만큼 그 순간 느끼고 공감하는 것이 중요하다. 그렇지 않고 통역을 거칠 경우 바람 빠진 풍선처럼 더 이상 유머도 농담도 아닌 시들한 메아리가 되고 만다.

물론 일본어를 못해도 일본 브랜드와 비즈니스를 할 수 있다. 통역가나 일본 브랜드를 전문적으로 소개해 주는 회사를 이용하면 된다. 하지만 길게 보면 그리 추천할 만한 방법은 아니다. 브랜드 쪽에서는 중간 업체에 마진을 따로 떼어줘야 하므로, 바잉 액수가 커진다 해도 홀 세일 가격의 비율을 낮추기가 힘들다. 시간이 흘러 브랜드 회사와 아무리 친해져도 브랜드 측에서는 절대 중간 업체를 빼고 직접 거래하지 않는다.

통역을 끼고 일본 회사와 비즈니스를 하던 사람이 통역을 담당하던 사람에게 일본인 파트너를 빼앗겼다는 이야기도 종종 들린다. 말을 통해 '정'이 쌓이고, 정을 통해 '관계'가 생긴 것이다. 이런 에피소드를 보면 그들이 얼마나 '관계'를 중요시하는지 알 수 있다. 중국인 또한 관계를 중시하지만, 일본인의 '관계'는 보다 이성적이고 오랜 시간 공을 들여야 한다.

또한 관계를 쌓을 때의 소통 방식도 중요하다. 일본인은 간접적인 소통을 선호하기 때문에 직접적인 비판이나 갈등을 회피한다. 그러니 거절 의사를 표시할 때도 대놓고 말하는 것을 꺼린다. 예를 들어, '좀 생각해 보겠다'는 의미로 "소레와 촛또それはちょっと"라고 해도 거절한 것이라고 생각하면 된다. 이렇게 돌려 말하는 것은 어려서부터 받은 일본식 교육 때문이기도 하다. 일본 아이들이 자라면서 가장 많이 듣는 두 가지 말이 "레이기 타다시쿠礼儀正しく"와 "메이와쿠오 사세나이데迷惑をさせないで"다. 각각 '예의 바르게', '폐 끼치지 않게'라는 뜻이다.

일본인은 자신의 감정을 남에게 쉽게 드러내지 않는다. 특히 화나 슬픔, 부정과 분노의 감정을 드러내는 것은 예의에도 어긋나고 남에게 민폐를 끼치는 행동이라 여긴다. 어려서부터 자신의 속내를 감추고 남에게 폐를 끼치지 않는 훈련이 되어 있기에 '돌려 말하기', '간접적으로 말하기'를 통해 조심스럽게 자신의 의사를 표현한다. 일본인의 이런 특성을 알지 못한다면 비즈니스 과정에서 벌어지는 당황스러운 상황에 오해를 불러일으킬 수도 있다.

어느 나라나 마찬가지이지만, 의외로 일본 패션계도 한 다리 건너면 다 아는 관계일 정도로 좁다. 한 브랜드와의 관계를 망치면 다른 브랜드, 나아가 일본 브랜드 전체와의 관계를 잃을 수 있다. 일본 브랜드는 절대로 '두루뭉술', '대충대충'이라는 것이 없다. 그러니 일본인이나 일본 회사와 문제가 생겼을 때 절대 '좋은 것이 좋은 것'이라는 식으로 얼렁뚱땅 넘어가려 행동하면 안 된다. 일본인과 비즈니스를 할 때는 더욱 정확하게, 보다 성실하게, 한층 예의를 지키도록 하자.

ITALIA 이탈리아

일본인이 장인정신으로 똘똘 뭉친 민족이라면, 이탈리아인은 상인정신으로 완전 무장한 사람들이다. 『베니스의 상인』의 악덕 고리대금업자 샤일록은 베니스에만 있지 않고, 샤일록적인 특성 또한 유대인에게만 있는 것이 아니다. 이탈리아 남부와 북부 등 지역적 차이는 분명 있겠지만, 이탈리아인의 국민성은 비즈니스 세계에서 일본의 국민성과 극과 극을 이룬다고 할 수 있다.

02 VISITING COLLECTIONS

1 관계에서도 발휘하는 융통성

비즈니스 세계에서 이탈리아인의 융통성은 굉장하다. 일본 브랜드가 디스카운트나 매장 수 등에 매우 엄격한 반면, 이탈리아 브랜드는 거의 100퍼센트 가까운 융통성을 갖고 있다. 그러나 뭐든 완벽할 수는 없는 법, 이탈리아인과의 거래에서 신뢰도는 그만큼 제로에 가깝다.

이탈리아에서는 비즈니스 파트너를 가족처럼 대하고 실제 자신의 가족 식탁에까지 초대해 음식을 나누는 문화가 보편적이다. 이탈리아가 배경이거나 이탈리아인의 일상이 나오는 영화라면, 식사가 이탈리아 문화에서 얼마나 중요한지 알 것이다. 바잉을 가면 언제나 바잉 후에 점심이나 저녁 식사에 초대를 받고 정말 편안한 분위기 속에서 함께 어울린다. 1년에 S/S와 F/W 바잉으로 최소 두 번, 프리 컬렉션이나 크루즈가 있으면 네 번까지 만나 밥을 먹고 비즈니스를 논하는데, 이 생활을 10년 하다 보면 가족이나 다름없다. 그러니 별말이 없더라도 계약이 리뉴될 것이라 철썩같이 믿게 된다.

하지만 천만의 말씀이다. 만약 국내 다른 회사에서 미니멈 버짓을 5퍼센트라도 늘려서 바잉하겠다고 하면, 이탈리아인은 계약서에 명시된 기간까지 말 한마디 없다가 계약 종료를 선언한다. 막스마라*Maxmara*의 국내 판권을 보유하고 있던 막스코*Maxkor*가 그 대표적인 예다.

하지만 이런 일은 이탈리아와의 비즈니스 세계에서는 비일비재하다. 이런 상황에 대한 불만과 아쉬움을 토로해도 소용없다. 기존 파트너로서는 왜 5퍼센트를 올려달라고 역제안해 주지 않았는지, 그랬다면 받아들이고 파트너십을 지속했을 것이라며 서운해할 수 있다. 하지만 이런 하소연을 하면 오히려 반문을 받을 것이다. 할 수 있는 역량이 있었는데도 왜 먼저 하지 않았느냐고 말이다.

이탈리아인과 비지니스를 한다면 무엇이든 문서화해야 하고 문서화했어도 이중, 삼중의 안전장치를 해놓는 것이 좋다. 비즈니스라는 이름으로 20년 지기 디자이너와 그의 직원들을 하루아침에 내쫓기도 하고 적은 돈에도 쉽사리 신뢰를 저버리며 다른 파트너와 손을 잡기도 한다. 물론 그만큼 할인율 면에서는 다른 어느 나라보다 융통성이 있다. 그러니 이탈리아 브랜드와 비즈니스를 할 때는 버짓에 따른 할인율을 꼭 물어보고 시작하는 것이 좋다. 버짓 구간에 따라 할인율이 크게 늘어나는 경우가 많다.

물론 예외는 어디에나 있지만, 일반적으로 이탈리아와의 비즈니스 세계에서 충성도는 기대하지 않는 것이 좋다. 이탈리아인에게는 '신의'나 '로열티'보다 '돈'을 따르는 행위가 너무도 당연한 비지니스적인 선택이다.

2 협상의 관건은 '돈'

이탈리아 비즈니스맨은 활발한 토론을 즐기는 숙련된 협상가다. 협상 시 일본인이 정해놓은 틀이나 조건에서 절대 벗어나지 않으려 방어적으로 대응한다면, 이탈리아인은 열정적인 토론과 다양한 조건에 상당히 열린 자세를 취한다. 그러니 이탈리아인과 협상할 때는 이 거래 조건이 우리뿐 아니라 그들에게 엄청나게 이익을 가져다주리라는 점을 강조해서 전략을 짜야 한다.

이탈리아 브랜드는 미니멈, 즉 돈이 가장 중요하다. 일본 브랜드가 미니멈은 오히려 그다음으로 두고 매장 수를 제한하는 등 브랜드의 이미지와 가치를 가장 중요하게 여기는 것과 반대다. 오죽하면 계약서에서 브랜드의 이름을 가리고 봐도 이탈리아 브랜드인지, 프랑스 브랜드인지, 일본 브랜드인지 금방 알 수 있을 정도다. 이탈리아 브랜드가 중요하게 생각하는 것은 무엇보다 돈이다.

3

남을 믿지 못하는 가족 중심

이탈리아 브랜드는 가족 중심이 많다. 그러나 이는 일본 브랜드가 가족 중심인 이유와 사뭇 다르다. 일본에는 3~4대째 이어진 가업이 많은데, 이는 앞서 말한 코다와리 전통의 계승이 목적이다. 반면 이탈리아 브랜드의 가족 중심 경영은 다른 사람들을 믿지 못하는 이유가 크다.

앞서 이야기했듯이 이탈리아 브랜드 하쉬는 서로 신뢰하지 않는 문화를 잘 보여준다. 원래 하쉬는 불가리를 소유하고 있는 오페라 에퀴티가 80퍼센트 지분을 갖고 있었고, 디자이너 마누엘라 아카리와 그녀의 남편이자 영업 담당인 데이비드 아구스가 나머지 20퍼센트를 소유하고 있었다. 그런데 휴가를 다녀와 출근을 했는데 열쇠가 맞지 않았던 것이다. 물론 이메일 엑세스도 되지 않았다. 그들뿐 아니라, 그들과 가깝던 인터내셔널 세일즈 퍼슨 세 명도 함께 이런 방식으로 해고되었다.

사실 이런 해고는 이탈리아에서 흔히 일어나는 일이다. 많은 이탈리아 브랜드들은 중요한 사람들을 아무런 예고도 없이 이렇게 내보낸다. 그들이 높은 사람일수록 더욱 그렇다고 하는데, 동종의 다른 이탈리아 브랜드 사람들이 확인해 준 내용이니 사실이라고 할 수 있다.

이후 오페라 에퀴티는 코스타스 무르쿠디스라는 그리스 디자이너를 영입해 왔지만, 그가 하쉬의 브랜드 DNA를 전혀 이해하지 못하고 아카이브에 대한 공부도 소홀해 컬렉션은 대실패로 끝났다. 그렇게 하쉬는 두 시즌 정도 마켓에서 사라지고 말았다. 상황이 이러자 오페라 에퀴티는 디자이너 마누엘라 아카리와 남편 데이비드 아구스에게 브랜드를 다시 낮은 가격에 팔았다. 이제 하쉬는 큰 회사의 브랜드에서 두 부부와 그녀의 딸과 아들이 100퍼센트 지분을 갖는 가족 회사가 되었다. 그렇게 되기까지 그들이 겪은 긴 사연을 여기에 모두 이야기할 수는 없지만, 이탈리아인의 특성이 큰 영향을 미쳤다는 것은 부인할 수 없다.

4 느슨한 시간 감각과 예민한 패션 센스

비즈니스 회의에서는 시간 엄수가 중요하지만, 이탈리아인은 시간에 대해 좀 더 느긋한 감각을 갖고 있다. 중요한 계약을 앞둔 점심이나 저녁 약속에 이들이 약간 늦게 나타난다고 해서 무시받고 있는 것은 아닌지, 계약 성사가 어려운 것은 아닌지 등을 굳이 걱정할 필요는 없다. 시간에 대해 약간 느슨한 개념을 갖고 있을 뿐이다. 다만 상대가 그렇다고 해도 우리는 시간을 철저히 지키는 것이 좋다.

한편 이탈리아인은 정말 옷을 잘 입는다. 이 말은 곧, 그들이 본능적으로 패션 감각을 중요하게 여긴다는 뜻이다. 그러니 비즈니스 미팅이나 바잉 시에는 반드시 의상에 신경을 쓸 것을 권한다.

이탈리아는 의류, 가구, 가죽 제품 등 참으로 아름다운 패션 요소를 많이 가진 국가다. 하지만 역사도 배신으로 점철되어 있고, 민족성도 그다지 신뢰할 만하지 못하다. 이는 내가 실제 경험한 사실이기도 하고, 이탈리아인과 일했던 패션, 가구, 소품 업체 대표들도 하나같이 하는 말이다. 아마도 도시국가로서의 그들의 역사 때문에 대의명분이나 충성도보다는 지극히 현실적인 실리를 좇는 문화가 자리 잡게 된 것 같다. 현대인의 눈에도 심히 현실적으로 보이는 마키아벨리, 그가 이탈리아인인 것도 우연이 아니다.

FRANCE 프랑스

비즈니스 파트너로서 처음에는 극도로 깐깐한 듯 하나, 일단 관계가 빌드업되면 여러모로 좋다. 현실적이면서도 충성도도 높은 프랑스인은 '정'과 '관계'도 중요시하고 파트너십도 소중하게 생각하므로, 한국인과 정서적으로 잘 통한다. 다만 프랑스적인 것에 대한 자부심이 하늘을 찌르니, 이를 존중해 줘야 한다.

1 진심으로 천천히 쌓아가는 관계

강력한 관계와 신뢰를 구축하는 것은 프랑스 비즈니스 문화에서 매우 중요하다. 때로는 그것이 전부일 때도 있기 때문이다. 프랑스인은 종종 큰 회사, 큰 미니멈, 공식적 관계보다 자신이 알고 신뢰하는 사람들과 비즈니스하는 것을 선호한다. 따라서 개인적인 관계를 쌓기 위해 시간을 투자하는 것이 매우 중요하다. 그런 의미에서 비즈니스 식사뿐 아니라 개인적인 사담과 세계관을 공유하는 일도 관계 구축에 중요한 역할을 한다.

하지만 처음에 관계를 형성하고 뚫고 들어가기는 만만치 않다. 이탈리아인이 처음 만난 사이인데도 10년 지기처럼 가족 식사에 초대하고 금방 편안한 분위기를 만드는 반면, 프랑스인은 처음에는 재고 또 재고, 의심하고 또 의심한다. 젊은 패셔니스타들 사이에 핫한 넷플릭스 드라마 <에밀리 파리에 가다*Emily in Paris*>를 보라. 그들이 다른 문화, 다른 세계를 얼마나 배척하는지. 과장이라는 말도 있지만, 실제로도 크게 다르지 않다.

하지만 관계를 형성하기 위해 억지로 지어내는 말이 아닌, '진심'을 통해 다가가면 언젠가는 통한다. 『단숨에 상대를 사로잡는 대화의 기술』이라는 책처럼 프랑스인도 단숨에 사로잡을 수 있다면 좋겠지만, 프랑스인과의 관계는 찬찬히 공들여 쌓아가야 한다. 지금까지 내 경험을 바탕으로 봤을 때도 진정한 관계를 쌓는 데 '진심'만큼 좋은 기술은 없는 것 같다.

사람이든 브랜드든, 진심으로 상대를 이해하고 사랑하고 위하는 마음이 있으면 상대의 마음에 가닿게 된다. 그리고 이렇게 맺은 관계는 누구보다 끈끈해져 어떤 대기업이 와도 꿈쩍도 하지 않는, 진정 우정 어린 사이가 될 수 있다. 프랑스인과는 이런 관계 맺기가 가능하다.

2 자부심만큼 강한 고집

"프랑스인은 엄청나게 고집이 세다." 프랑스 비즈니스 파트너에게 직접 들은 말인데, 아마 프랑스인 스스로도 그런 생각을 하나 보다. 그리고 보면 프랑스인이 자국어인 프랑스어에 대해 갖는 태도만 봐도 맞는 말이기는 하다. 프랑스인은 이외에도 예술, 문학, 음악, 영화 및 패션에 조예가 깊고, 풍부한 문화유산에 대한 엄청난 자부심을 갖고 있다. 프랑스인의 고집은 이런 자긍심에서 나온다고 해도 과언이 아니다.

프랑스인은 자국 음식을 자랑스러워하고, 와인을 사랑하며, 패션을 즐길 줄 안다. 그리고 그들 스스로 전 세계 최고라고 생각한다. 국가적 차원에서 전체 국민성으로 봐도 그렇고, 개인적 차원에서도 마찬가지다. 오죽하면 이런 말도 있다. 프랑스의 전통 가정 요리인 라타투이*ratatouille*의 레시피를 열 명의 프랑스인들이 모여 이야기하면 레시피가 각각 모두 다르다는 것이다. 게다가 각자가 오리지널이라고 주장하는데 여기에 양보나 타협 따위는 없다. 역시 꼬장꼬장한 프랑스인답다.

만약 프랑스인이 비즈니스와 관련이 없는 이런 사소한 것에 열을 올릴 경우 굳이 따져 묻지 말자. 웬만하면 그냥 고개를 끄덕이고 넘어가면 될 일이다.

3

저변에 깔려 있는 깊은 지성주의

내가 알고 있는 프랑스 디자이너들은 삶에 대한, 브랜드 세계관에 대한 철학이 매우 뚜렷하다. 한번은 데바스테의 듀오 디자이너인 오필리아 클레르*Ophélie Klère*와 프랑수아 알라리*François Alary*가 그들이 사는 프랑스 남부 리모주*Limoges*로 나를 초대한 적이 있었다. 3박 4일을 머무는 동안 그들이 컬렉션의 영감을 받은 곳을 살폈고, 근처에 뷰 좋고 맛있는 로컬 맛집을 두루 섭렵했다. 밤에는 예술, 문학, 철학 같은 주제에 대한 지적 토론도 즐겼다. 루소*Rouseau*와 사르트르*Sartre*, 그리고 보부아르*Beauvoir*를 논하며 이렇게 이지적인 디자이너는 전 세계에서 찾아보기 힘들 것이라는 생각을 했다.

그들 역시 내가 물건만 사러 오는 일반적인 바이어가 아니라, 처음부터 브랜드를 접근하는 법이 달라서 좋았다고 한다. 내 인문학적 배경을 알고는 나를 더욱 좋아하고 신뢰하게 되었다는 것이다. 그들은 결국 일본의 가장 큰 하이패션 의류 회사 중 하나인 온워드 카시야마*Onward Kashiyama*가 아닌 나와의 비즈니스를 택했다. 엄청난 버짓과 PR*Public Relations* 파워 대신 한국의 작은 패션 회사와 손을 잡은 것이다. 이탈리아인이었다면 불가능한 일이다.

4

직접적인 '다이렉트' 의사소통

일본인은 사석에서도, 또 공적 미팅에서도, 거절이나 부정의 답을 대놓고 하지 않는다. 그 대신 "그건 좀", "생각해 봐야 할 것 같다" 등의 완곡한 표현을 사용한다. 하지만 프랑스인은 주로 의사 표현을 직접적으로 하는 경향이 있다. 비단 일본뿐 아니라 다른 문화권에 비해서도 그렇다. 이때 지나치게 공격적이거나 대립적인 태도는 금물이다.

이럴 때면 공손함은 분명 유지하되, 아닌 것은 아니라고 분명히 이야기해도 된다. 프랑스인은 오히려 그런 것을 좋아한다. 그들은 요점에 도달하는 명확하고 간결한 토론 방식을 좋아한다. 일본식의 완곡 화법은 프랑스인에게는 혼란과 의심을 일으킬 뿐이다. 괜히 아시아인다운 예의를 지킨다고 애매하게 말했다가는 관계에 좋지 않은 영향을 미칠 수 있다. 프랑스인과의 비즈니스 관계에서는 '예스' 또는 '노'를 분명히 해야 한다.

프랑스인과 우정 어린 비즈니스 파트너십을 쌓았다면, 그들에게 먼저 신뢰를 저버리지 않는 한 이 관계는 끝까지 유지할 수 있다. 고집과 자부심이 큰 프랑스인답게 자기 브랜드의 정체성을 꼬장꼬장하게 지켜나갈 가능성이 크고, 브랜드가 커져도 신뢰 관계가 구축된 파트너에게 매우 높은 충성도를 보여줄 것이다. 그러니 프랑스인과 일하며 대기업에 빼앗기지 않을까, 재계약 시 미니멈이나 로열티를 많이 높이지 않을까 걱정할 필요도 없다. 이탈리아 브랜드는 이런 걱정을 많이 해야 할 테지만, 프랑스 브랜드는 재계약 시에도 별 무리가 없다. 그런 점에서는 분명 좋은 비즈니스 파트너다.

HONG KONG & CHINA 홍콩과 중국

이탈리아, 프랑스, 북유럽의 여러 나라뿐 아니라 미국 브랜드까지도 홍콩에 있는 쇼룸에 아시아 전체 디스트리뷰션 권한을 맡기는 추세다. 중국이라는 블루 오션에 직접 진출하면 좋겠지만, 그러기에는 문화도 너무 다르고 아는 것도 많지 않고 위험성도 높으니 홍콩에 있는 쇼룸에 맡기는 것이다. 그런 만큼 패션 분야에서 중요성이 점차 커질 것으로 보인다.

홍콩인은 대륙인과는 다르다. 그래서 같은 중국인이라도 홍콩인인지 대륙 출신인지 미리 알고 대응하는 것이 좋다. 대륙인 중에는 사기꾼에 허풍이 심한 경우도 많으나 제대로 된 대륙인 비지니스 파트너는 매우 큰 힘이 된다. 그들은 의리가 있고 통이 크고 인간적인 소통을 중시한다. 하지만 홍콩인은 매우 실리적이고 드라이하다. 대륙의 이탈리아인이라고 해도 될 만한 사람들이 많다.

1

진하고 끈끈한 '꽌시'

중국인은 공식적이고 드라이한 관계보다는 조금은 질퍽한 '꽌시關系'를 중시한다. 그래서 바잉하고, 물건 값을 지불하는 형식적 관계보다는 시간을 내어 식사를 함께하고 인간적인 관계를 쌓는 것이 매우 중요하다. 이탈리아 브랜드 메릴링의 아시아 본부가 홍콩에 있는데, 그곳의 CEO는 1980년대에 태어난 세대를 의미하는 빠링허우八零后다. 영국에서 공부를 마친 사람이라 매우 이성적이고, 비즈니스 스타일도 유럽식이다. 하지만 중국 본토, 즉 대륙인으로 중국에서 나고 자랐고 중국식 교육을 받았기에 중국적 정서도 많다.

그래서 나는 홍콩으로 바잉 미팅을 갈 때마다 그녀와 함께 저녁도 먹고 마사지도 함께 받으며 많은 시간을 보낸다. 또한 위챗 등을 통해 이런저런 일상 대화를 나누기도 한다. 나는 아비시니안 고양이 한 마리, 그녀는 털이 긴 흰 고양이와 황금색 고양이 두 마리를 키운다는 공통점도 있다. 그래서 아이들과 펫의 사진을 공유하며 엄마로서, 또 집사로서의 삶에 대한 이야기를 나눈다.

코로나19로 해외여행이 불가능했을 때는 2~3년간 바잉 미팅을 가지 못했지만, 위챗 교환은 훨씬 왕성했다. 그래서 수년간 얼굴을 보지 못했어도 더욱 가까워졌다. 코로나19 발발 초기에는 나를 감동시킨 일도 있었다. 내가 '메릴링을 위해, 그리고 자기를 위해서도 아프거나, 또는 죽어서는 절대 안 되는 사람'이라며, 마스크 300장에 외출 시 반드시 착용하라고 수백 켤레의 수술용 장갑을 보내왔다.

당시는 우리나라뿐 아니라, 중국에서도 마스크를 구하기 어려웠고 해외로 보내기도 힘든 상황이었다. 그런데도 여러 사람 이름으로 나눠 수차례에 걸쳐 수백 장의 마스크와 수술용 장갑을 내게 보내온 것이다. 역시 대륙의 스케일은 달랐고 그 마음의 크기는 더욱 달랐다. 그 덕분에 나는 코로나 팬데믹 기간 동안 단 한 번도 마스크를 살 필요가 없었다. 너무나 큰 감동이었다.

이렇게 그녀와 이어온 관계는 10년이 훌쩍 넘었다. 이제 우리 둘은 비즈니스 관계를 넘어 친구 사이다. 그녀가 메릴링을 떠나건 내가 패션업계를 떠나건, 우리는 계속 좋은 친구로 남을 것이다. 이렇게 단단해진 관시는 비즈니스에서도 매우 큰 힘이 된다. 과거 국내 유수의 여러 대기업이 엄청난 미니멈을 제시하며 메릴링 이탈리아 본사로 콘택트를 했고, 이탈리아 본국에서는 이들 대기업을 비즈니스 파트너로 삼고 싶어 했다. 그러나 아시아 본부의 CEO인 그녀는 한국은 내가 아니면 안 된다며 그 제안을 단칼에 잘라냈다. 아마 CEO가 바뀌지 않는 한, 나와 메릴링의 관계는 계속될 것 같다.

2

결코 건드려서는 안 되는 '미엔쯔'

'얼굴'이라는 뜻의 '미엔쯔面子'는 한국어로 '면이 안 선다'고 할 때의 면, 즉 체면이라는 의미와 비슷할 것이다. 중국 문화에서는 우리나라의 '체면'이라는 의미보다 훨씬 중요한 개념으로 개인의 명성, 존엄성 및 사회적 지위까지도 포괄한다. 중국인은 공개적으로 비판하거나, 공개 석상 또는 다른 사람이 있는 곳에서 상대를 당황하게 하는 것을 체면을 잃게 하는 것으로 여긴다. 따라서 개인적 관계, 특히 비즈니스 관계에서는 결코 이런 행동을 해서는 안 된다.

이탈리아인은 면보다는 돈, 즉 실리가 당연히 우선이지만, 중국인은 돈만큼이나 미엔쯔도 중히 여긴다. 그래서 돈이나 힘만으로 밀어붙여서는 안 되며, 어느 경우에라도 미엔쯔는 가능한 존중해 줘야 한다. 이처럼 적대적이거나 대립적인 상황을 피하려는 성향 때문에 의사소통도 다소 간접적인 경향이 있다. 그러니

'노'인지 '예스'인지 정확히 알려면 그들의 표정과 제스처 등의 미묘한 단서에 주의를 기울여야 한다. 혹시 실수로 그들의 미엔쯔를 잃게 하는 말이나 행동을 했다면, 그 자리에서 즉시 사과해야 한다.

3

백 마디 말보다 한 문장의 글

관계를 구축하는 것도 중요하지만 잘 구성되어 집행 가능한 계약서는 비즈니스의 핵심이다. 파트너가 어느 국가인지에 상관없이 비즈니스에서 계약서는 꼼꼼하게 잘 작성해야 한다. 그런데 만약 상대가 중국인이라면, 정말이지 보고 또 보고, 샅샅이 살펴야 한다. 모든 약관이 명백한지, 다른 의미로 해석될 여지는 없는지 꼭 확인해야 한다. 그리고 계약서 외의 사항을 구두로 나눈 대로 진행하자고 할 경우 절대 믿어서는 안 된다. 이탈리아인과 계약할 때처럼, 가능하면 중국 비즈니스 법률 경험이 있는 전문가의 도움을 받는 것이 좋다.

말로 백번 하는 것보다 계약서의 문구 하나가 천배 이상 더 중요하다. 중국인의 만만디 스타일 때문에 계약서가 완성되고 싸인하는 데까지 오래 걸릴지 모르나, 정중하고 참을성 있는 태도를 견지해야 양자가 만족하는 계약 관계가 성립된다. 중국인과의 비즈니스에서는 서두르면 진다.

4

문화를 이해하지 못한 선의는 독

중국 비즈니스 문화에서 선물을 주는 것은 일반적인 모습이다. 상대에게 좋은 이미지를 형성하는 데도 도움을 준다. 다만 매우 독특한 문화적 규범이 존재하는 곳이니, 선물을 받았다면 비슷한 가치의 선물로 보답하는 것이 좋다. 지나치게 비싸거나 사치스러운 선물은 부적절한 뇌물처럼 간주되므로 관계가 단단하지 않을 때는 오히려 실이 될 수 있다.

중국 문화와 관련해서는 한 가지 에피소드가 있다. 중국어를 배울 때 중국인 선생님과 찜닭을 먹으러 간 적이 있었다. 그 안에 있는 당면이 길어서 먹기 불편하니 종업원이 와서 가위로 싹둑싹둑 잘라줬다. 그런데 중국에서 온 지 얼마 안 된 선생님은 이를 보고 충격을 받은 듯 눈이 튀어나올 것처럼 커지고 얼굴이 허옇게 질리는 것이 아닌가. 중국에서의 '면'은 '생명이 길게 오래 장수하라'는 뜻으로 먹는 것인데, 이를 잘라버리니 '빨리 죽으라', '단명하라'는 뜻으로 받아들였던 것이다. 그러니 중국인과 면을 먹을 때는 절대로 가위 등으로 잘라서는 안 된다.

그리고 또 하나, 홍콩에 있는 마사지숍에 함께 갔을 때였다. 상당히 품격 있는 곳이었는데 한자 복福 자가 거꾸로 쓰여 있는 것이 아닌가. 내가 글자를 잘못 붙였다고 생각하며 의아해하자 선생님이 복이 쏟아지라는 의미에서 일부러 거꾸로 붙인 것이라 설명해 줬다. 중국에서는 흔히 볼 수 있는 모습이라고 한다.

한편 중국인이 붉은색과 숫자 8을 좋아하는 것은 주지의 사실이다. 붉은색은 돈과 부를 상징하고, 숫자 8 역시 '재산이 불다', '부자가 되다'라는 의미의 '파차이 发财'와 발음이 같기 때문이다. 참으로 돈과 부를 좋아하는 민족이다.

같은 중국인이어도 빠링허우와 1970년대에 태어난 세대인 치링허우七零後는 마치 전혀 다른 나라 사람들처럼 비즈니스 마인드가 다르다. 빠링허우 세대는 유학파가 많은 만큼 중국인이지만 영어를 잘 구사하고 유럽식 교육을 접한 덕분에 마인드도 유럽식으로 이성적이다.

그런데 해외 유학파가 아닌 치링허우의 중국인은 다르다. 이들은 계약서를 쓰고서도 상당수가 잘 따르지 않을 정도로, 비이성적이고 불통인 경우가 많다고 한다. 치링허우와 비즈니스를 할 때는 이탈리아인과 비즈니스를 할 때보다도 수십 배는 더 조심해야 한다는 말도 있다. 다행히 빠링허우와만 비즈니스를 해온 덕에 이런 좋지 않은 경험을 직접 해본 적은 없으나, 신문사 기자, 중국에 진출한 패션업계 CEO, 디자이너 모두 이구동성으로 이렇게 전하니 사실일 것이다. 알고 조심해서 나쁠 것은 없다.

SWEDEN 스웨덴

지리적으로도 스칸디나비아반도의 안쪽에 자리 잡고 있어, 어딘지 모르게 섬나라 일본과 같은 성격이 짙다. 한번 파트너는 영원한 파트너라고 여긴다는 측면에서는 일본과 비슷하나 일본인보다는 훨씬 비지니스적인 마인드가 강하다. 파트너가 어려울 때 조금은 기다려주는 일본과 달리 계약에 따른 미니멈 버짓이나 송금일 등에 대해서는 철저하다. 그래도 비즈니스 관계에서는 충성도도 매우 높고 융통성도 있어 좋은 파트너다. 물론 초기에 쌍방이 합의한 조건에 대해서는 정확히 지켜야 한다.

1 시간은 엄수, 일정은 준수

스웨덴인은 약속한 시간과 일정을 지키는 것을 중요하게 생각한다. 정확한 것을 좋아하며, 양자가 합의한 것은 계약 조건이건, 미팅 약속이건 무조건 지켜야 한다. 그러니 회의나 바잉 미팅, 개인적인 약속에서도 정시에 도착하는 것이 중요하다. 스웨덴인 입장에서 늦는 것은 무례한 것으로 간주될 수 있고 결국 비즈니스 관계에까지 부정적 영향을 미칠 수 있다. 혹시라도 예상치 못한 상황이 발생해 늦거나 아예 못 갈 것 같다면, 반드시 즉시 잘 설명하고 양해를 구해야 한다. 이미 벌어진 일은 어쩔 수 없으니 이를 만회하려는 의지와 태도를 최대한 보여주도록 하자.

스웨덴인은 비즈니스 관계에서 일관성과 신뢰성을 중요하게 생각한다. 오더리스트 마감일과 페이먼트 데드라인 등을 준수함으로써 믿을 수 있다는 평판을 쌓아가는 것이 중요하다. 신뢰성이야말로 스웨덴인과의 비즈니스 관계 구축에서 결정적인 요소다.

2

크리스털 클리어한 의사소통

스웨덴인은 비즈니스 거래에서 정직과 투명성을 가장 중요하게 생각한다. 그래서 대화 스타일도 완곡하게 돌려 말하는 것보다는 직접적이고 솔직한 것을 좋아한다. 그들은 명확하고, 논리적이며, 크리스털 클리어*crystal clear*한 의사소통을 좋아한다. 만약 비즈니스에서 문제가 생겨도 혼자 끙끙 앓지 말고 툭 터놓고 솔직하게 말하자. 의외로 쿨하고 쉽게 문제가 해결될 때가 많다.

또한 스웨덴인은 사생활을 소중히 여기기 때문에 아주 친한 관계가 아닐 때는 개인적인 질문을 꺼린다. 중국인이나 이탈리아인과는 달리, 잡담이나 사담을 너무 많이 하는 것을 별로 좋아하지 않으므로 비즈니스 측면에 집중하고, 친해지기 전까지 사적인 이야기는 하지도 말고 묻지도 말자.

보여주기식의 과장이나 지키지 못할 미래의 큰 그림으로 허풍을 떠는 것은 스웨덴인과의 비즈니스 관계에 전혀 도움이 되지 않는다. 이들은 정말 실용적이고 현실적인, 다운 투 어스*down to earth*한 사람들이다.

USA 미국

여러 민족이 모인 나라답게 각 회사의 주인도 다양한 배경을 갖고 있다. 따라서 회사마다 서로 다른 정서를 살펴보는 것이 중요하다. 기본적으로 매우 이성적이고 실용적이므로 계약만 잘 맺으면 별다른 걱정 없이 거래할 수 있다.

1 필요한 것은 소심한 예의보다 솔직한 표현

미국인은 보통 직접적이고 개방적인 의사소통을 중요하게 생각한다. 따라서 비즈니스 대화에서도 명확하고 간결하게 말하는 것이 좋다. 예의를 지킨답시고, 애매하게 둘러 말하면 오히려 '무슨 꿍꿍이지', '무슨 소리를 하는 거야'라는 괜한 의심만 살 뿐이다. 자신의 생각을 요점만 효율적으로 표현하고, 솔직하게 전달할 수 있어야 한다. 다만 그들 또한 놀랄 만큼, 때로는 무례할 만큼의 솔직한 피드백을 줄 수 있으므로 마음의 준비를 하고 있어야 한다.

2 과정은 유머러스하게, 결과는 진지하게

미국 비즈니스 문화에는 비공식적이고 편안한 분위기가 존재한다. 미팅 초반에는 잡담과 일상적인 대화가 일반적이고 아무리 진지한 미팅이라도 유머 감각을 잃지 않는다. 그들의 유머는 때로는 신랄하고, 때로는 어색한 분위기를 단번에 와장창 깨부술 정도로 친근하다. 비즈니스 상황에서도 여유로워 보이는 유머 감각은 참 부러운 부분이다.

하지만 편안한 분위기에서도 비즈니스적인 전문성과 명확성 등을 중요시하니 둘 사이에 균형감을 잘 유지해야 한다. 자유롭고 친근한 듯 대해도 결과 지향적이기 때문에 약속을 제때 이행하고 상호 합의한 목표를 잘 달성하는 것이 관건이다. 이 부분만 잘 보여주면 미국인과의 비즈니스는 별 문제 없이 흘러갈 것이다.

당연히 시간 엄수와 효율성도 중시하니, 미팅뿐 아니라 사적인 식사 약속이어도 시간은 절대적으로 잘 지켜야 한다. 정당한 이유 없이 늦는 것은 무례하게도 보이고, 비즈니스 관계에서도 신뢰에 좋지 않은 영향을 미친다. 요즘은 어디를 가든 스마트폰이 있으니, 문제가 생기면 즉시 상대에게 알리고 상황을 충분히 설명해야 한다.

3 인정을 넘어 존중이 필요한 다양성

미국은 다양한 인종과 문화가 공존하는 다양성의 국가다. 그런 만큼 다양성을 존중하는 것은 미국에서 중요한 가치다. 요즘 사회적으로 핫한 이슈인 PC *Political Correctness*에도 민감하니, 문화적 감수성을 보여주고 다양한 사람과 취향 등을 인정해 주는 것이 중요하다. 보수적인 나라에서 나고 자란 사람으로서 때로는 놀랍기도 하고 부담스럽기도 하지만, 이 모든 다양함을 받아들이고 인정해 주는 것이 미국인과 비즈니스에서의 출발점이다. 달라도 저렇게 다를 수가! 싶을 정도로 다양하므로 가정이나 일반화는 피하는 것이 좋다.

미국은 이민족의 나라답게 여러 나라의 문화가 공존하므로, 미국이라는 사회의 전반적인 분위기를 파악하고 이에 맞게 대응하는 것이 중요하다. 최대한의 자유를 부여하되 그 결과에 대한 책임 또한 자신에게 있는 미국, 이 점은 미국인과의 비즈니스에서도 예외가 아니다.

COLOMBIA & SOUTH AMERICA 콜롬비아와 남미

콜롬비아는 한때 전 세계 셀러브리티가 들고 다녔던 모칠라*Mochilla* 덕분에 인연을 맺은 나라다. 그런데 그때 경험한 그들의 독특한 비즈니스 문화는 충격에 가까웠다. 모칠라를 수입하고자 했을 때도, 오더 장에 "오더하는 물건과 동일 상품이 간다는 보장을 할 수 없다"고 당당하게 적혀 있었다. 도대체 무슨 말인가 싶어 먼 거리를 직접 날아갔었다. 그런데 이는 모칠라에 국한되지 않았다.

콜롬비아는 비즈니스 관계에서도 매우 친근하고 비공식적이기에 상품의 납품 데드라인도 제대로 안 지키는 경우가 많고, 메일이나 전화에 대한 답장도 매우 느리다. 나처럼 성질 급한 바이어는 뒤로 넘어갈지도 모른다. 물론 콜롬비아의 필리큐*PilyQ*라는 명품 수영복 브랜드처럼 헤롯*Harrods* 이나 버그도프 굿맨*Bergdorf Goodman* 같은 큰 회사와 인터내셔널 비즈니스를 하는 경우는 다르다. 필리큐는 피드백도 빠르고 납기일도 정확하며 모든 것이 리즈너블하다. 하지만 대부분의 콜롬비아 비즈니스 문화는 좀 받아들이기 힘든 점이 있다.

1
신뢰는 사적인 관계에서 시작

강력한 관계를 바탕으로 신뢰를 구축하는 것은 라틴아메리카 비즈니스 문화에서 매우 중요하다. 콜롬비아인을 개인적으로 알아가고, 잡담과 사담을 하고, 그들의 문화와 배경에 진정한 관심을 보이는 것은 신뢰와 관계를 쌓는 출발점이다. 이 신뢰가 없으면 성공적인 비즈니스는 불가능하다. 일로 만났지만 다들 친구가 되기 때문에 공적인 관계보다는 사적인 관계를 쌓는 것이 중요하다.

2
개방적이고 느긋한 마음가짐

다른 문화에 비해 역동적이고 덜 경직되어 있다는 것은 비즈니스 측면에서는 그리 쉽지 않다. 콜롬비아인과 거래하려면 사업 계획 전반과 일정, 심지어 계약서에 사인된 조건마저 때때로 변할 수 있다는 것을 받아들여야 한다. 그만큼 개방적인 태도를 취하지 않으면 혼자만 숨넘어갈 수도 있다. 약속 시간을 잘 준수하지 않는 것은 고사하고, 때로는 약속 자체를 잊기도 하므로 계속해서 체크 또 체크해야 한다. 인내와 설득과 협박에 가까운 재촉을 거듭해야 비로소 납기일 등의 계약 사항을 이행한다. 그러니 디파짓이건 잔금이건, 절대 돈은 먼저 보내서는 안 된다.

3

시각적으로 표현해야 하는 전문성

외적으로 보이는 것을 상당히 중요시하니 비즈니스 미팅뿐 아니라 식사를 할 때도 전문적인 외양을 갖추고 세련된 외모를 유지하는 것이 중요하다. 이는 결국 비즈니스적으로도 큰 역할을 한다. 비즈니스 미팅에서 몸단장에 가장 신경을 써야 하는 나라를 꼽는다면, 콜롬비아를 포함한 라틴아메리카일 것이다.

이런 여러 가지 단점에도 불구하고 개인적으로 콜롬비아를 정말 사랑한다. 비즈니스 파트너로서는 힘겨운 점이 있지만 정말 정이 많은 민족답게 친구로서는 100점이다. 그런 의미에서 공군 참모총장 출신의 주한 콜롬비아 대사 티토 사울 피니야Tito Saul Pinilla는 내게 잊지 못할 인연이다. 내가 콜롬비아의 가장 큰 원주민인 와유족의 수제품, 모칠라를 수입해 국내에 알리고 와유 아이들을 돕기 위해 책을 낸 사실에 무척이나 고마워하며 책에 훌륭한 서문까지 써줬다.

그 인연은 대사 임기가 끝나고 그가 콜롬비아로 돌아간 후에도 계속되었다. 내가 콜롬비아 대사관의 초대로 보고타에 방문하면 그는 어김없이 나를 챙겨줬다. 자신의 보디가드와 운전기사를 보내 방탄차를 타게 해준 덕분에 개인적인 공식 일정 외의 시간에 보고타의 보석 같은 곳을 안전하게 방문할 수 있었다. 이후에 부임한 콜롬비아 대사들 또한 가장 먼저 나를 찾고, 친구처럼 정겹게 대해준다

바이어로서 방문한 수없이 많은 나라들 중에서도 콜롬비아는 어느 곳보다 소중한 나라로 내 가슴속에 자리 잡고 있다. 이에 콜롬비아의 아름다운 면을 알리고자 콜롬비아 대사관과 연계해 콜롬비아 프로젝트를 진행 중이다. 다만 바라는 한 가지는 콜롬비아가 좀 더 미국적인, 즉 실용적이고 정확한 비즈니스 마인드를 가졌으면 하는 것이다.

03

03 MARKET RESEARCH

MARKET
RESEARCH

생생한 배움의 장, 시장조사하기

바잉을 떠나기 전 국내의 다양한 편집숍을 돌며 시장조사를 했다면, 패션 위크가 펼쳐지는 도시에 온 이상 결코 빠트려서는 안 될 일이 있다. 바로 뉴욕, 런던, 밀라노, 파리, 코펜하겐 및 스톡홀름, 도쿄 등에서 가장 핫하다는 편집숍과 백화점 등을 빼놓지 않고 둘러봐야 한다. 이곳이야말로 패션 트렌드와 그 나라의 문화를 공부할 수 있는 생생한 배움의 장이기 때문이다.

상술인지, 오비이락인지는 알 수 없지만 전 세계 바이어가 몰려드는 패션 위크 때는 많은 백화점과 편집숍이 대대적인 세일을 한다. 그래서 바이어 세계에서는 시장조사를 빙자한 쇼핑(?)이라는 말까지 나돈다. 좀 속된 표현을 빌리자면 '꿩 먹고 알 먹고 님도 보고 뽕도 따는' 격이다.

그리고 이때 쇼핑만큼이나 빠질 수 없는 것이 삶을 즐겁게 하는 음식과 디저트다. 적어도 나에게는 절대 빠져서는 안 될 바잉 출장의 잇 리스트다.

이 시간은 살인적인 스케줄을 소화하고 고생한 바잉 엠디로서, 스스로에게 주는 선물이자 남은 스케줄까지 더욱 힘을 내라는 격려다. 그리고 업무를 보는 바잉 엠디가 아닌, 고객의 입장으로 돌아가는 시간이기도 하다. 역지사지는 언제나 중요하다. 엠디는 고객의 눈으로 상품을 보는 것을 절대로 잊어서는 안 된다.

눈맛뿐 아니라 입맛도 고급스러운 고객의 입장에서 물건을 보고 사고, 그들이 좋아할 만한 식당에서 예쁘고 맛있는 디저트를 즐기는 것은 고객의 취향을 이해하는 것만큼이나 중요한 경험이다. 패션은 뚝 동떨어진 섬처럼 별개로 나타나는 현상이 아니다. 그것은 라이프스타일의 자연스러운 발현이요, 크게는 문화를 체현하는 것이다. 그러므로 고객의 라이프스타일을 이해하는 것이야말로 편집숍 패션 엠디에게는 근본적이고 필요 불가결한 일이다.

NEW YORK

뉴욕

빅 애플, 빅 마켓, 빅 애피타이트
모든 것이 크고 다양한 도시

빅 애플Big Apple이라 불리는 뉴욕은 별명 그대로 사과처럼 새콤하고 달콤하고 주이시다. 패션과 문화의 도시답게 볼거리, 먹거리가 차고 넘친다. 전 세계의 다양한 인종이 모여서 만든 이민자들의 대도시답게 그다지 친절하지는 않지만, 충만하다 못해 폭발 직전의 에너지 같은 것이 온몸으로 느껴진다.

패션 위크가 진행되는 빅 애플의 중심지 맨해튼은 혼자 있고 조용한 것을 좋아하는 내게는 평생은커녕 두 달도 못 버티고 손을 들고 말 도시다. 맨해튼의 땅값이 비싸서이기도 하지만, 터질 듯한 에너지를 견디기가 힘들기 때문이다. 그래서 대부분의 사람들이 맨해튼을 벗어나서 출퇴근을 하는 것 같다. 나에게도 1년에 단 두 번 방문하는 도시로서 충분하다.

바잉 시즌의 뉴욕 호텔 요금은 하늘 높은 줄 모른다. 특히 S/S 컬렉션 바잉이 이뤄지는 9월에는 9.11 추모제까지 열리는 경우가 많아 전 세계의 바이어뿐 아니라 미국 각지의 추모객까지 몰려든다. 그만큼 호텔 잡기는 하늘의 별 따기다.

한번은 방값이 너무 비싸 맨해튼을 벗어나 호텔을 잡았는데, 택시 요금 역시 만만치 않아 결국 비용은 엇비슷했다. 오히려 40~50분 동안 택시를 타고 들어가야 하니 더욱 고역이었다. 하루 일과를 끝내고 몸과 마음이 지칠 대로 지친 상태여서 더욱 그랬을 것이다. 또 한국 택시가 없는 경우에는 불친절한 외국인 운전기사와 단둘이 가야 하는데 무섭고 두렵기도 했다. 그러니 숙박비가 비싸더라도 가급적 맨해튼에서 머무는 것이 좋다.

파리처럼 맨해튼 역시 그리 크지 않아서 어느 지역에 머물든 크게 상관은 없다. 나는 주로 코리아타운에 있는 미드타운Midtown 쪽에 머무는데 31, 32, 33번가 또는 50, 51번가가 있는 시어터 디스트릭트Theater District다. 제때만 예약해도 숙박비가 과하지 않고 뮤지컬광인 나로서는 브로드웨이와 가까운 점도 좋다.

또 세계 최대 규모를 자랑하는 메이시스Macy's 백화점도 바로 지척이다. 국내에는 아직 론칭하지 않았지만 예쁘고 실용적이고 가격도 괜찮은 속옷 브랜드 빅토리아 시크릿Victoria's Secret도 있고, 비타민 브랜드 GNC도 국내보다 훨씬 저렴하게 구매할 수 있다. 나는 GNC에서 6개월간 온 식구가 먹을 비타민제를 사오고는 하는데, 회원용 카드인 골드 카드로 사면 할인 혜택이 크게 적용된다. 정말이지 뉴욕은 먹거리도 볼거리도 살 거리도 많다.

가장 큰 트레이드 쇼 ENK가 열리는 자비츠 센터도 걷는 것을 좋아하는 사람이라면 아침 운동 삼아 걸어갈 수 있는 거리다. 짐만 많지 않다면 상쾌한 아침 산책이 될 것이다. 그리고 또 하나, 근처의 레드벨벳을 파는 가게도 빼놓을 수 없다. 뉴저지의 유명한 어느 베이커리에서 가져다 판다고 하는데, 단언컨대 레드벨벳 컵케이크로 유명한 매그놀리아 Magnolia보다 더 맛있다. 소박하지만 세계에서 가장 맛있는 레드벨벳이다.

Bergdorf Goodman & Saks Fifth Avenue
버그도프 굿맨과 삭스 피프스 애비뉴

버그도프 굿맨과 삭스 피프스 애비뉴 모두 뉴욕 최고급 백화점들이다. 미드타운 맨해튼 5번가에 있는 버그도프 굿맨은 시카고의 초럭셔리 백화점 니만 마커스의 자회사로, 외형도 서로 닮은 모습이다. 삭스 피프스 애비뉴 또한 워낙 유서 깊은 고급 백화점이라 설명이 필요 없는 곳이다.

이 두 곳에서는 시장조사 차원에서 직바잉 디자이너 섹션만 돌아보고, 각 층의 디스플레이와 윈도 디스플레이 그리고 가방과 액세서리 섹션을 둘러본다. 아메리칸 캐주얼 쪽에 관심 있는 바이어라면 그들의 캐주얼 섹션이 많은 도움이 될 것이다. 내 경우 미국 백화점은 그냥 휙 둘러보는 선에서 그친다. 윈도 디스플레이나 플로어의 메인 디스플레이 등은 아무래도 프랑스 백화점만 못하다.

뉴욕의 유서 깊은 백화점 버그도프 굿맨 ⓒ Christopher Peterson

멀리서도 한눈에 들어오는 삭스 피프스 애비뉴

많은 편집숍들이 코로나 팬데믹 또는 그 나름의 경영 악화로 문을 닫았다. 헨리 벤델을 비롯해 역사의 뒤안길로 사라진 편집숍들과 다른 형태이기는 해도 여전히 살아남아 있는 바니스 뉴욕을 보자.

헨리 벤델과 바니스 뉴욕은 백화점형 편집숍이다. 그중 헨리 벤델은 백화점형 스토어 중 자체 향수를 보유하고, 자체 패션쇼를 개최한 최초의 스토어다. 또 오늘날 백화점의 숍인숍 개념 등을 최초로 도입하기도 했다. 매우 드물고 독특하고 과한 아이템들도 많이 갖고 있어, 개인적으로도 시카고에 살 당시 정말 자주 들락거렸다. 그들의 시그너처인 브라운과 아이보리의 세로 스트라이프는 보기만 해도 입가에 미소를 짓게 했다. 자주 다니던 시카고 지점도 좋았지만, 단연 최고는 뉴욕 본점이었다.

그런데 2018년 헨리 벤델의 23개 매장 전체가 문을 닫았다. 123년의 역사에도 불구하고, 적자를 피하지 못했기 때문이라고 한다. 그만큼 편집숍만으로 이윤을 남기기가 힘들다는 이야기다. 바니스 뉴욕 역시 여러 번의 파산 과정을 거쳐 현재는 원래의 바니스 뉴욕 플래그십 스토어가 아닌, 바니스 엣 삭스 *Barneys at Saks*로 겨우 명맥만 유지하고 있다.

한편 칼립소 홈, 앙팡, 키즈, 빈티지 등 맨해튼에만도 수십 개의 매장을 거느리던 칼립소*Calypso*는 라이프스타일 콘셉트 스토어를 지향했던 편집숍이었다. 특히 칼립소 오너인 크리스티안 셀르*Christiane Celle*는 강렬하고 자극적인 색상과 디자인의 '칼립소' 컬렉션을 이끌었는데, 단순히 편집숍 이름을 딴 티셔츠 라인이나 구색을 맞춘 제품과는 달라서 매우 유명했다.

다만 정교한 수공 작업에 헐렁하고 화려한 색상의 인도풍 옷은 아무래도 국내 고객 취향은 아니었다. 뉴욕 사람들의 취향이 독특하다는 생각에 다소 의아했

1. 추억 속으로 사라진 헨리 벤델의 입구 ⓒ Alexisrael
2. 시그니처인 브라운과 아이보리 스트라이프로 인테리어된 헨리 벤델

던 기억이 난다. 칼립소 컬렉션은 가격도 결코 저렴하지 않았다. 보통 다른 편집숍의 경우 수입 브랜드는 비싸게 판매하고 편집숍 이름을 박은 티셔츠나 스웨트 셔츠류 등의 단품 아이템은 저렴하게 판매하는데, 칼립소 컬렉션은 오히려 훨씬 더 비쌌다. 이뿐만 아니라 편집숍 이름을 딴 향수, 보디 케어, 액세서리 라인도 갖추고 있었다.

하지만 칼립소 역시 지금은 사라졌다. 너무 많은 섹션으로 자체 제작 상품을 넓히다 보면, 제작 단가는 높아질 수밖에 없다. 취향이 확고한 편집숍의 경우 고객 수가 제한되어 있기에 제작 양에도 한계가 있다. 오히려 10 꼬르소꼬모와 같이 자체 브랜드의 에코백과 티셔츠 라인 정도만 생산해서 일반 고객도 쉽게 접근할 수 있도록 문턱을 낮추는 것이 낫다. 편집숍 내에 있는 다른 상품군과의 확실한 차별화로 대량 판매를 하는 전략이다. 그 훌륭한 성공 사례가 에크루, 톰 그레이하운드, 비이커다.

이외에 고가의 편집숍 제프리 뉴욕Jeffrey New York도 2020년에 문을 닫았다. 샤넬이 숍인숍으로 들어가 있던 보기 드문 숍으로, 눈이 호사할 만큼 셀렉션이 훌륭한 곳이었다. 하지만 결국 위기를 피하지는 못했다. '스쿱 걸'이라는 말이 생겨날 만큼 최신 유행의 마니아층을 거느리던 스쿱Scoop 역시 사업을 종료했다.

그리고 독보적인 존재감을 자랑하던 오프닝 세레모니Opening Ceremony의 폐점 소식은 많은 패션 피플들에게 놀라움을 던져줬다. 오프닝 세레모니는 캐롤 림Carol Lim과 움베르토 레온Humberto Leon 커플이 2002년에 오픈한 편집숍이다. 원래 쇼룸도 함께 운영하며 두 나라의 디자이너를 뽑아 경쟁시키고, 같은 이름의 편집숍 내에서도 판매 경쟁을 시키는 것으로 유명했다. 또 처음에는 쇼룸을 통한 홀 세일 판매와 편집숍을 통한 리테일 판매를 활용해, 잘나가는 스타일과 아이템을 바탕으로 한 오프닝 세레모니라는 브랜드까지 론칭했다. 실제 이 브랜드는 그들이 발굴한 신진 디자이너의 컬렉션이나 브랜드의 카피에서 시작되었다.

하지만 몇 년 후 그들만의 테마를 갖는 컬렉션 라인으로 론칭하며 가격이 비싸졌고, 2011년에는 이 듀오 디자이너가 겐조*Kenzo*의 크리에이티브 디렉터로 발탁되며 더욱 큰 유명세를 누리게 되었다. 카피족의 카피 1호 제품이 된 호랑이 스웨트 셔츠도 그들이 만든 작품이다. 더 나아가 일본 패션 거리인 하라주쿠와 시부야에도 편집숍을 오픈하는 등 편집숍뿐 아니라, 쇼룸, 브랜드로도 모두 잘 나갔었다.

하지만 결국 오프닝 세레모니도 코로나 팬데믹으로 파산하고 모든 오프라인 매장을 폐쇄했다. 그래도 다행인 것은 온라인은 여전히 살아남아 있고, 오프닝 세레모니라는 브랜드도 계속 진행하고 있다는 점이다. 이제 코로나 팬데믹도 엔데믹으로 끝나고, 움츠렸던 전 세계 패션 시장이 기지개를 켜고 있으니 제프

독보적인 편집숍이던 오프닝 세레모니 외관

디즈니와의 컬래버레이션로 내놓은 오프닝 세레모니의 캡슐 컬렉션

겐조의 시그니처가 된 호랑이 디자인

리 뉴욕이나 오프닝 세레모니 등의 피지컬 스토어도 다시 볼 수 있지 않을까 기대해 본다.

편집숍은 아무리 잘나간다 해도 편집숍만으로는 이윤을 낼 수가 없다. 편집숍이 안정적으로 자리를 잡고 브랜드화된 후에 편집숍 이름으로 생산되는 아이템이 이윤을 가져와야 한다. 이탈리아의 10 꼬르소꼬모나 우리나라의 톰 그레이하운드, 비이커처럼 말이다.

그렇다면 코로나 팬데믹도 이겨내고, 꾸준히 성공 가도를 달리는 편집숍들은 어디일까? 그들은 무엇이 다른지 한번 살펴보자.

Intermix 인터믹스

미국 전역과 맨해튼에 많은 스토어가 있지만, 소호에 있는 프린스 스토어가 가장 흥미롭다. 뉴욕에서 소호는 빼놓을 수 없는 '잇 플레이스'인 만큼 어쩌면 당연한 이야기다. 레바논계 미국인 하야크 켈레지안Khajak Keledjian과 하로 켈리지안Haro Keledjian 형제가 운영하는 편집숍으로, 이름 그대로 유명 디자이너의 고급 컬렉션뿐 아니라 신인 디자이너의 컬렉션이 믹스되어 있다.

예를 들어, 이번 시즌의 잇 백인 끌로에의 우디백Woody Bag, 스텔라 매카트니의 스웨트 셔츠와 크리스핀 앤 바실리오Crispin & Basilio 및 카르타Karta와 같이 잘 알려져 있지 않은 브랜드를 자연스럽게 섞어놓는다. 그리고 파티어를 위한 드레스와 화려한 상의, 캐주얼 데님 라인 등 셀렉션도 다양하다. 한마디로 비싼 것과 싼 것, 유명한 것과 아직 유명하지 않은 제품을 골고루 보여준다. 신진 디자이너 브랜드를 서치하는 바이어라면 한번 가볼 만하다. 수년 전부터 인터믹스 라벨의 옷도 출시하며 그 섹션을 점점 더 늘리고 있다.

다양한 브랜드와 디자인이 뒤섞인 인터믹스

Atrium 아트리움

데님 천국이라 할 만큼, 현재 핫한 데님 브랜드부터 새로운 데님 브랜드까지 다양하게 소개하는 편집숍이다. 갤러리아에 데님 존을 담당하는 바이어나 G.494가 사라지고, 그 자리에 생긴 데님 전문숍 앤 그라운드N. Ground처럼 데님 편집숍 바이어라면 반드시 들러 데님 트렌드를 확인해야 한다.

유명 데님 브랜드와의 협업으로 아트리움에서만 판매하는 아이템도 존재한다. 현재 트렌드를 반영해 액세서리, 신발, 보디 용품, 속옷과 음악까지 모두 갖춘 라이프스타일 콘셉트 스토어를 지향하고 있다. 다만 몇 년 전부터는 여성복이 점차 줄더니 거의 남성복 편집숍이 되었다. 여성복 바이어라면 굳이 들르지 않아도 좋다.

오너인 샘 벤 아브라함Sam Ben-Avraham은 캐주얼 및 컨템퍼러리 트레이드 쇼로는 매직 쇼와 양대 산맥인 '프로젝트 글로벌Project Global'의 운영자이기도 하다. 이 쇼는 데님을 취급하는 브랜드나 관련 바이어에게는 빼놓을 수 없는 행사로, 라스베이거스와 뉴욕에서 1년에 네 번 개최되며 남성, 여성, 아동복도 함께 볼 수 있다. 감각적인 물건을 바잉하려면 무조건 많이 보는 수밖에 없다.

다양한 데님 브랜드를 한곳에서 볼 수 있는 아트리움

Assembly 어셈블리

로어 이스트 사이드Lower East Side의 허름한 건물에, 얼핏 보면 빈티지숍 같은 분위기를 풍기는 편집숍이다. 전직 갤러리스트였던 그레그 아르마스Greg Armas가 2008년 론칭한 곳으로, 유니섹스를 추구하는 스타일이 많다. 파슨스 Parsons 졸업생인 샌디 리앙Sandy Liang과 콜리나 스트라다Collina Strada의 제품 뿐 아니라 편집숍 이름을 딴 자체 제작 상품도 있다. 트렌드와 관계없이 디자인이 독특하거나 희귀한 제품들이 제법 많다.

자체 브랜드를 제작할 때는 업사이클 및 데드 스톡dead stock(사용하지 않고 남은 재고 원단)을 사용하며 모든 제작은 뉴욕에서 진행한다. 자신의 레이블 외에도, 공예와 디자인 정신을 강조하는 전 세계의 독립적이고 희귀한 디자이너를 소개한다. 갤러리스트의 눈으로 선택한 빈티지 및 아트 오브제도 섞여 있어 보는 재미가 있다.

특유의 외관과 내부 공간이 보는 재미가 있는 어셈블리

Anthom 앤섬

마치 갤러리에 와 있는 듯한 착각을 할 만큼, 세련되고 절제된 공간 안에 아이템이 예술 작품처럼 배치되어 있다. 공동 소유주이자 공동 설립자인 애슐리 터친*Ashley Turchin*이 꼼꼼하게 큐레이팅한 앤섬은 소호에 매우 널찍하게 자리 잡고 있다. 픽스드 스튜디오*Ffixxed Studios*의 귀여운 트위스트 니트, 뉴욕 레이블의 뉴욕에서 생산되는 고급 모자가 자리 잡고 있다.

또한 K-디자이너 윤호*Yune Ho*의 브랜드도 발견할 수 있는데, 앤섬에서 가장 잘 나가는 중심 브랜드라고 한다. 이런 말을 들으면 괜스레 나까지 으쓱해진다. 다만 이렇게 비싼 땅에 옷과 액세서리를 듬성듬성 걸어놓고도 버틴다면, 가격이 결코 싸지 않음을 짐작할 수 있을 것이다. 잘 알려지지 않은 독특한 브랜드들이 많으니 꼭 둘러보자.

갤러리가 연상되는 깔끔한 공간의 앤섬

Swords-Smith 소드 스미스

70~80개의 브랜드로 꽉 차 있는 편집숍으로, 대부분은 뉴욕에서 디자인 및
제작된 뉴욕 브랜드다. 뉴욕 디자이너 브랜드는 디자인과 제작 모두가 뉴욕
에서 이뤄졌다는 점에 매우 큰 자부심을 갖는데, 처음 오는 고객들에게도 그
점을 강조한다. 어떤 브랜드는 아예 원산지 표시에 'Made In USA', 'Made In
America' 대신 'Made In NY City' 또는 'Made In New York'이라고 쓰기도 한다.

뉴욕 디자이너 브랜드의 자부심이 느껴지는 소드 스미스

뉴욕 브랜드가 이토록 큰 자신감과 자부심을 갖게 된 것은 거인과 같은 존재감을 내뿜는 멋진 두 여인 덕분이라 생각한다. 여성 패션 위크의 날짜를 앞당겨 뉴욕을 패션의 중심지로 만들어놓은 애나 윈터, 그리고 개인적으로도 좋아하고 존경하는 강하고 멋진 미셸 오바마Michelle Obama다.

미셸 오바마는 귀엽고 소녀 같은 스타일에서부터 화려하고 성숙한 여인의 스타일, 그리고 아메리칸 캐주얼 감성의 스타일까지 다양하게 소화한다. 특히 남편의 재임 기간인 8년 동안 뉴욕 베이스로 활동하고 있는 이민자 출신, 또는 다양한 인종 출신의 신진 디자이너의 옷을 많이 입어 이들을 일약 세계적 스타로 만들었다. 이민자들의 손으로 세워진 뉴욕은 여전히 다양한 민족을 품에 안고 그들이 꿈을 이룰 수 있는 도시라는 것, 더 나아가 뉴욕은 파리나 이탈리아에 밀리지 않는 패션 도시라는 것을 전 세계에 알린 것이다.

영부인으로서의 8년 동안 미셸 오바마는 패션에 외교적 메시지를 담아 전달해 왔다. 영부인이 할 수 있는 제일 세련되고 문화적인 외교 방식 중 하나가 아닐까 싶다. 2009년 대통령 취임식에서는 제이슨 우Jason Wu의 아이보리 원 숄더 드레스를 입었는데, 이는 패션을 통한 소통의 시작을 알리는 것이었다. 소녀의 발랄함, 여인의 우아함, 어머니의 편안함과 따스함 등 많은 것을 패션을 통해 자유로이 표현하면서도 도를 넘지 않는 절제미에 두 엄지를 높게 들어 올리고 싶다.

한편 2017년 퇴임 파티에서 입은 제이슨 우의 검정 드레스에도 의미가 담겨 있다. 취임식 때 미국 시민과의 결혼식을 연상시키는 순백의 드레스를 입었다면 퇴임식 때는 장례식의 슬픔과 아쉬움을 연상시키는 검정색을 입은 것이다. 패션 아이콘 재키 케네디Jackie Kennedy에 필적하는, 스타일리시한 대중적 페르소나를 개발했다고 평가할 수 있다.

제이슨 우 외에 또 다른 타이 출신 디자이너 타쿤 파니치걸, 크리스찬 시리아노Christian Siriano, 쿠바 출신 디자이너 이사벨 톨레도Isabel Toledo와 나르시소 로드리게즈Narciso Rodriguez, 인도에서 태어났지만 미국에서 활동한 나임 칸 Naeem Kahn의 드레스도 많이 입었다. 특히 비즈 장식이 많은 나임 칸의 드레스는 매우 여성스러워 나도 상당히 좋아한다.

이외에도 뉴욕 베이스로 활동하는 미국 디자이너 레이철 로이Rachel Roy, 트레이시 리스Tracy Reese, 마이클 코어스Michael Kors, 바바라 트팽크Barbara Tfank의 옷을 입는 모습도 자주 보여줬다. 이처럼 미셸 오바마가 즐겨 찾은 디자이너들은 패션계에 확고하게 자리 잡을 수 있었으며, 패션에서의 뉴욕 브랜드의 입지 또한 단단하게 구축되었다.

제이슨 우, 크리스찬 시리아노, 타쿤 피니치걸, 나임 칸의 드레스를 입은 미셸 오바마

슈퍼 엠디가 추천하는
뉴욕의 미식

ABC Cocina
ABC 코치나

미슐랭 3스타를 받은 장 조지Jean Georges 계열의 레스토랑은 일단 믿고 가볼 만하다. 놀라운 명성 탓에 너무 비쌀 것이라 지레 겁먹을 수 있지만, 안심해도 된다. 장 조지 계열 중 파인 다이닝을 제외하고는 가격도 그리 심하게 비싸지 않다. 특히 오후 12시부터 2시 30분까지는 원래 가격보다 반 이상 저렴하게 먹을 수 있는 세트 메뉴도 제공하니 꼭 가보기를 바란다.

처음에는 조조Jojo라는 이름의 식당이 장 조지 계열 중 가성비도 좋고 음식도 매우 흡족했다. 조조는 셰프 장 조지의 어릴 적 별명에서 따온 것인데 1991년 그가 최초로 연 식당이다. 뉴욕의 부촌인 어퍼 이스트 사이드 Upper East Side에 아주 작게 자리하고 있다.

동네 식당같이 작고 심플하고 캐주얼하며, 로컬에서 나는 유기농 재료를 사용한다. 실제 장 조지의 가족들이 많이 오던 곳인 만큼, 5~6년 전까지만 해도 차별화된 음식 맛에 내가 뉴욕에서 가장 좋아하는 식당 중 하나였다. 그런데 마지막으로 갔을 때는, 가성비 좋던 세트 메뉴도 사라지고 맛도 살짝 실망스러웠다.

현재는 장 조지 계열 중 ABC 코치나와 베지테리언을 위한 ABCV를 가장 좋아한다. 에피타이저부터 디저트까지, 눈부터 입까지 모두 만족스럽다. 서빙 직원 말로는, 요즘 장 조지와 그의 가족들은 주로 ABC 코치나에서 자주 식사를 한단다. 역시 주인장이 관심을 가져야 제대로 된 맛이 나온다.

Chop't
찹트

뉴욕 곳곳에서 볼 수 있는 샐러드 레스토랑 체인으로, 샐러드만으로도 정말 배가 부르고 든든하다. "전생에 소였나 보다"라는 이야기를 들을 만큼 샐러드를 좋아하기에 뉴욕에 가면 한 끼는 반드시 찹트에서 해결한다.

투명 플라스틱 용기에 담긴 기본 샐러드에 재료를 선택해 추가하면, 직원이 이를 넓은 도마 위에 쏟아놓고 커다란 칼로 잘라준다. 레스토랑 이름이 찹트인 것도 그 때문이다. 처음 방문하면 커다란 기본 샐러드부터 추가하는 재료와 드레싱 등 선택할 종류가 너무 많아 무엇을 시켜야 할지 망설여진다.

이런 사람들을 위해서는 산타페Santa Fe나 찹트 코브Chop't Cobb를 추천한다. 드레싱의 종류도 정말 다양하지만 개인적으로는 새콤달콤하고 열량도 적은 발사믹 비네그레트를 좋아한다. 여기에 병아리콩이나 강낭콩 등을 추가하면 단백질도 넉넉해진다. 보기만 해도 건강하고 직접 맛보면 더 맛있고, 먹고 나면 죄책감 없이 배가 불러 뿌듯하고 행복하다. 왜 국내 샐러드 가게 중에는 이런 곳이 없을까 아쉽다.

**미국의 팁,
어디까지 줘야 하나?**

미국의 레스토랑 등에서는 식사 비용에 맞춰 점심에는 10~15퍼센트, 저녁에는 20퍼센트 정도의 팁을 주는 것이 관행이다. 택시의 경우는 비율이 아닌 1~3달러 정도만 얹어주면 되는데 예를 들어, 17.80달러라면, 20달러 정도를 준다. 서비스가 아무리 엉망이고, 심지어 무서울 정도로 예의 없고 불친절해도 얼마간의 팁은 반드시 줘야 한다. 특히 레스토랑 같은 곳에서는 서비스의 질이나 음식의 맛과 관계없이 10~20퍼센트 이상은 반드시 내야 한다. 그래서 요즘은 아예 20퍼센트를 고정으로 지불하게 되었다고 한다. 식당에서 서빙을 하는 스태프는 급여 없이 팁이 유일한 수입원인 경우도 많다.

이처럼 미국에서는 팁에 대한 개념 자체가 다르다. 줘도 되고 안 줘도 되는 것이 아니다. 우리에게 팁은 잘해준 서비스에 대한 고마움의 표시로서 엑스트라 같은 것이지만, 미국에서는 고마움의 표시가 아니라 당연히 내야 하는 일종의 세금 같은 개념이다. 이런 문화 차이를 모른다면 예의 없고 불친절한 사람들에게 도리어 우리 민족 전체가 '예의를 모른다'며 욕을 먹게 된다.

LONDON

런던

전통과 혁신에 대한 갈망이
공존하는 곳

Harrods 헤롯

영국에서의 쇼핑 플레이스 하면 제일 먼저 떠오르는 헤롯은 영국 왕실의 백
화점이자 런던 최고의 럭셔리 백화점이다. 런던 중심부의 나이츠브리지
Knightsbridge 지구 브롬프턴*Brompton* 로드에 접해 있는데, 마스코트인 헤롯 베
어는 영국 작가 마이클 본드*Michael Bond*의 패딩턴 베어만큼이나 유명하다.

모든 곳에 있는 모든 사람을 위한 모든 것이라는 의미의 라틴어 표현 '옴니아
옴니버스 유비크*Omnia Omnibus Ubique*'를 모토로 하고 있지만, 실제로 모든 사
람을 위한 백화점은 아니다. 우리가 알고 있는 돌체앤가바나, 구찌 등의 명품

런던의 중심지에 자리한 영국 최고의 백화점 헤롯

HUGH THE 2016
CHRISTMAS BEAR

Harrods

헤롯 백화점의 마스코트 헤롯 베어

브랜드도 헤롯만의 바잉, 또는 헤롯 익스클루시브가 있어 다른 곳보다 훨씬 비싸고 고급스러운 제품들이 많다. 그런 만큼 세계 각국의 부호들이 쇼핑하러 오는 곳으로 유명하다.

이 백화점에서 매우 중요한 층은 지하의 식품부다. 파리 르 봉 마르셰의 라 그랑드 에피세리La Grande Épicerie의 지하층을 보는 듯하지만 규모는 더 크다. 그리고 헤롯 꼭대기 층에 있는 더 헤롯 티 룸The Harrods Tea Rooms에서 정통 영국식 티 문화도 접해보기를 바란다. 가격은 절대 싸지 않지만, 같은 층의 식당에서 밥을 먹거나 차를 마시면 해당 층의 럭셔리 토일렛을 무료로 사용할 수 있는 쿠폰을 준다. 얼마나 고급스러운지 궁금해서 가봤는데 생각보다 화장실 자체는 그다지 인상 깊지 않았다. 다만 사람이 들어가고 나갈 때마다 직원이 서서 향수도 뿌려주고 수건도 건네주고는 한다.

또한 헤롯 아케이드Harrods Arcade에서는 다양한 백화점 자체 기념품을 볼 수 있는데, 헤롯의 색상인 진한 초록에 골드로 헤롯이라고 쓰여 있는 여러 가지 머그컵, 컵, 베어 등이 많다. 어떤 물건이든 '헤롯'이라는 단어가 박히면 갑자기 럭셔리해진다는 점이 참 신기했다. 이것이 바로 전 세계인에게 각인된 헤롯의 이미지요, 힘일 것이다.

이름 자체가 디자인이 되는 헤롯의 머그컵들

명품을 비롯해 다양한 브랜드를 보유하고 있는 하비 니콜스 ⓒ Jordiferrer

Harvey Nichols 하비 니콜스

하비 니콜스 역시 나이츠브리지에 있는 고급 백화점이다. 하지만 헤롯이 명품 일변도라면 하비 니콜스에는 명품에 더해, 신진 디자이너와 컨템퍼러리 라인 의 다양한 브랜드도 입점해 있다.

1831년 나이츠브리지의 플래그십 스토어에서 시작된 하비 니콜스는 현재 홍 콩 명품 회사인 딕슨 콘셉트*Dickson Concepts*의 소유다. 영국, 스코틀랜드, 아일 랜드, 홍콩, 중동 등을 포함해 전 세계에 14개 지점을 보유하고 있었으나 현재 홍콩에서는 폐점했다. 남성 및 여성 디자이너 패션 컬렉션, 액세서리, 미용 제 품, 고급 와인 및 식품을 취급하며, 바잉과 엠디 모두 전체적으로 힙하고 좋다.

노랑 쇼핑백으로 유명한 셀프리지　　　　독특한 외관의 리버티 © Luis Villa del Campo

Selfridges & Liberty 셀프리지와 리버티

노랑 쇼핑백으로 유명한 셀프리지와 리버티 역시 런던의 럭셔리 백화점이다.
연말에 런던에 가면 모든 백화점이 경쟁이라도 하듯 온 백화점을 크리스마스
무드로 단장한다. 국내 백화점 중에서도 신세계와 롯데 등이 겨루듯 건물 전체
를 크리스마스 데커레이션으로 무장하는데, 영국의 크리스마스 백화점에 비
하면 새 발의 꽃신이다.

미국도 일본도 파리도, 우리나라도 모두 크리스마스를 위해 백화점을 꾸미지
만, 런던 백화점이야말로 크리스마스 데커레이션으로는 전 세계 톱이다. 그러
니 런던 백화점의 디스플레이를 보려면 크리스마스에 갈 것을 권한다.

Dover Street Market 도버 스트리트 마켓

우리가 잘 아는 꼼데가르송의 디자이너, 레이 카와쿠보*Rei Kawakubo*가 2004
년 문을 연 편집숍이다. 10 꼬르소꼬모의 네이밍처럼 처음 런던의 도버 스트
리트에 자리를 잡아 거리 이름을 달게 되었다. 그러나 지금은 피커딜리 서커스
Piccadilly Circus 근처의 헤이마켓*Haymarket*으로 옮겨왔다. 뉴욕, 로스엔젤레스,
싱가폴, 도쿄 등에도 있지만, 규모, 브랜드, 셀렉션 면에서 본점인 런던을 따라
잡을 수는 없다.

크기만 해도 지하 1층, 지상 4층의 5층에 달하고 100여 개가 넘는 브랜드들이
입점해 있어, 헨리 벤델처럼 웬만한 작은 백화점 규모다. 마치 헨리 벤델과 10
꼬르소꼬모를 합친 느낌이다. 셀린느*Celine*, 구찌, 델보, JW 앤더슨, 톰브라운
Thom Browne 등 유명 브랜드들이 가득하며, 꼼데가르송의 디자이너가 오너인
만큼 꼼데가르송 포켓을 포함한 전 라인을 판매한다. 명품 브랜드는 섹션을 작
은 매장처럼 나눠서 인테리어부터 브랜드 콘셉트를 반영했으며, 도버 스트리
트 마켓 에디션도 만날 수 있다.

지하는 스트리트 브랜드를 모아놓았고, 매장 곳곳이 현대 예술과 패션을 접목
한 전시 공간 같다. 인터내셔널 하면서도 매우 일본스러운 감이 느껴진다. 꼭
대기 층에는 간단한 요기를 할 수 있는 식당도 있다. 먹어보지는 않았지만, 지
인들에 따르면 음식 맛도 제법 좋다는 평이다.

1. 도버 스트리트 마켓 외관
2. 5층 규모에 다양한 브랜드를 담아 백화점 같은 내부

Machine-A 머신 에이

유니섹스를 지향하는 편집숍으로 최근 핫하게 떠오르고 있다. 완전히 생소한 작은 브랜드를 발굴하는 것은 아니고, 시류에 올라갔다 싶은 이머징 브랜드 위주로 바잉을 한다. 규모는 매우 작지만, 도버 스트리트 마켓의 초창기처럼 혁신적인 느낌이 있다. 패셔니스타라면 떠오르는 신진 브랜드를 찾듯이 새로운 쇼핑 공간도 원하는데, 바로 그런 니즈를 흡수하고 있는 곳이다.

새로움을 추구하는 패셔니스타의 핫 플레이스 머신 에이

슈퍼 엠디가 추천하는
런던의 미식

The Freemasons Arms
더 프리메이슨스 암스

"프랑스인이 서빙하는 영국 식당은 절대 가지 말라." 오죽하면 이런 말이 있을까 싶을 정도로, 이 둘은 최악의 조합이다. 런던에서의 영국 레스토랑은 어디를 가도 그렇게 인상 깊지 않다. 오히려 베트남 요리, 타이 요리, 중국 요리 등은 꽤 괜찮은 식당이 많지만, 영국 음식을 파는 식당은 고만고만하다. 그래도 피시 앤 칩스가 맛있는 곳이면 나름 간단한 식사를 할 수 있는 좋은 펍이라 할 수 있다.

그래도 런던에서 영국식 음식을 꼭 먹고 싶다면 더 프리메이슨스 암스에 가보기를 권한다. 그중에서도 햄프스테드Hampstead 지점을 추천하는데 햄프스테드 공원 옆에 있다. 피시 앤 칩스도 괜찮고, 선데이 로스트, 푸딩 등이 맛있다. 분위기가 고급스러우며 음식도 훌륭한 펍으로 야외 자리도 좋다.

MILANO

밀라노

장인정신이 깃든
유서 깊은 명품의 도시

백화점

La Rinascente 라 리나센테

밀라노에 고급 백화점이라고는 라 리나센테 하나다. 위치도 밀라노에 가는 사람이라면 누구나 꼭 가는 아름다운 두오모 근처에 있다. 실제로 가보면 두오모 왼쪽에 거의 붙어 있다 할 정도로 가까워서 겸사겸사 둘러볼 만하다. 규모는 그리 크지 않고 대부분 아는 유명 브랜드가 입점해 있어 그다지 특별할 것은 없다. 그러나 가끔은 바이어인 나조차 생소한 이탈리아 가죽 브랜드를 만나는 경우도 있다. 그래서 갈 때마다 꼭 둘러본다.

꼭대기 층에는 생모차렐라 치즈 전문 레스토랑인 오비카*Obicà*가 있는데, 전문

밀라노 유일의 고급 백화점 라 리나센테

점답게 염소 우유로 만든 모차렐라 치즈나 구운 모차렐라 치즈도 있다. 모차렐라 치즈를 잔뜩 얹어 먹는 샐러드는 정말 특별하다. 많은 유럽 음식들이 그렇듯, 밀라노 음식은 너무 짜서 소금을 적게 넣어달라고 부탁해야 한다. 하지만 대부분의 식당에서는 영어를 잘 알아듣지 못해, 차라리 샐러드를 먹는 것이 속 편하다. 개인적으로 디저트 가게는 젤라또를 파는 비앙코 라떼*Bianco Latte*를 강력 추천한다. 이탈리아의 젤라또는 아이스크림과는 다른 질감과 향으로 세계적으로 유명한데, 비앙코 라떼 또한 감동을 선사할 만큼 맛이 훌륭하다.

이외에 루프톱 레스토랑 마이오*Maio*도 음식은 보통이지만 뷰와 분위기가 환상적이다. 마이오에서는 옆으로는 두오모 윗부분의 아름다운 조각을, 아래로는 많은 관광객들을 볼 수 있다. 참고로 4층과 오비카가 있는 식당가에는 무료 화장실이 있으므로, 두오모에 왔다가 자연의 부름을 받는다면 이곳을 이용하도록 하자.

두오모 근처에는 명품숍들이 즐비한 갤러리아 비토리오 에마누엘레 2세 *Galleria Vittorio Emanuele II*라는 곳도 있는데, 세계에서 가장 럭셔리한 쇼핑가로 유명하다. 특별한 브랜드가 있다기보다는, 고풍스럽고 럭셔리한 골드 유리 천장 덕분에 건물 자체가 인상적이다.

두오모 근처에는 이런 명품 쇼핑가 외에도 자라, H&M, 망고*Mango*, 버쉬카 *Bershka*부터 국내에 아직 안 들어온 스파 브랜드들도 많다. 한국보다 훨씬 저렴하고 세일 기간에는 할인율도 높으니 가볍게 둘러보기 좋다.

1. 라 리나센테 지척에 위치한 두오모
2. 옆으로는 두오모 상단의 조각을, 아래로는 관광객을 구경할 수 있는 마이오
3. 고급스러운 쇼핑가, 갤러리아 비토리오 에마누엘레 2세

10 Corso Como 10 꼬르소꼬모

파리의 콜레트와 함께 대모 격인 편집숍으로 꼬르소꼬모 10번가에 위치한다.
주소가 이름이 된 10 꼬르소꼬모는 패션뿐 아니라 책, 음반, 식기, 소품 등을
갖춘 라이프스타일 편집숍이다. 신진 디자이너 브랜드보다는 프라다, 알라이
아, 알렉산더 맥퀸 등 유명 유럽 브랜드가 주를 이룬다.

1

2

3

← 1. 자연 속에 둘러싸인 듯 아름다운 10 꼬르소꼬모
2. 패션부터 라이프스타일까지 다양한 제품으로 구성된 공간
3. 온갖 새와 초록 식물로 가득한 10 꼬르소꼬모 밀라노 카페

메릴링이 여성스러운 명품 라인의 RTW를 선보이며 무섭게 성장함에 따라, 2023년 F/W에는 메릴링도 크게 입점한다고 하니 기대가 크다.

우리나라에도 삼성에서 서울 청담동에 매장을 오픈했지만, 많은 브랜드들이 독점으로 되어 있는 국내 특성상 브랜드 리스트는 다소 다르다. 그러니 브랜드 보다는 그들의 독특한 바잉에 관심을 갖고 살펴봐야 한다. 예전에는 밀라노에 갈 때마다 10 꼬르소꼬모의 로고가 프린트된 봉투며 우산 등을 기념품으로 사오고는 했지만 이제는 원한다면 언제든 쉽게 구할 수 있다. 특히 우리나라 10 꼬르소꼬모 카페는 모든 음식이 맛있어서 들를 때마다 만족스럽다.

다만 이 맛을 생각하고 밀라노 10 꼬르소꼬모 카페에서 음식을 맛본다면 놀랄지도 모른다. 초록 나무로 둘러싸인 작은 정원이 펼쳐진 카페, 새들이 벗해주는 공간은 낭만적이고 친절하기까지 하지만 음식만은 기대에 미치지 못한다. 이런저런 음식을 다양하게 먹어봤지만 역시나 우리 입맛은 아니다. 밖으로 나가면 식당이 즐비한데 어디를 가도 평균 이상이다.

물론 10 꼬르소꼬모 밀라노는 미각적인 면은 떨어져도 미학적인 면에서는 뛰어나므로, 독특한 남녀 패션과 재미난 액세서리를 보는 즐거움만은 독보적이다. 화장실은 벽처럼 생겨 꼭꼭 숨어 있는데, 그 기발한 아이디어를 보고 있노라면 입가에 미소가 번진다. 이는 10 꼬르소꼬모 서울 카페에도 그대로 적용되었다. 밀라노에서 10 꼬르소꼬모를 방문하는 것은 분명 색다른 경험이 될 것이다.

Antonia 안토니아

가방과 신발, 가죽 소품 등 액세서리에 강한 편집숍이다. 현재 유행하고 있거나 유행이 예감되는 신발, 가방 등을 남성과 여성 섹션 사이 별도의 작은 공간에 배치함으로써 오감을 만족시킨다. 밀라노로 휴가를 갔을 때 방문할 만하지만 8월 말경에는 다들 문을 닫고 휴가를 떠나니 반드시 확인하고 방문하자.

우리나라에서는 상상도 못 할 일이지만, 유럽 특히 이탈리아는 상업적인 스토어라도, 2~3주씩 문을 닫고 휴가를 떠나는 일이 왕왕 있다. 일부러 찾아갔는데 헛걸음하지 않도록 사전에 매장 운영 여부를 반드시 확인하기를 바란다.

유행을 선도하는 액세서리 주력 편집숍 안토니아

Antonioli 안토니올리

릭오웬스, 크리스토퍼 케인, 닐바렛*Neil Barrett* 등 익히 알려진 브랜드뿐 아니라 체레비키오트비키*Cherevichkiotvichki*의 톤 다운된 백과 슈즈, 다미르 도마*Damir Doma*의 의류와 액세서리 등이 바잉되어 있다. 대체로 블랙을 키 컬러로 하며, 빈티지와 고딕풍이 섞인 신진 디자이너의 브랜드도 과감하게 소개한다. 그만큼 자신감이 있고 두터운 고정 고객을 갖고 있다는 소리다.

고가의 제품임에도 이탈리아뿐 아니라 전 세계적으로 많은 팬층을 확보하고 있기에 플래그십 스토어를 비롯해 인터넷에서도 판매가 활발하다고 한다. 독점으로 갖고 있는 여러 가지 레더 굿즈 브랜드들도 많으니 릭오웬스풍의 편집 숍 바이어라면 꼭 둘러보자.

인테리어부터 보유한 브랜드까지 고급스러운 안토니올리

슈퍼 엠디가 추천하는
밀라노의 미식

Langosteria Bistrot
| 랑고스테리아 비스트로 |

생생한 배움의 장, 시장조사하기

지중해식 이탈리안 시푸드 레스토랑으로, 주로 밀라노의 로컬이 즐겨 방문하는 식당으로 알려져 있다.

분위기도 좋고 어떤 음식을 시켜도 다 맛있다. 미슐랭 가이드에도 올라가 있는 만큼 전체, 메인, 디저트까지 무엇 하나 빼놓지 않고 다 흡족하게 입에 잘 맞는다. 평소 파스타나 피자를 별로 좋아하지 않는 나조차도 사랑에 빠질 만큼 특별한 레스토랑이다. 이 정도면 설명이 충분할까?

부드럽게 요리된 문어 요리는 생각만 해도 입안에서 침이 퐁퐁 솟는다. 정말이지 모든 것이 다 귀엽고 앙증맞고 맛있다. 입뿐 아니라 눈까지 만족스러운 레스토랑이다. 밀라노에 있는 식당 하나를 추천한다면, 바로 랑고스테리아 비스트로다.

PARIS

파리

도도한 매력의
연인 같은 도시

파리에는 이 도시를 대표하는 두 개의 하이엔드 백화점이 있다.
센강 북쪽*right bank*의 라 사마리텐*La Samaritaine*과 센강 남쪽*left bank*의 르 봉 마르셰.
두 백화점 모두 루이비통 모에 헤네시 LVMH *Louis Vuitton Moët Hennessy* 그룹이 실소유주다.

Le Bon Marché 르 봉 마르셰

조용하고 고급스러운 분위기를 풍기는, 개인적으로 파리에서 가장 좋아하는 백화점이다. 아주 많이 시크한 버전의 현대백화점이라고 할까, 아니면 매우 커다란 버전의 예전 갤러리아라고 할까. 갤러리 라파예트나 프렝탕은 나란히 붙어 있어서 한 번 가는 김에 두 곳 모두 들러 볼 수 있다는 장점은 있지만 많은 사람들, 특히 중국 관광객들로 북적거려 머리가 아플 정도다. 한번은 2층에 올라가 아래를 내려다보는데, 말 그대로 빈 곳이 없을 정도로 검정 머리가 꽉 차 있었다. 인해전술이 이를 두고 하는 말인가 싶었다.

그러나 르 봉 마르셰는 언제나 조용해 호젓하게 쇼핑도 하고 시장조사를 하기에도 여유롭다. 입점 브랜드도 좋고 우리나라로는 2층에 해당하는 1층의 직바잉 존에서는 신진 브랜드들도 많이 소개하고 있다. 엠디라면 꼭 둘러봐야 하며, 셀렉션 역시 훌륭해 바잉의 귀감이 된다.

디스플레이 또한 그에 어울리게 세련되어 언제나 상상력을 자극하는 영감을 준다. 엠디의 임무는 어떤 브랜드의 어떤 옷을 사야 하는가에만 국한되지 않는다. 그것을 어떻게 디스플레이해서 완벽하게 보여줄 것인가도 고민해야 한다. 물론 대기업의 경우 브이 엠디가 따로 있지만 디스플레이 영감이나 소스 등은 바잉 엠디로부터도 나온다. 그래서 엠디는 패션뿐 아니라 백화점의 디스플레이, 윈도 디스플레이, 심지어 예술 전반에 걸쳐 다양한 관심을 가져야 한다. 아

1. 거대한 외관부터 작은 소품까지 일관된 아름다움을 간직한 르 봉 마르셰
2. 하나의 예술 작품 같은 거대한 신발 섹션

는 만큼 보이고 보이는 만큼 다시 앎의 크기가 넓어진다.

르 봉 마르셰의 리뉴얼된 신발 섹션은 굉장히 거대하고 고풍스럽게 꾸며져 있어, 그 아래에 있으면 중세 귀족 여인이 된 듯한 착각에 빠지게 된다. 예쁘다는 감탄이 절로 나오는 공간이다. 그리고 여성 컨템퍼러리 브랜드 조닝Zoning을 본관으로 옮겨와, 브랜드들이 하나의 공간에서 자유롭게 섞여 있으면서도 눈에 쏙쏙 잘 들어오게 배치했다. 컨템퍼러리 존의 시크하면서도 효율적인 리노베이션은 마땅히 A++를 줄 만하다. 오래전부터 대세가 되어버린 디퓨저와 향초, 다이어리와 예쁜 디자인의 문구류도 하나의 공간에 조화롭게 어우러져 디스플레이되어 있다.

이제 콜레트는 역사 속으로 사라졌지만, 마치 커다란 버전의 콜레트를 보는 듯 언제 가도 실망시키지 않는 백화점이다. 전 세계 백화점 중 최고, 백화점들의 백화점, 백화점들의 교과서다. 때로는 백화점 전체가 하나의 커다란 예술 전시장처럼 변하기도 하는데, 백화점이 상품을 파는 공간을 넘어 예술적 영감과 감동을 주고 삶을 예술로 승화하는 것처럼 느껴진다. 하나의 테마로 전 백화점을 일관성 있게 꾸민다는 점에서도 백화점 큐레이터의 세심한 손길이 느껴진다.

백화점 전체가 하나의 테마로 구성된 모습

시즌마다 새로운 콘셉트로 분위기를 변화시키는 보이드 공간

가운데에는 전체가 보이드처럼 천장까지 뚫려 있는 공간이 있는데, 언제나 다른 설치미술로 변화를 준다. 마치 다른 백화점이나 갤러리에 온 듯 매번 새로운 느낌이다. 신세계백화점 강남점이나 현대백화점의 여의도 더 현대도 이런 콘셉트를 적용시킬 수 있는 구조이다. 이곳들도 르 봉 마르셰처럼 예술가와의 협업을 통해 보다 생동감 있고 예술적인 장소가 되었으면 한다.

더불어 르 봉 마르셰와 브리지로 연결되어 있는 라 그랑드 에피세리도 꼭 들러보라고 권하고 싶다. 미국의 대형 슈퍼마켓과는 질적으로 다른 고급스러운 마켓이다. 이곳에 가면 사고 싶은 것 투성인데, 파리에서 가장 맛난 초콜릿 미셸 클뤼젤Michel Cluizel도 판매한다. 옛날 콜레트가 위치했던 그 거리의 부티크 생토노레 숍(201 Rue de St. Honore)에서도 살 수 있는데, 이곳이 훨씬 저렴하다. 이 사실을 알기까지 수년이 걸렸으니, 초콜릿 마니아인 나로서는 그만큼의 돈을 낭비한 셈이다.

그리고 이제 국내에서도 미셸클뤼젤을 만날 수 있다. 신세계백화점에서 청담동에 오픈한 SSG 푸드마켓에 가면 볼 수 있는데, 아쉽게도 전 제품을 수입하는 것은 아니라서 좋아하는 제품은 파리에 갔을 때 잔뜩 사 온다. 다만 미셸클뤼젤이 파리에서 최고인 것은 맞지만 세상에서 가장 맛있는 초콜릿이라고 말하기는 어렵다. 초콜릿계의 샤넬이자, 에르메스Hermès라고 말할 수 있는 초콜릿은 스위스의 레더라다. 꼭 한번 맛보기를 바란다!

라 그랑드 에피세리의 티 섹션 또한 향기로 사람을 사로잡는다. 그리 비싸지도 않으면서 향도 좋고 맛도 좋고 심지어 이름까지 로맨틱하다. 사무실이나 집에서 하루 종일 차를 마시는 나로서는 그냥 지나칠 수 없는 공간이다. 이곳에서 프리티우먼Pretty Women, 트로피카나Tropicana, 노스탤지어Nostalgia, 루이보스Rooibos, 리브 고슈 아 파리Rive Gauche a Paris 등 온갖 종류의 차를 사 들고 오는데 친구와 동료 지인을 위한 선물이자, 물 먹는 하마라는 별명을 지닌 나 자신을 위한 특별한 선물이다. 티 이름이 프리티우먼이라니! 이름도 향기도, 심지어 작고 붉은 열매가 들어 있는 모양까지, 귀엽고 사랑스러운 프랑스 여인 같다. 또 그들의 베이커리에 있는 시리얼 바게트Cereal Baguette도 강력 추천한다. 세인트 폴Saint Paul 바게트보다 더 맛있다.

한편 아기가 있거나 아기 선물을 사야 한다면 르 봉 마르셰 주변에 위치한 자카디Jacadi를 권한다. 국내에도 들어왔지만 너무 비싸고, 파리에서도 매장마다 각각 바잉이 다르다. 예를 들어, 명품 거리 생토노레의 자카디 매장은 고급스럽고 비싼 것으로 가득하다. 여아 드레스 가격이 보통 200~300유로 선이다. 하지만 르 봉 마르셰 가까이에 있는 자카디에서는 앙증맞은 아기 드레스를 70~80유로 정도면 산다. 딸이 둘인 나는, 아이들이 어렸을 때 자카디 드레스를 어지간히 많이 입혔다. 이곳의 드레스를 입히기 위해 딸을 더 낳고 싶다는 생각까지 들 정도로 정말 예쁘다.

라 그랑드 에피세리의 고급스러운 내부 공간

갖가지 로맨틱한 차로 가득한 티 섹션과 시리얼 바게트를 맛볼 수 있는 베이커리

La Samaritaine 라 사마리텐

2021년 7월 코로나19의 기세가 한창일 때, 패션계는 시끌벅적했다. 151년 전통을 자랑하는 프랑스 파리의 라 사마리텐 백화점이 16년 만에 재개장했기 때문이다. 특히 7년간 1조 원을 들인 어마어마한 리노베이션 스케일은 큰 이슈가 되기에 충분했다. 여기에 라 사마리텐이 75개의 고급 브랜드를 보유한, 프랑스 럭셔리 기업 LVMH 그룹의 것이며 그들의 야심작이라는 사실은 사람들의 이목을 집중시키는 데 큰 몫을 했다.

사마리텐 파리 퐁네프*Samaritaine Paris Pont Neuf*라는 풀네임에서 짐작할 수 있듯이 라 사마리텐은 파리 센강에 현존하는 가장 오래된 다리, 퐁네프에 맞닿아 있다. 영화 <퐁네프의 연인들>의 바로 그 다리! 151년의 긴 전통을 자랑하는 만큼 라 사마리텐은 프랑스 정부가 역사 기념물로 지정해 보호하고 있는 아르누보*art nouveau*와 아르데코*art déco* 건물에 현대적인 새로움을 입혀서 재탄생했다. 이 부분이 온갖 럭셔리 브랜드로 가득 찬 퐁네프관이다.

외관부터 중후하고 고급스러운 라 사마리텐 © Mbzt

라 사마리텐의 현대적인 내부 공간

라 사마리텐의 꼭대기 부분 천장에는 아르누보의 명작, 황금 공작새 프레스코 화가 있는데, 그 앞에는 사진을 찍으려는 관광객들이 줄을 잇는다. 그리고 같은 층에 우리나라로 말하면, 식당가가 있다. 1000제곱미터가 넘는 대형 미식 공간 보야주*Voyage*에서는 시즌마다 바뀌는 레지던스 셰프와 젊은 초청 셰프의 다양하고 획기적인 요리를 맛볼 수 있다. 미슐랭 셰프에 의해 진행된다고 하니, 나오는 시간은 좀 오래 걸려도 맛있는 음식을 가성비 좋게 맛볼 수 있다. 위로는 아르누보의 명작인 황금 공작새 프레스코화가, 아래로는 럭셔리 부티크가 보이는 곳에서의 미식 여행은 입뿐 아니라 눈도 즐겁다.

프레스코화로 눈까지 황홀한 보야주에서의 식사

퐁네프관 옆으로는 리볼리Rivoli가를 따라 있다고 해서 이름 붙인 리볼리관도 있다. 물결무늬의 유리 외관을 하고 있는 이 건물에서는 컨템퍼러리 브랜드와 중가의 스포츠 브랜드를 선보인다. 일본 건축사 사나SANAA에서 디자인하고 상까지 받았다고 하는데, 내 미적 취향과는 맞지 않는다. 퐁네프관과 어울린다는 느낌도 없고, 솔직히 자체로도 그리 멋진지 모르겠다. 게다가 리볼리관을 채우고 있는 브랜드의 엠디 구성 역시 아직은 갈 길이 멀어 보인다.

두 건물의 통합 지하 공간에는 유럽에서 가장 큰 규모의 뷰티 매장이 있다. 화장을 잘 못하는 나도 그저 보는 것만으로 재미있다. 현재 유럽과 미국에서 선풍적인 인기를 끄는 샤롯 틸버리Charlotte Tilbury의 화려한 매장도 눈에 띈다.

바이어로서 가장 마음에 들었던 공간은 1층에 널찍하게 자리한 루루 부티크 Boutique de Loulou라는 공간이다. 이곳은 패션, 하이테크, 디자인, 문구 아이템과 백화점 기념품 등을 구매할 수 있는 곳이다. 빠르게 바뀌는 트렌드에 따라 인테리어를 정기적으로 리뉴얼해 백화점 고객에게 항상 신선함을 제공한다. 한마디로 엠디의 발품과 끼가 쇼케이스되는 공간이다. 그런데 어딘지 모르게 르 봉 마르셰 1층의 거대한 팝업 공간과도 닮아 있다.

1. 라 사마리텐의 루루 부티크 2. 르 봉 마르셰의 팝업 공간

사실 LVMH가 르 봉 마르셰와 라 사마리텐 두 백화점 모두를 소유하고 있으니, 그리 놀랄 일은 아니다. 하지만 파리지앵들이 말하기를 진짜 파리지앵 패션 러버는 라 사마리텐이 아닌 르 봉 마르셰를 간다고 한다. 르 봉 마르셰는 진짜 파리지앵의 백화점이고, 라 사마리텐은 관광객의 백화점이란다. 그리고 LVMH가 르 봉마르셰와 라 사마린텐 두 백화점의 실질적 소유주이지만, 라 사마리텐의 매출 등은 르 봉 마르셰 직원이 전혀 알 수 없도록 극비에 붙인다고 한다. 그 말은 곧, 명성에 걸맞은 매출이 아니라는 뜻이다.

퐁네프관은 루이비통, 디올Dior, 셀린느 등 LVMH가 보유한 온갖 명품 브랜드로 가득 차 있는데도 전반적인 느낌은 어딘가 르 봉 마르셰의 엠디만은 못한 느낌이다. 또 전체적인 디스플레이 역시 돈은 많이 들였다 싶지만, 어딘가 르 봉 마르셰의 시크함과 편함이 느껴지지 않는다. 리볼리관의 엠디도 마찬가지로 많이 뒤져 있는 느낌이어서 약간 실망스럽기도 하다.

하지만 라 사마리텐과 함께 오픈한 슈발 블랑Cheval Blanc이라는 럭셔리 호텔은 꼭 한번 들러볼 것을 권한다. 일단 엘리베이터의 내부가 LED를 이용해 파리의 센강에 있는 듯한 착각을 불러일으키고, 랑고스테리아Langosteria와 르 투 파리Le Tout Paris라는 두 개의 캐주얼한 식당은 미식가라면 '잇 리스트'일 것이 분명하다. 어느 것을 시켜도 다 맛있다.

그리고 라 사마리텐 바로 옆에는 어마어마하게 큰 루이비통 본점이 있는데, 예술가 쿠사마 야요이Kusama Yayoi와의 협업 제품을 기념해 거대한 설치미술을 외부에 놓았다. 루이비통 본점 건물을 캔버스 삼아 쿠사마 야요이가 점을 찍고 있는 듯한 모습에서 파리지앵스러운 기발한 유머가 느껴진다.

1. 2023년 3월 라 사마리텐과 르 봉 마르셰의 보이드 공간
2. 랑고스테리아의 먹음직스러운 음식과 르 투 파리의 여유로운 내부
3. 쿠사마 야요이가 점을 찍고 있는 루이비통 본점의 설치미술

Galeries Lafayette 갤러리 라파예트

거의 모든 브랜드가 다 모여 있는 백화점이다. 이로, 호프, 자딕 앤 볼테르*Zadig & Voltaire* 등 컨템퍼러리 브랜드에 관심 있는 엠디라면 반드시 갤러리 라파예트의 컨템퍼러리 층을 샅샅이 훑어보기를 바란다. 한국에서 핫하거나 될 것 같은 프랑스 브랜드는 거의 모두 입점해 있다. 또 에스컬레이터 앞에 있는 팝업 존 역시 관심을 갖고 살펴야 한다. 팝업 존에서 소개하는 브랜드는 한두 시즌이 지나면 모노 브랜드로 입점하고 전 세계에서 핫한, 패션 하는 사람이라면 누구나 아는 브랜드가 된다.

2023년 F/W 바잉을 위해 3월에 방문했을 때는 손바닥만 한 가방으로 뜬 자크뮈스라는 브랜드를 대대적으로 홍보하고 있었다. 백화점의 모든 쇼윈도는 물론 갤러리 라파예트의 상징적인 커다란 광고판, 심지어 게이트까지 자크뮈스로 도배된 상태였다. 이뿐만 아니라 백화점 앞에서는 자크뮈스 플라워 팝업 카페도 운영하고, 자크뮈스의 유명한 가방 모양의 팝업 스토어도 진행하고 있었다. 이는 한마디로 자크뮈스가 엄청난 펀딩을 받았고, 엄청난 PR을 할 테니 당분간은 전 세계적으로 뜰 것이라는 말이다. 그들의 RTW는 아직 갈 길이 멀지만 이 정도의 펀딩이 있다면, 좋아질 가능성도 크다고 할 수 있다.

이런 힙하고 트렌디한 브랜드를 소개하면서도, 상층부 한 층 전체는 서스테이너블한 아이템을 소개하는 공간으로 만들었다. 중고 의류의 판매뿐 아니라, 업스케일 브랜드, 재고 원단을 활용해 옷을 제작하는 브랜드 등을 다양하게 배치했다. 매출과 연결될지는 미지수이지만 환경을 생각한다는 이미지는 부각시킬 수 있어, 백화점으로서는 신선한 시도라 여겨진다.

사실 갤러리 라파예트는 1분도 채 버틸 수 없을 만큼 중국인 관광객으로 가득한 곳이다. 제대로 시장조사를 하기도 어렵고 찜해둔 것을 사기도 힘들어서, 내 경우 그 옆에 있는 프렝탕을 이용하는 편이다.

다양한 프랑스 브랜드를 볼 수 있는 갤러리 라파예트

2023년 F/W 백화점 전체에 도배되어 있는 자크뮈스

백화점의 환경친화적 이미지를 부각하는 리사이클 공간

외관부터 고풍스럽고 단정한 프렝탕

Printemps 프렝탕

파리 컬렉션 기간에 시장조사를 할 때면 결코 빠트릴 수 없는 백화점이다. 개인적으로 프렝탕을 꼭 들렀던 이유는 이곳의 패션 컨설턴트이자 자신의 이름을 건 편집숍의 오너였던 마리아 루이자*Maria Luisa* 컬렉션 때문이었다. 신발, 가방, 옷 등을 모두 하나의 콘셉트로 맞춰 일관된 바잉을 보여줬다는 점에서, 바이어라면 절대 놓쳐서는 안 되는 셀렉션을 선보이던 곳이었다. 그런 그녀가 2015년 4월 7일 세상을 떠났고, 지금은 '모임을 하는 장소'라는 의미의 시크한 편집숍 렌드로와*L'endroit*로 다시 태어났다.

렌드로와는 아방가르드 크리에이터와 디자이너를 위한 콘셉트 스토어로, 현재 가장 권위 있고 혁신적인 디자이너를 소개한다. 위치는 프렝땅 팜므 *Printemps Femme* 2층 중앙 공간에 있는데, 벨벳 소파와 황금빛 잎사귀의 나무가 어우러진 공간이 어딘지 구스타프 클림트*Gustav Klimt*의 그림처럼 초현실적

한 폭의 그림처럼 재탄생한 편집숍 렌드로와

이고 몽환적인 분위기를 자아낸다. 전체적인 공간의 분위기만 보면 마리아 루이자 때보다 훨씬 좋고, 바잉은 그 전통을 이어받아 대담하면서도 웨어러블한 아이템들이 많다. 런던 칼리지 오브 패션London College of Fashion 출신의 아방가르드 디자이너 브랜드 넨시 도자카Nensi Dojaka, 코페르니Coperni, 세실리에 반센Cecilie Banhsen 등의 프렝탕 온리, 즉 익스클루시브 브랜드와 아이템도 소개하고 있다.

뉴욕의 오프닝 세레모니 폐점이 뉴욕 패셔니스타에게 놀라움과 실망을 줬다면, 파리의 콜레트 폐점 소식은 전 세계 패션 피플을 큰 충격에 빠트렸다. 고인이 된 패션계의 전설, 카를 라거펠트*Karl Lagerfeld*도 콜레트를 쇼핑을 하는 유일한 곳으로 꼽았을 만큼, 그 존재의 의미는 컸다.

사라 러펠*Sarah Lerfel*과 그녀의 어머니 콜레트 루소*Colette Roussaux*에 의해 탄생한 이 곳은 '항상 새롭고 신선하고 놀라워야 한다. 그리고 남들보다 항상 앞서야 한다'는 기업 이념 아래 탄생했다. 콜레트는 패션을 넘어 문화를 파는 매장이었다. 20여 년 역사의 콜레트가 선택했다는 것은 곧 세계적 브랜드가 된다는 것과 동의어였다. 콜레트에 들어가 있다는 사실 만으로도, 디자이너로서는 세계적인 브랜드로 도약할 수 있는 단단한 초석을 마련하는 것이었다. 전세계 바이어가 새로운 브랜드나 트렌드를 공부하기 위해 반드시 들러 탐구하는 곳이었기 때문이다.

의류 브랜드뿐 아니라 콜레트의 배경이 되는 음악, 향초, 디퓨저 역시 주목을 끌었다. 나는 파리에 갈 때마다 콜레트에서만 볼 수 있는 귀엽고 펑키한 엽서를 사서 친구에게도 보내고, 미래 영감의 원천으로 간직하기도 했다. 아티스트와의 협업으로 어디서도 볼 수 없는 디자인이 참 많았다.

'남들보다 항상 앞서야 한다'는 그들의 신념에 맞춰 콜레트 지하에는 워터 바도 있었다. 100여 종에 달하는 고급 생수를 전문으로 판매하던 이곳은 세계 최초의 생수 전문점이었다. 1~2주마다 바뀌는 기발한 윈도 디스플레이 또한 상상력을 자극하기에 충분해서, 그곳에 갈 때마다 사진으로 담았다. 2층이 어마어마하게 비싼 디자이너 코너였던 것과 달리, 1층에서는 합리적인 가격의 제품을 주로 소개했다. 스트리트 웨어 티셔츠류를 비롯해 예술 서적, 음반, 액세서리, 문구, 기념품 등을 다양하게 판매했다. 10유로만으로도 살 수 있는 재미나고 기발한 아이템들이 많았다.

그런데 20여 년간 전 세계에서 가장 핫한 인기를 누리던 콜레트가 2017년 갑자기 문을 닫는다는 선언을 했다. 경제적인 이유는 아니었다. 모든 브랜드가 위탁으로라도 콜레트의 낙점을 받기 바랐으므로, 2층의 비싼 브랜드 제품도 거의 다 위탁이었다. 창립자인 콜레트 루소가 "자신만의 시간을 갖고자" 운영을 그만하겠다고 했고, 딸 사라 러펠은 어머니가 없는 콜레트는 의미가 없다며 쿨하게 영업을 종료했다. 20여 년간 '새롭고 신선하고 놀라운 것'을 보여주느라 '항상 앞서야' 했으니 변화무쌍한 삶에 심신이 지쳤을 만도 하다.

이 소식을 들은 많은 사람들과 회사들은 오랜 세월 쌓아 올린 콜레트의 명성과 이름을 사기 위해 어마어마한 돈을 제시했다. 아마 보통의 사람이라면 자신이 일궈낸 것을 돈으로 바꾸려 했을 것이다. 하지만 그 모든 경제적 제안도 거절했다고 한다. 정말 멋진 여인이다.

빨간 자동차가 인상적인 메르시의 입구

Merci 메르시

현재 전 세계에서 가장 핫한 편집숍이 아닐까 싶다. 모든 유명 브랜드가 컬래버레이션을 위해 엄청난 액수를 제시하지만, 대부분의 제안에는 응하지 않는 콧대 높은 편집숍이다. 메르시 매장 앞에 있는 자그마한 빨간 자동차는 일종의 마스코트로, 귀엽고 앙증맞다. 갤러리이자 서점, 식당, 가구점, 리빙 스토어이자 패션 스토어다. 10 꼬르소꼬모의 소박하고 작은 버전 같은 라이프스타일 스토어라고 할 수 있다.

1층에는 식사를 하는 아담하고 예쁜 레스토랑이 있고, 레스토랑을 지나 다른쪽 문으로 들어가면 편집숍 메르시가 나온다. 의류 제품과 계산대, 그리고 도서관처럼 다양한 책으로 가득 찬 서고가 1층에 있고, 그 옆으로 유스드 북 카페 Used Book Cafe가 있다. 2층에서는 문구, 가구, 그릇, 패브릭 제품 등을 구경할수 있다. 무엇인가 사기 위해 들르기보다는 여유롭게 책도 보고, 커피도 마시고, 영화도 보고, 밥도 먹고 그러다 마음에 드는 물건을 하나 사게 되는 편안한분위기다. 2022년부터는 프랑스 국민 브랜드라고 일컬어지는 제라르 다렐의 캡슐 컬렉션 라인인 프레스 컬렉션도 바잉해 의류에서 중요한 부분을 차지하고 있다.

메르시를 만든 베르나르 코헨Bernard Cohen과 마리프랑스 코헨Marie-France Cohen 부부는 우리나라에서도 유명한 프랑스 아동복 브랜드 봉쁘앙Bon Point의 설립자다. 이들은 어린이의 행복한 삶에도 관심이 많아 수익의 일부를 마다가스카르의 어린이를 돕는 기쁨으로 사용한다고 한다.

몇 년 전에는 제라르 다렐을 소유하고 있는 회사가 메르시의 오너가 되었는데, 두 브랜드의 협업 제품도 기대된다. 현재까지는 두 브랜드가 철저히 독립적으로 운영되고 있고, 메르시의 바잉이나 컬래버레이션은 철저히 메르시를 위해서만 진행된다. 하지만 메르시 내에서 제라르 다렐 섹션이 점점 커지고 있는 것만 보더라도, 에코백 같은 두 브랜드의 협업 제품 등을 기대할 만하다.

메르시에는 제라르 다렐처럼 익숙한 브랜드들도 많지만 낯설고 신선한 브랜드도 제법 되니, 리빙 쪽 바이어라면 반드시 발 도장을 찍어야 한다. 프랑스를 대표했던 럭셔리 편집숍 콜레트와는 전혀 다른, 차분하고 조용하고 서민적인 분위기로 친구 집에 온 듯한 착각마저 든다. 메르시는 현재 우리나라 패셔니스타들이 파리에 가면 반드시 방문해야 하는 패션 성지이고, 우리가 팔찌라고 부르는 그들의 리본과 에코백은 '머스트 바이' 아이템이다. 비싸지도 않고 부피도 크지 않으니, 시크한 프랑스 기념품으로 선물하기 좋다.

1. 색감이 눈에 띄는 제라르 다렐의 컬렉션
2. 메르시라는 이름 하나로 완성되는 기념 아이템

편안한 분위기의 메르시 내부 공간

The Broken Arm 더 브로큰 암

마레 지구에서 현재 가장 핫한 럭셔리 편집숍 중 하나다. 기욤 슈타인메츠 *Guillaume Steinmetz*, 아나이스 라파르지*Anaïs Lafarge*, 로맹 조스테*Romain Joste* 가 패션 및 라이프스타일 웹사이트인 '데 젠느 장 모데른느*De Jeunes Gens Modernes*'를 4년 동안 함께 운영한 후 설립했다. 그들이 좋아해서 온라인 잡지 에 소개해 왔던 브랜드가 바잉되어 있다. 패트릭 에르벨*Patrik Ervell*, 카르벵, 겐조, 갸쿠소우*Gyakusou* 같은 의류가 주를 이루지만, 수제 보드, 고급 사무용품, 작은 디자인 소품 등도 취급하면서 라이프스타일 스토어를 지향한다.

장식은 밝은 흰색 톤으로 소박하지만, 그 안에 품고 있는 브랜드의 가격대는 결코 소박하지 않다. 지하 공간에서는 러시아, 중국 등 각국의 패셔니스타들이 옷을 고르느라 여념이 없는데, 다들 모델 같은 외모에 아무나 소화 못 하는 멋 진 옷을 입고 있다. 편집숍 옆 한편에 있는 카페도 유명하니, 근처에 숙소가 있 다면 이 편집숍의 시크한 고객을 보며 브런치를 즐기는 것도 좋다. 특별한 미 학 세계는 없다고 하지만, 공동 오너 중 한 명인 기욤 슈타인메츠는 "장소의 분 위기와 고객이 그 안에서 어떻게 느끼는지"가 가장 중요하다고 말했다.

각국의 패셔니스타가 모이는 편집숍 더 브로큰 암

밝고 깔끔한 내부 공간과 결코 지나칠 수 없는 지하 공간

The Next Door 더 넥스트 도어

스케이트 문화의 거장인 니콜라스 이바르스Nicolas Ivars가 2006년 오픈한 편집숍이다. 오너가 인라인 스케이트 등의 스트리트 문화에 관심이 큰 만큼, 가장 트렌디한 스트리트 웨어를 만나볼 수 있다. 스트리트 웨어 전문 편집숍이라 해도 과언이 아니다. 유니섹스 티셔츠, 스웨트 셔츠 등이 주를 이루고, 운동화를 포함한 스니커즈 섹션 등은 크기도, 셀렉션도 가히 압권이다.

다양한 스트리트 웨어를 선보이는 더 넥스트 도어

L'eclaireur 레클뢰르

1980년대 초에 오픈해 현재 43년 정도의 역사를 자랑하는 원조 격의 편집숍이다. 파리 곳곳에 매장이 있으며, 비싸고 과격할 만큼 화려한 아이템뿐 아니라 합리적인 가격의 시크한 제품도 소개한다. 유명 편집숍 카부키Kabuki처럼 비싸고 알려진 브랜드 아이템만 소개하는 것이 아니라서, 지갑이 얇은 사람도 욕심을 내볼 만하다. 문턱이 낮은 만큼 현실성 있고 이미지도 친숙해 코로나19로 폐업한 고가 위주의 편집숍과 달리 여전히 꿋꿋하게 잘 영업하고 있다.

모든 지점이 똑같은 바잉을 갖고 있지 않으므로 지점에 따라 여성복 없이 남성복만 보여주는 곳도 있다. 여성복 바이어라면 지점별 특성을 꼭 파악하고, 나에게 맞는 곳을 알고 방문하자.

합리적이고 현실적인 아이템으로 꾸준히 사랑받고 있는 레클뢰르

Tom Greyhound 톰 그레이하운드

우리나라 현대백화점 한섬의 힙하고 캐주얼한 편집숍 톰 그레이하운드가 2014년 파리의 패션 중심지인 마레 지구에 오픈했다. 유명한 해외 브랜드뿐 아니라 한섬 고유의 브랜드 시스템*System*과 더 캐시미어*The Cashmere* 등도 선보인다. 오픈 다음 해인 2015년 봄 파리에 갔을 때는 갤러리 라파예트에서 한섬 브랜드로 이뤄진 편하고 발랄한 톰 그레이하운드 팝업 스토어를 보기도 했다. 같은 한국인으로서 말로 다 못할 뿌듯함을 느낀 순간이었다.

톰 그레이하운드라는 그릇이 전 세계 패션의 중심지인 파리에, 그것도 파리 패션의 중심지인 마레 지구에 자리 잡았으니, 한섬이 자사 브랜드뿐 아니라 국내 다른 신진 디자이너 브랜드도 담아내 줬으면 한다. 부디 프랑스 패션계에 K-패션 붐을 일으킬 수 있는 전초기지가 되어주기를 바란다.

톰 그레이하운드 마레 지구 매장 입구

생생한 배움의 장, 시장조사하기

파리의 마레 지구에 상륙한 K-패션

가장 힙하고 트렌디한 서점 오에프알

Ofr. Librairie, galerie 오에프알 리브러리, 갤러리

'뜬금없이 웬 책방을?'이라고 생각할지 모르겠다. 하지만 여기는 힙하고 트렌디한 사람이라면 반드시 들러야 하는 곳이다.

편집숍 메르시의 에코백만큼이나 오에프알의 에코백도 유명하고, 모자 또한 관광객이 꼽는 기념품 잇 리스트다. 가격은 20유로 안팎에, 한화로 3만 원 정도다. 퀄리티나 디자인에 비해 결코 싸다는 느낌은 없지만, 오에프알 책방에 다녀왔다는 것을 보여주려는 사람들 덕분에 어마어마한 수량이 팔린다고 한다. 오에프알 이름의 의류, 에코백, 모자 등은 책방 뒤쪽으로 들어가면 발견할 수 있다. 여러 나라 언어로 된 예술, 디자인, 패션 서적과 잡지를 소장하고 있는 서점 겸 갤러리다.

디자인의 영감을 제공하는 파리 넘버 원 중고 매장

Thank God I'm a V.I.P. 땡스 갓 아임 어 브이아이피

이렇게 재미난 이름을 봤는가?! 이름만으로도 오너가 얼마나 재치 있고 독특한 사람인지 느껴진다. 파리에 있는 수많은 중고 옷 매장used clothing store 중에 규모나 컬렉션 면에서 단연 '넘버 원'이다. 커다란 한 블록 전체를 다 차지하고 있는데, 오픈도 오후에 할 때가 많고 중고 매장인데 사진 촬영조차 되지 않는다. 모든 옷은 종류별, 또 그 안에서 컬러별로 나뉘어 있어 많은 물량에 비해 찾는 것은 비교적 쉽다. 옛날 스타일의 호피 무늬 블라우스를 찾는다면 블라우스 섹션에서 호피 무늬를 보면 된다. 1960~1970년대 무비 스타가 입었을 법한 비즈 드레스도 있고, 레트로한 블라우스 종류들도 많다. 바이어보다는 디자이너에게 영감의 원천이 될 만하다. 딱히 무엇을 사지 않아도 보는 재미가 쏠쏠하다. 나만의 독특한 아이템을 원한다면 실망하지 않을 장소.

슈퍼 엠디가 추천하는
파리의 미식

Septime
셉팀

누군가 파리에서 레스토랑을 간다고 하면 가장 먼저 추천하는 곳이다. 요즘 핫하다는 파리의 맛집이 몰려 있는 11지구에서도 단연 최고다. 잘나가는 만큼 파리의 웬만한 유명 레스토랑처럼 예약은 필수이고, 그것도 최소한 3~4주 전에는 해야 한다. 그냥 지나가다 들러서 먹을 수 있는 확률은 로또 당첨 가능성보다 낮다.

하지만 시간을 다투는 빠른 클릭과 3주 이상의 기다림은 음식을 먹는 순간 충분히 보상받는다. 셉팀의 베르트랑 그레보*Bertrand grébaut*는 프랑스에서 한 미식한다면 모를 수가 없을 정도로 유명한 셰프다. 알랭 파사르 *Alain Passard*가 운영하는 미슐랭 3스타 레스토랑 아르페주*L'Arpege*에서 3년 동안 일하고 셉팀을 열었다. 셉팀도 이미 미슐랭 1스타를 받았는데, 그런데도 점심 세트 메뉴를 70유로 선에서 먹을 수 있다.

내 경우 보통 전식-본식-후식 구성의 3코스 세트 메뉴를 좋아하는데, 여기서는 5코스가 제공되니 가성비가 좋다. 메뉴는 오마카세처럼 매일 바뀌고 모두 눈물 날 만큼 맛있다.

Jaja
자자

바잉 때는 쇼룸이 많은 마레 지구에서 거의 살다시피 하는데, 그때 자주 들르는 곳이다. 겉에서 잘 보이지도 않고 깊숙이 들어가야 발견할 수 있어 작은 동네 식당 같다. 편안한 분위기에, 멋 내지 않은 정갈하고 맛있는 요리를 낸다.

여기도 역시 점심에는 두세 종류의 세트 메뉴가 있다. 30~40유로 선인데 무엇을 시켜도 다 맛있다. 단 싱겁게 먹는 사람은 반드시 덜 짜게 해달라고 주문해야 한다. 예약은 2~3일 전에만 해도 충분하지만, 굉장히 느긋하게 서빙하는 곳이라 시간에 쫓긴다면 추천하지 않는다. 음식도 맛있고 서버도 친절하지만, 좀 느린 것이 단점이라면 단점이다.

Le Fumoir
르 퓌무아

튈르리 정원 내에서 열리는 프리미에 클라세, 그리고 그 옆 루브르 박물관 아래에서 열리는 트라노이는 바이어라면 꼭 들러야 하는 트레이드 쇼다. 이때 적어도 하루는 이들 쇼가 열리는 근처에서 점심을 먹게 되는데, 르 퓌무아는 그때 꼭 한 번은 방문하는 레스토랑이다.

실제 로컬 파리지앵이 좋아하는 오래된 식당으로, 루브르 옆인데도 관광객은 드물다. 전식-본식-후식 모두 맛있는데, 만약 본식에 오리 요리가 있다면 강력 추천한다. 세트 메뉴 가격은 30~40유로 선이고, 주말에는 세트 대신 브런치 메뉴만 있으니 반드시 주중에 갈 것을 권한다.

Union
유니언

나는 단 음식 없는 세상은 상상도 못 할 만큼 '달달구리'에 사족을 못 쓰는 디저트 마니아다. 나름 엄청난 의지력의 소유자이고 설탕이 몸에 해롭다는 것을 잘 알면서도, 예쁘고 맛난 디저트 앞에서는 평소의 자제력도 온데간데없어진다. 마치 영화 속 한 장면처럼 다른 모든 배경은 사라지고 눈앞에 디저트 하나만 남는다.

유니언은 그런 내가 오전 조깅을 하다가 발견한 곳이다. 길게 늘어선 줄에 호기심이 동해 다가가 보니, 신선한 바게트 냄새가 진동하고 예쁘고 맛있게 생긴 디저트가 가득한 것이 아닌가. 얼리 버드가 새벽 조깅을 하다

보석을 발견한 순간이었다. 가게 이름은 '유니언'. 단지 보는 것만으로도 기쁨이 솟고 행복해진다.

에스프레소 빈이 한입 가득 씹히는 에클레어는 영혼을 부유하게 하고, 무화과가 잔뜩 올라간 타르트와 밥카, 팽 오 쇼콜라는 환상적이다. 그레인 바게트 역시 오픈런을 할 만하다.

갤러리 라파예트에서 걸어서 20분 정도 되는 거리이지만, 좀 걷는 수고를 하면 눈과 입이 행복해지는 경험을 할 수 있다. 유니언이 주는 풍미를 파리에서만 느낄 수 있다는 것이 그저 아쉬울 뿐이다.

Stohrer
스토레

스토레는 1730년 루이 15세의 페이스트리 셰프인 니콜라스 스토레*Nicolas Stohrer*에 의해 설립된 파리에서 가장 오래된 빵집이다. 200년이 훌쩍 지난 지금도 같은 자리에서 너무도 맛나고 예쁜 최고의 정통 프랑스 디저트를 선보이고 있다.

니콜라스 스토레는 프랑스인이 즐겨 찾는 디저트 바바 오 럼, 시부스트 크림 타르트, 퓌이 다무르 등 정통 프랑스 페이스트리의 창시자이기도 하다. 스토레에서는 바바 오 럼과 시부스트 크림 타르트가 최고라고 하는데, 술을 못 하는 탓에 바바 오 럼은 맛보지 못했다. 대신 시부스트 크림 타르트와 밀푀유, 오페라는 정말 맛있다.

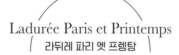

Ladurée Paris et Printemps
라뒤레 파리 엣 프렝탕

쇼핑이나 시장조사를 하다 지쳤다면 프렝탕 백화점에 있는 라뒤레 카페에 들리면 좋다. 마카롱을 비롯한 예쁘고 맛난 디저트에 차를 곁들이면 지친 몸과 마음이 달래질 것이다.

다만 파리뿐 아니라 밀라노 등 유럽에서는 매장 내에서 먹을 때 훨씬 더 비싼 비용을 지불해야 한다. 포장해서 가져가는 것과 카페에 앉아서 먹는 것은 30퍼센트 이상 가격 차이가 나므로 반드시 기억하기를 바란다. 유럽의 이런 특성을 모르고 표시된 가격만 생각했다가는 영수증을 받고 깜짝 놀랄지도 모른다.

Pierre Hermé
피에르 에르메

프랑스에서 마카롱으로 유명한 두 곳을 꼽으라면 단연 라뒤레와 피에르 에르메다. 하지만 라뒤레가 마카롱을 위주로 다양한 디저트를 판매하는 것과 달리, 피에르 에르메는 마카롱만 파는 마카롱 전문점이라 할 수 있다. 그래서 그런지 마카롱은 피에르 에르메를 더 좋아하는 편이다.

한때는 현대백화점에서 수입해 국내에서도 맛볼 수 있었지만, 들어오는 과정에서 눅눅해지는 문제로 더 이상 진행하지 않는다. 나도 먹어본 적이 있는데 얇은 막이 아삭하게 느껴지는 파리에서의 식감이 느껴지지 않았다.

그래서 파리의 오페라 대로를 걸을 때면 오페라 건물 가까이에 있는 피에르 에르메에 항상 들른다. 매 시즌 독특한 맛을 선보이는데, 도저히 어울리지 않을 것 같은 맛도 모두 훌륭하다. 피곤하다가도 피에르 에르메에 들어서는 순간, 알록달록 사랑스러운 색깔에 마음이 가벼워진다. 그렇게 마카롱을 한 입 베어 물었을 때의 황홀함은 이루 말할 수가 없다. 얇고 아삭한 막 안의 쫀득한 코크가 혀에 내려앉으면, 그 순간 마음까지 부유해진다.

누군가 내게 천국이 어떤 곳이면 좋겠냐 묻는다면 이것 하나는 분명하다. 예쁘고 맛있는 디저트로 가득한데 먹어도 살찌지 않는 곳, 그곳이 바로 천국이다. 그만큼 '달달구리'를 좋아하는 마니아가 추천하는 곳이니 파리에 간다면 꼭 맛보기를 바란다.

TOKYO

도쿄

끝없는
스펙트럼의 도시

백화점

Isetan Shinjuku 이세탄 신주쿠

대대적인 전관 리노베이션 이후 전보다 세 배 많은 브랜드가 입점했다. 백화점 측에서는 항상 새로운 것을 보여주려는 의도라고 하지만, 협소해진 공간 탓에 브랜드 입장에서는 여러 고충이 많다고 한다. 아무리 공간이 작아도 어느 정도의 직원은 필요하고, 수수료도 상당히 올라 매출에 대한 압박이 적지 않기 때문이다. 그렇다고 입점을 거부할 수 없으니 울며 겨자 먹기로 영업을 한다는 것이다. 리노베이션에 많은 투자를 한 만큼 백화점으로서는 어쩔 수 없는 선택이고 이를 통해 매출도 성장했지만, 일본에서 최고로 핫한 백화점이라는 이세탄의 위상에는 걸맞지 않다.

이세탄의 리노베이션 콘셉트는 한마디로 뮤지엄이다. 마치 회화 작품이 연상되듯 옷과 액세서리가 커다란 프레임 안에 들어가 있고 고객이 움직이는 동선은 마치 화랑의 홀 같다. 거대한 기둥들이 세워져 있으며 각 기둥마다 거의 두 개의 브랜드가 있다. 브랜드의 신상품을 소개하는 디스플레이도, 에스컬레이터 앞의 팝업도 예술적이다. 하지만 협소한 공간에 너무 많은 브랜드들이 옹기종기 모여 있는 듯 보이기도 한다. 전통적인 구조에서는 모노 브랜드들이 벽과 벽으로 나뉜 형태로 쭉 늘어서 있는데, 나처럼 그런 구조에 익숙하다면 처음에는 정신없이 느껴질 수 있다.

그러다 한 번, 두 번, 세 번 방문하며 복잡했던 구조를 파악하면, 그때부터는 하나하나의 브랜드가 눈에 들어오기 시작할 것이다. 이제 나도 이세탄이 모던하고 젊은 백화점이라는 느낌을 받는다. 동시에 신주쿠에 갔을 때 늘 함께 들렀던 다카시마야가 고루하고 올드해 보이기 시작했다. 사람의 마음이라는 것은 참 간사하다. 하지만 어쩌겠는가. 그런 느낌이 드는 것이 사실이니 말이다.

1. 도쿄를 대표하는 백화점 이세탄 신주쿠
2. 전통적인 구조에서 벗어나 갤러리에 온 듯한 디스플레이

사실 이런 방식의 리노베이션이 좋은 결과만 가져오는 것은 아니다. 갤러리아 백화점의 경우 이세탄과 같은 전관 리노베이션으로 다른 백화점과 차별화를 이루려 했으나, 오히려 구매력 있는 중년 고객들을 많이 잃었다고 한다. 사실 전관을 대대적으로 바꾸는 것은 국내 고객 성향상 다소 위험한 일인데, 특히 명품 브랜드나 럭셔리 컨템퍼러리 층은 더욱 그렇다. 벽 쪽에 있는 매장까지 배치를 바꾸는 것은 변화를 싫어하거나 잘 받아들이지 못하는 중년 이상의 고객에게 다소 위험하다.

반면 컨템퍼러리나 캐릭터라고 불리는 국내 브랜드 주력의 영역, 즉 타깃 고객의 연령이 20~30대 초반인 브랜드가 모여 있는 공간은 나름의 변화를 주는 것도 긍정적이다. 백화점 매장은 벽 쪽의 벽장형 매장과 가운데 아일랜드형 매장으로 나뉘는데, 그중 에스컬레이터 주변의 아일랜드 공간은 백화점 고유의 이미지를 활용해 하나의 섹션으로 만들어도 좋다. 백화점 측에서는 브랜드 입점과 퇴점에 편하고, 새로운 브랜드를 계속 소개할 수 있으니 변화하는 백화점이라는 이미지를 주기에 적절하다. 여기에 층 전체의 분위기가 젊고 모던해지는 효과도 누릴 수 있다. 브랜드 입장에서도 인테리어를 따로 하지 않는다는 것은 장점이다.

국내 백화점이 접목할 수 있는 가장 이상적인 형태는 파리의 프렝탕이다. 프렝탕의 경우 벽 쪽의 브랜드는 고전적인 방식으로, 아일랜드 쪽은 벽 없이 하나의 커다란 편집숍처럼 꾸며져 있다. 현재 현대백화점 본점과 무역센터점이 이런 형태로 되어 있는데, 바람직한 방향이라고 생각한다.

리노베이션 이후 이세탄에서는 누구나 아는 유명 일본 브랜드부터 막 시작하는 잠재력 넘치는 신진 디자이너 브랜드까지 모두 한 층에서 볼 수 있다. 그러니 일본 브랜드에 관심 있는 바이어라면 원하는 것을 한자리에서 얻을 수 있을 것이다. 그만큼의 시간과 노력을 절약할 수 있다는 것은 분명 큰 강점이다.

이세탄에서 한 번에 만나는 다양한 일본 브랜드들

1. 기발한 자국 기업 소품을 소개하는 1층 팝업 존
2. 신진 디자이너와 수입 제품을 한데 모아놓은 이세탄 내 편집숍

이세탄 1층의 한 코너에는 작은 일본 액세서리 또는 소품 브랜드의 팝업 존이 언제나 열려 있다. 이세탄에 갈 때면 절대 빼놓지 않고 들러서 거의 매번 한두 개의 아이템을 사 온다. 2023년 초에는 패트병에서 추출한 실을 소재로 한 가방을 소개하고 있었는데, 환경친화적인 브랜드를 지지한다는 미명하에 사이즈별로 구매했다. 작지만 기발한 아이디어를 가진 일본 기업을 찾고 싶다면 꼭 구경하기를 권한다.

이뿐만 아니라 이세탄의 바이어가 손품, 발품을 팔아 발굴한 신진 디자이너 조닝도 형성되어 있다. 그들의 프로페셔널한 바잉은 브랜드의 특성과 분위기, 컬렉션의 규모 등도 가늠할 수 있도록 한다. 다만 이세탄은 백화점 전체적으로 사진 촬영이 금지되므로, 마음에 드는 브랜드를 발견했다고 몰래 사진을 찍는 등의 행동을 해서는 안 된다. 판매 직원에게 회사나 디자이너의 콘택트 인포를 물어보면 아주 친절하게 가르쳐주니 금지하는 방법은 사용하지 않도록 하자.

이외에도 옷에 달린 케어라벨에 브랜드 콘택트 인포가 적혀 있는 경우도 많다.

그러니 마음에 드는 제품은 구매해서 직접 입어보면 정보도 합법적으로 손에 넣고 세탁 과정에서 옷의 퀄리티도 체크할 수 있다. 요즘은 인터넷 시대라 작은 브랜드도 홈페이지가 있고, 케어라벨에 전화번호도 있으니 콘택트 인포를 확인하는 방법은 그리 어렵지 않다.

오히려 신경 써야 할 것은 그다음이다. 일본 브랜드를 직접 콘택트하려면 일본어는 필수로 할 줄 알아야 한다. 일본은 아주 큰 브랜드라 해도 영어에 능숙한 직원이 없는 경우가 많아서 일본 브랜드에 관심이 많은 바이어라면 의사소통이 가능한 정도의 일본어는 익혀두는 것이 좋다. 통역도 한계가 있고, 처음에는 에이전트가 편할지 몰라도 계속 거래하는 데는 여러 문제가 발생할 수 있다. 특히 에이전트를 통하면 오더 물량이 늘어나도 가격을 내리는 데 한계가 있으니 웬만하면 브랜드는 직접 콘택트하는 것이 좋다.

우리나라에 편집숍이 많지 않았던 10여 년 전까지는 국내에 일명 '카피족'이라 불리는 사람들이 있었다. 일본 백화점에 가서 카피할 물건을 대량 구입해 온 뒤 재빨리 제품을 카피하고는 다시 일본으로 건너가 반품하는 것이다. 그래서 당시 일본 백화점 매장 앞에는 한국어로 적힌 '반품은 일주일 이내입니다'라는 안내문이 많이도 걸려 있었다. 참 국제적 망신이다.

하지만 다행인지 불행인지 이제 카피족은 멀리 일본으로 가지 않는다. 국내 편집숍들이 많아지면서 이들을 희생양으로 삼아 똑같은 행동을 반복하고 있다. 백화점 신상품 입고 날 가장 먼저 오는 손님이 카피족이라는 말까지 있을 정도다. 웃어야 할지 울어야 할지 모르겠다. 더 요지경인 것은 반품을 전담하는 아르바이트도 있어, 이들이 한 번 돌고 가면 층 전체의 입점 브랜드 매출이 죄다 마이너스를 기록하기도 한다. 카피족이여! 카피를 하는 것은 좋다. 하지만 제발 반품만은 하지 말아다오! 이것도 상생이라면 상생이니 말이다.

Takashimaya Shinjuku 다카시마야 신주쿠

쾌적하고 전통적인 분위기로 현대백화점 본점 같은 느낌이 든다. 다카시마야에도 신진 일본 브랜드를 소개하는 조닝이 있어 이세탄과는 다른 디자이너, 다른 바잉을 보는 재미에 꼭 들렀었다. 그러나 이세탄이 리노베이션 후 일본 브랜드 섹션을 대대적으로 늘리면서, 상대적으로 작고 초라한 다카시마야로는 발길이 잘 가지 않는다. 그래도 이들의 직바잉 편집숍인 스타일 앤 에디트*Style & Edit*는 갈 때마다 둘러보는 곳이다. 이곳에서는 수입 브랜드와 함께 핫하게 떠오르는 일본 브랜드를 발견할 수 있다.

이제는 다카시마야보다 그 옆에 있는 거대한 라이프스타일 스토어 도큐 핸즈*Tokyu Hands*가 더 아기자기하고 재미나다. 도큐 핸즈의 8층 전체를 차지하는 문구류는 질도 좋고 종류도 다양하며, 새로운 제품으로 자주 채워진다. 필기감이 부드러운 예쁜 샤프와 연필에 열광하는 나로서는 언제나 온갖 종류의 귀여

←1. 패션, 라이프스타일 숍부터 일본 최대 책방까지 둘러볼 수 있는 다카시마야 © MaedaAkihiko
2. 다카시마야의 직바잉 편집숍 스타일 앤 에디트
3. 다양한 아이템을 취급하는 라이프스타일 스토어 도큐 핸즈
4. 일본 최대 책방 키노쿠니야 © Hikosaemon

운 필기구들을 잔뜩 사서 돌아온다. 만물상점처럼 없는 것이 없고 층마다 판매하는 아이템이 나뉘어 있어, 다양한 취미를 가진 모든 사람을 만족시킨다. 진정한 의미의 라이프스타일 스토어가 분명하다. 이곳에서는 누구라도 작은 기쁨을 느끼고 적은 돈으로도 행복해질 수 있다.

그리고 혹시 일본 만화에 관심이 있거나 일본 잡지나 책을 사고 싶다면, 연결되어 있는 건물에 일본 최대 책방 키노쿠니야Kinokuniya도 있다. 아주 오래전, 『진격의 거인進撃の巨人』이 한 권씩 출간될 때는 번역본을 기다릴 수 없어 출장 길에 꼭 들렀었다. 일을 마치고는 한 손에 책을 들고 의기양양하게 귀국했던 기억이 난다. 키노쿠니야도 둘러보는 재미가 쏠쏠하다.

일본의 편집숍 체인은 국내 대기업 편집숍이 앞으로 어떤 방향으로 나아가야 할지를 보여주는 좋은 이정표라고 할 수 있다. 특히 유나이티드 애로우즈, 빔스, 투모로우랜드 등은 전형적이고도 좋은 예다.

처음에는 모두 고급스러운 유럽 브랜드의 바잉이 주를 이뤘으나 점점 자국의 신진 디자이너 제품을 바잉하더니, 이제는 자국 브랜드를 위탁 형태로 소개하고 있다. 더 나아가 편집숍 고유의 브랜드를 건 자체 제작 상품의 비중도 점차 늘리고 있다. 제대로 된 마크업이 어렵고, 재고가 남으면 이윤을 내기 쉽지 않은 수입 편집숍의 특성상 좋은 대안이다. 편집숍을 안정적으로 브랜드화한 다음, 자체 제조 상품을 통해 이윤을 창출하는 것이다.

코로나 팬데믹 때도 유나이티드 애로우즈, 빔스 등의 중저가 대중 지향 편집숍 체인들은 잘 살아남았다. 반면 명품 편집숍의 모습을 꿋꿋이 지켜나가던 비아 버스 스톱Via Bus Stop과 같은 체인은 극심한 적자로 사업을 접었는데, 대형 편집숍 체인이 대기업의 자금력만으로 이뤄질 수 없다는 것을 잘 보여준다. 편집숍을 키워나가기 위해서는 A부터 Z까지 편집숍의 속성을 다 아는 편집숍 오너로서의 마인드, 그리고 실전에서의 경험이 반드시 필요하다. 월급을 받는 직장인이라는 마인드로는 절대 불가능한 일이다.

그런 의미에서 코오롱의 중저가 편집숍 체인인 시리즈Series는 좋은 예다. 남성 편집숍이라 여성복 바이어에게는 잘 알려져 있지 않지만, 편집숍과 국내 브랜드의 중간 정도에 자리매김했다고 할 수 있다. 외모도 마인드도 멋진 팀의 리더가 진정한 오너 마인드로 편집숍 체인을 성장시켰다. 자신도 월급을 받는 임원이지만, 샘플비도 아껴가며 근면 성실과 노력과 사랑으로 최선을 다한 덕분이다. 대기업 편집숍의 책임자로서는 보기 드물게 옷도 실무도 제대로 안다.

처음 몇 년간은 적자를 면하기 어려운 편집숍의 속성에도 불구하고, 믿고 인내하며 지원을 계속해 준 오너에게도 진심 어린 박수를 보낸다. 또 이들이 아주 오래전부터 진행해 오고 있는 지속가능성 프로젝트 래코드*Re;cord*에도 깊은 존경과 지지를 더하고 싶다. 계산기만 두드려서는 결코 진행할 수 없는 프로젝트다.

1. 일본의 자타 공인 1등 편집숍 유나이티드 애로우즈
2. 빔스의 여성복 라인 빔스 데미럭스   3. 고급화 전략의 편집숍 투모로우랜드

쇼핑몰

패션 강국답게 일본에만 있는 콘셉트가 아닌가 싶다.
신세계의 타임스퀘어나 롯데의 월드타워몰과 유사하나, 내용적으로 훨씬 다양하고 흥미롭다.
유명 편집숍 체인뿐 아니라 이외 편집숍과 수입 브랜드,
기존 및 신진 일본 브랜드도 입점해 있어 수백 개의 브랜드들을 만날 수 있다.
사심 가득한 쇼퍼에게도, 브랜드를 찾는 바이어에게도,
디자인의 영감을 찾는 디자이너에게도 매우 신나고 재미나는 공간이다.

Lumine 루미네

일본만의 독특한 쇼핑몰 루미네

일본의 대표적인 쇼핑몰로 루미네와 루미네 이스트, 루미네 1로 되어 있다. 루미네 1을 제외한 다른 두 곳은 퀄리티 및 브랜드가 다소 떨어진다. 여기에 빔스의 럭셔리 라인인 빔스 데미럭스Demi-Luxe와 투모로우랜드, 그리고 하이엔드 수입 편집숍 에디션Edition도 입점해 있다. 이외에도 굉장히 많은 편집숍들이 있으니 바이어라면, 특히 일본 브랜드에 관심 있는 바이어라면 꼭 둘러보기를 바란다.

루미네의 에디션을 비롯한 다양한 편집숍들

중고 스토어 아메리 빈티지

개인적으로 흥미로웠던 곳은 중고를 파는 아메리 빈티지*Ameri Vintage*였다. 셀레브리티와 연계해 특정인의 물건을 들여오는데, 입고되는 날을 사전에 고지하면 그녀의 팬층이 몰려와 시작하기도 전부터 길고 긴 줄이 늘어선다. 조만간 이런 콘셉트의 스토어가 국내에도 생기지 않을까 싶다.

루미네에 갈 때는 사라베스*Sarabeth's*에 들러 에그베네딕트와 프렌치토스트를 맛보는 것도 추천한다. 국내에도 사라베스가 들어와 있으나, 일본 전역에서 돈을 모아서라도 찾아온다는 이곳 사라베스와는 맛이 다르다. 오픈 전부터 긴 줄이 늘어서니, 루미네를 둘러보는 날은 아예 아침을 여기서 먹고 시작하는 편이 현명하다.

Omotesando Hills & etc. 오모테산도 힐스와 그 주변

오모테산도 힐스는 안도 다다오*Ando Tadao*가 설계했다는 것만으로도 엄청나게 유명한 건물이다. 계단 대신 경사진 통로가 나선형으로 쭉 이어져 있는데, 우리나라 인사동에 있는 쌈지길이 그 축소된 모방이라 보면 된다. 여기에는 인기 식당과 해외 유명 브랜드뿐 아니라 더 도쿄*The Tokyo* 같은 고급 편집숍도 입점해 있다.

1. 오모테산도의 랜드마크가 된 오모테산도 힐스
2. 오모테산도 힐스의 나선형 내부 공간

흥미로운 것은 우리나라나 일본 백화점에서는 아직 편집숍 속에 작게 소개되고 있는 CFCL이나 빠투*Patou* 같은 브랜드들이 하나의 모노 브랜드로 나와 있다는 점이다. 컬렉션 전체의 분위기를 보려면 오모테산도 힐스와 근처 샤넬 건물의 3~4층도 꼭 둘러보기를 바란다.

샤넬 건물 뒤쪽과 오모테산도 힐스 뒤쪽 작은 골목에는 맛집과 상당한 수준의 일본 디자이너 부티크들이 빼곡하다. 일본에서는 가츠산도가 하루에만 수만 개 팔린다고 하는데, 가츠산도로 유명한 돈가스 전문점 마이센*Maisen*도 이곳에 있다. 타코야키 노포인 와라타코*Warataco*도 있으니 반드시 맛볼 것을 강력추천한다.

1. 오모테산도에 위치한 마이센 본점
2. 웃는 문어라는 뜻의 와라타코 매장

1. 고급 편집숍 더 도쿄
2. 샤넬 건물 3층의 CFCL 스토어   3. 오모테산도 힐스 내에 있는 빠투 스토어

슈퍼 엠디가 추천하는
도쿄의 미식

Ukaitei
우카이테이

오모테산도 힐스 근처 샤넬 건물 위층에 있는 데판야끼 전문점이다. 이 지역은 유명 브랜드의 플래그십 스토어뿐 아니라 중고 옷 매장인 후르기古着숍, 그리고 다양한 일본 디자이너의 숍으로 빼곡한 곳이다. 바이어라면 시장조사차 반드시 와야 하는 곳이기도 하다.

그리고 이곳에 왔다면 우카이테이도 반드시 들러볼 것을 권한다. 계절에 따라 약간씩 변하는 데판야끼 코스가 흠잡을 데 없이 훌륭하다. 이곳의 와규는 씹을 필요가 없을 정도로 입안에서 그냥 녹는다. 저녁은 점심의 거의 두 배 정도 가격이므로 점심 시간을 이용하는 것이 좋으며, 예약은 적어도 1~2주 전에 필수로 해야 한다.

사실 이 레스토랑에서 가장 특별하고 감동적인 부분은 디저트 룸이다. 데판야끼 코스가 끝나고 자리를 옮겨 달라고 하면, 화랑 같은 홀을 지나 데판야끼 룸과 다른 쪽에 있는 디저트 룸으로 안내해 준다. 정말 고풍스럽고 아담하고 예쁜 방이다. 마치 마리 앙투아네트 *Marie Antoinette*나 그 비슷한 여인들이 드레스를 입고 부채를 부치며 앉아 있을 법한 분위기다.

이곳에서 디저트 메뉴 하나와 티나 커피 중 하나를 고르면 된다. 계절에 따라 조금씩 메뉴가 바뀌지만 몽블랑도, 시폰 케이크도 맛있다. 그런데 이것이 전부가 아니다. 디저트를 기다리는 동안 서빙 직원이 꿈의 디저트 카트를 몰고 온다. 그 안에는 다양한 종류의 수제 초콜릿, 마카롱, 쿠키 등이 가득하다.

귀엽고 앙증맞은 온갖 디저트 앞에서는 정말 절제하기 어렵다. 그래도 품위 또한 잃지 말아야 하니 적당한 자제력도 발휘해야 한다.

Grill Manten-Boshi Azabu-Juban
그릴 만텐보시 아자부주반 본점

일식 오므라이스나 하이라이스를 먹고 싶다면 제격인 경양식 집이다. 도쿄에만도 여러 군데 체인이 있지만, 아자부주반 본점을 추천한다. 두 가지 세트 메뉴가 있으니 두 명이 가서 하나씩 시키면 골고루 다 맛볼 수 있다. 디저트까지 '지카세自家製'의 정신으로 직접 만드는 것이라 감동적이다. 오므라이스와 하이라이스의 계란이 반액체같이 흐물거리는데, 너무 맛있다.

한때는 국내에 오픈해서 반가운 마음에 갔었는데 맛이 일본만 못했다. 그래서인지 금방 사라지고 말았다.

Tsukiji Tama Sushi
츠키지 타마 스시

국내 백화점이 손님을 모으기 위해 유명 맛집을 입점시키는 것처럼 일본 백화점의 식당가도 비슷하다. 그중 다카시마야에 있는 츠키지 타마 스시는 항상 긴 줄이 늘어서 있는 맛집이다. 맛도 신선도도 최고인데, 개인적으로 추천하는 메뉴는 바라스시散鮨다. 달달한 일본 쇼유醬油로 알맞게 양념된 고슬한 밥 위에 온갖 종류의 생선과 일본식 계란 등을 잘게 썰어 올린 스시다. 일본어로 바라바라散散가 너덜너덜하게 잘게 썬 모양을 뜻하는 데서 이름이 붙었다. 가격도 그리 비싸지 않고 맛도 정말 훌륭해 눈도, 입도 호사를 누린다.

국내에는 하는 곳도 드물고, 먹어봐도 제대로 된 맛이 아니다. 누군가 이 식당을 국내에 들여왔으면 싶을 정도다. 다카시마야는 모든 면에서 이세탄에 밀리지만, 식당가만큼은 훨씬 나은 것 같다. 도쿄 출장 시 먹을 곳이 마땅치 않다면, 다카시마야 식당가에 가면 된다.

STOCKHOLM

스톡홀름

군더더기 없이 깔끔한
스트리트 패션의 도시

백화점

Nordiska Kompaniet, NK 노르디스카 콤파니에트

스톡홀름에서 가장 에지 있고 고급스러운 백화점이다. 스웨덴과 코펜하겐 굴지의 브랜드 외에도 해외 유명 브랜드가 가장 많이 포진해 있고, 윈도 디스플레이도 정말 유명하다. 특히 스포츠 섹션은 전 세계 패딩 브랜드가 모두 모여 있다고 할 만큼 다양하다. 패딩 바이어라면 두 눈이 번쩍 뜨일 만큼의 호기심을 불러일으킬 것이다. 참고로 입구에 있는 작은 핫도그 가게는 정말 유명하니 꼭 맛보기를 바란다.

한편 유럽에 가면 우리와 다른 화장실 문화 때문에 고생을 하게 되는데 이 백화

보유한 브랜드부터 디스플레이까지 볼거리로 넘치는 NK

점도 화장실을 사용하려면 10크로나, 현재 환율로 1200원 정도를 내야 한다. 다행히 바로 옆에 위치한 무드Mood라는 분위기 있고 모던한 쇼핑센터의 경우 깨끗한 화장실을 무료로 이용할 수 있다. 이 쇼핑센터에 있는 브로드 앤 솔트 Bröd & Salt라는 유명 베이커리 체인점에서는 어떤 빵을 골라도 맛을 보장한다. 백화점에서 나오면 명품 거리인 비블리오텍스가탄Biblioteksgatan이 펼쳐지는 데, 그 근처에 아크네 스튜디오, 필리파 케이, 호프, 타이거 오브 스웨덴, 제이 린드버그J.Lindberg, 와이레드Whyred 등 스웨덴 브랜드의 플래그십 스토어가 즐비하다. 코스Cos나 앤아더스토리즈& Other Stories 같은 고급 지향 스파 브랜 드들도 많다.

또한 비블리오텍스가탄의 끝자락으로 가면 스톡홀름에서 가장 유명한 해산물 레스토랑인 스투레호프가Sturehof가 있다. 온갖 종류의 크내크브로트Knäckebrot 를 한 바구니 주는데, 함께 나오는 버터에 찍어 먹으면 너무 맛있다. 다만 이곳 역시 모든 음식이 짜니, 주문할 때는 무조건 "노 솔트!"를 외쳐야 한다.

스톡홀름의 명품 거리 비블리오텍스가탄

1. 비블리오텍스가탄 끝자락에 위치한 해산물 맛집 스투레호프
2. 스웨덴의 대표 브랜드 필리파 케이, 호프의 플래그십 스토어

Åhléns 올렌스

NK가 스톡홀름의 갤러리아 백화점이라면 올렌스는 롯데백화점이라고 할까.
올렌스는 스웨덴 전역에 지점을 둔 대중적인 백화점이다. NK나 올렌스에서
는 스웨덴의 유명 브랜드뿐 아니라 거의 모든 브랜드를 다양하게 만나볼 수 있
다. 여러 지점 중에서도 중앙역에서 가까운 드로트닝가탄Drottninggatan의 올
렌스가 가장 큰데, 이 근처에는 H&M과 평소 좋아하는 스파 브랜드 위크데이
Weekday, 이외에도 정말이지 듣도 보도 못한 온갖 스파 브랜드가 집결해 있다.
스톡홀름은 가히 스파 브랜드의 천국이라 불릴 만하다. 그러니 스파 브랜드에
관심 있는 바이어라면 스톡홀름에 필수로 들러야 한다. 중저가의 스파 브랜드
는 우리나라의 명동과 같은 분위기의 드로트닝가탄에 몰려 있고 자라, 코스,
앤아더스토리즈 등 가격대가 살짝 높지만 퀄리티도 좋은 스파 브랜드는 NK가
있는 명품 거리인 비블리오텍스가탄에 모여 있다.

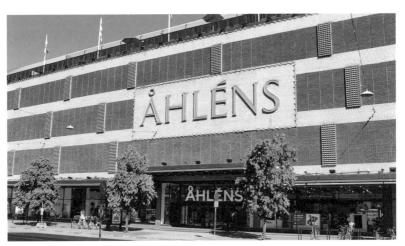

드로트닝가탄에 있는 최대 규모의 올렌스

스파 브랜드들이 쭉 이어져 있는 드로트링가탄 ⓒ l99pema

드로트닝가탄의 스파 브랜드들

Nathalie Schuterman 나탈리 슈터만

스웨덴의 유명 패션 인플루언서들의 블로그나 인스타그램 등에 많이 소개된 편집숍이다. 8월에는 세일 막바지로 제품이 많이 빠져 있지만 그 시즌 제품을 70퍼센트까지 할인하니, 운이 좋으면 '득템'을 할 수도 있다. 시간적 여유가 있다면 한 번쯤 들릴 만하다.

스웨덴에 자주 가다 보니 알게 된 사실이 하나 있는데, 스웨덴인의 자국 브랜드에 대한 사랑이 하늘을 찌를 만큼 대단하다는 것이다. 그러다 보니 스톡홀름 최고의 고급 백화점인 NK에서조차 해외 브랜드를 찾아보기 힘들다. 하지만 이 나라에도 유행을 선도하는 트렌드 세터가 있으니, 나탈리 슈터만은 이들의 욕구를 충족시켜 주는 곳이라고 할 수 있다. 이곳은 의류보다는 가방, 신발 등의 소품이 강세를 보인다.

스웨덴에서 해외 브랜드 아이템을 득템할 수 있는 나탈리 슈터만 ⓒ l99pema

신발과 가방 등이 주류를 이루는 내부 공간

생생한 배움의 장, 시장조사하기

다양한 스웨덴 브랜드를 소개하는 에이플레이스

Aplace 에이플레이스

아크네 스튜디오, 호프, 우드우드, 원 헌드레드 등 스웨덴 브랜드가 주를 이루는, 연혁이 길지 않은 편집숍이다. 스웨덴이나 코펜하겐 브랜드에 관심 있는 바이어라면 꼭 들려보라고 권하고 싶다.

트레이드 쇼와 쇼룸을 돌면서 받은 라인 시트, 룩북, 그 밖의 각종 자료들과 각 도시를 돌면서 모은 브랜드 자료는 엠디에게 생명수라 할 만큼 소중한 보물 1호다. 하지만 정신없이 해외를 돌다 보면 때로는 위탁 수화물로 보내놓은 가방이 분실되는 상황도 발생한다. 특히 직항이 아니고 경유하는 비행기를 탈 경우 그 확률은 몇 배로 더 늘어난다. 흔한 일은 아니지만, 그렇다고 전혀 일어나지 않는 일도 아니기에 여기에 대비하는 방법도 미리 준비해야 한다.

유럽 공항의 경우 코로나 팬데믹의 여파에서 벗어난 지 얼마 되지 않아 인력 부족에 사정이 좋지 않다. 특히 이탈리아에서는 피렌체나 밀라노에서 가방이 늦게 도착하는 경우가 정말 잦다. 가방 안에 있어야 하는 물건이 없어지는 황당한 상황도 일어나며, 가방 자체가 분실되는 경우도 제법 있다.

군대는 전쟁이 일어나서 존재하는 것이 아니라 일어날지도 모르는 전쟁에 대비하고자 존재한다. 엠디도 언제 어떻게 일어날지 모르는 상황에 앞서 미리 대비하는 자세가 필요하다. 결국 위기를 피하기 위해서는 한국의 사무실에 도착하는 순간까지, 모든 자료와 하나가 되어야 한다. 그러니 무겁고 불편해도 자료는 무조건 기내에 갖고 타는 가방 안에 넣고, 무사히 운반할 때까지는 일심동체처럼 들고 다녀야 한다.

04

FINISHING TOUCHES

한 시즌의 끝, 출장 후 마무리하기

ORGANIZING BRANDS

오거나이징 브랜드

브랜드별
사진 및 오더 리스트 정리

각국의 브랜드들로부터 받은 오더 리스트와 룩북, 라인 시트, 담당자 명함 등을 무사히 사무실까지 가져온 순간, 안도의 한숨이 절로 나온다. 목숨만큼 소중한 자료를 잃어버리지 않고, 아무런 사고 없이 다녀왔다는 사실만으로도 뿌듯한 순간이다. 이로써 다음 시즌 바잉과 관련된 바이어의 임무 중 70퍼센트 이상은 성취했다고 봐도 무방하다.

뉴욕, 런던, 밀라노, 파리, 도쿄, 스톡홀름 및 코펜하겐 등에서 가져온 자료는 시즌마다 작은 캐리어에 꽉 찰 만큼 한가득이다. 이제 이 방대한 자료를 정리할 순서다. 하나하나 브랜드를 보면서 기억을 되살린다. 컬렉션의 규모, 제품의 퀄리티, 담당 세일즈 직원을 떠올리며 브랜드를 하나씩 정리한다. 이 세 가지는 앞으로 이 브랜드를 키울 것인지, 아니면 한두 시즌만 하고 버릴 것인지 등을 결정하는 데 매우 중요한 요소다.

만약 새롭게 시작하는 편집숍이나 첫 번째나 두 번째 바잉이라면 꼭 하고 싶은 브랜드, 편집숍의 이미지 형성에 필요한 브랜드와 상대적으로 그 필요성이 덜한 브랜드로 나눈다. 여

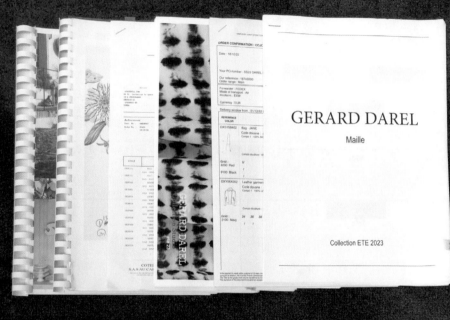

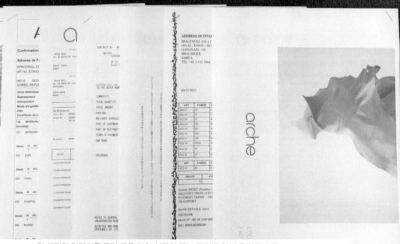

전 세계의 컬렉션을 돌며 모은 라인 시트와 룩북 그리고 임시 오더 리스트

러 시즌 경험이 있는 편집숍이라면 이미 거래하고 있고 반응이 좋아서 계속할 브랜드, 이번 시즌에 꼭 넣고 싶은 브랜드, 몇 시즌을 해왔지만 별다른 반응이 없어 정리해야 하는 브랜드, 관심은 있지만 바잉이 망설여지는 새로운 브랜드의 네 가지로 나눈다.

찍어온 사진도 모두 이에 맞춰 파일별로 정리한다. 이때 브랜드 사진 파일에는 컬렉션뿐 아니라 쇼룸이나 트레이드 쇼의 전체적인 분위기를 볼 수 있는 사진도 함께 담는다. 바잉 미팅은 1년에 두 번 있는, 세일즈 팀과의 큰 행사다. 이런 자료는 함께 출장을 가지 못했지만, 바잉 미팅에 참여해 실제 바잉 아이템과 수량을 결정해야 하는 숍 매니저, 이외 다른 엠디들과 공유할 소중한 기록물이다. 현장의 분위기를 조금이라도 더 정확하게 전달하는 것이 바잉에 도움이 되므로, 쇼룸에 대한 짧은 동영상이 있다면 이 또한 함께 정리한다.

그리고 쇼룸에 디자이너가 있었다면 직원들이 디자이너를 조금이라도 가깝게 느낄 수 있도록 반드시 사진을 찍어온다. 세일즈 팀이 브랜드에 대해 갖는 느낌과 호불호는 실제 매장에서 일어나는 판매에 큰 영향을 준다. 아무리 브랜드가 좋아도 판매 직원이 그 브랜드에 대해 자신이 없거나 호감을 느끼지 못하면 판매율도 낮을 수밖에 없다. 당연히 호감을 갖고 있는 경우보다 자리를 잡기까지의 시간도 더 많이 소요된다. 지금까지 이런 경우를 수없이 봐왔고 지금도 경험하고 있다.

따라서 각각의 브랜드에 친밀하고 우호적인 감정을 가질 수 있도록 아이템 사진뿐 아니라 쇼룸의 전체 분위기, 디자이너나 담당자의 사진, 랙에 걸려 있는 옷의 느낌 등 최대한 다양한 사진을 확보하는 것이 좋다. 바잉 미팅을 할 때나 숍 매니저가 판매하는 데 큰 도움이 된다.

이렇게 컴퓨터에 브랜드별로 저장한 사진 파일은 바잉 미팅 때 프로젝터나 컴퓨터 화면으로 볼 수 있도록 한다. 이때 브랜드별 전 시즌 판매 분석, 라인 시트, 룩북, 메모 노트 등도 함께 갖춰져 있어야 한다. 여기에다 세계에서 가장 맛난 초콜릿과 간식까지 세팅하면, 이제 바잉 미팅 준비는 끝이다.

데바스테의 디자이너 오필리아 클레르와 프랑수아 알라리

우아하고 시크한 여성스러움을 담은 제라르 다렐의 쇼룸

다채로운 색감과 유니크한 디자인의 코텔락 쇼룸 겸 스토어

BUYING
MEETING

바잉 미팅

솝 매니저와 함께하는
바잉의 시간

백인 백색의 고객을 현장에서 만나는 판매 직원은 좋은 물건을 사오는 바이어만큼이나, 아니 바이어보다 훨씬 더 중요한 역할을 하는지도 모른다. 전쟁으로 비교하자면 엠디는 총알을 가져다주는 역할을, 판매 직원은 총에 총알을 장전해 조준하고 명중시키는 역할을 하는 셈이다. 현장에서 일하는 이들의 스트레스 지수는 정말이지 웬만한 내공으로는 감당되지 않을 정도로 크다.

이 일을 처음 시작했을 때 A부터 Z까지 속속들이 알아야겠다며 3개월 정도 도산 본점에서 판매를 한 적이 있다. 그때 세일즈 팀에 대한 진정한 존경심이 싹텄고, 당시의 경험이 지금까지도 세일즈 팀을 이해하는 데 밑거름이 되었다. 엠디로서 때로는 숍 매니저가 지나치게 느껴질 수도 있지만, 고객의 반응을 전달해 주는 만큼 그들의 목소리에 겸허한 자세로 귀를 기울여야 한다.

바잉 미팅을 할 때 숍 매니저는 시즌 룩북과 고객의 반응을 체크한 코멘트를 들고 와야 한다. 이상한 일이지만 지난 봄과 여름에 잘 팔린 아이템은 디테일을 살짝 바꾸는 것만으로 이번 봄과 여름에도 잘 팔릴 가능성이 높다. 지금까지 여러 시즌 바잉해 온 브랜드라면 바잉할 때 가져갔던 판매율 표와 이번 시즌의 코멘트가 달린 룩북을 대조하면서 다음 시즌의 사이즈에 따른 수량과 색상 등을 결정해야 한다.

그리고 숍 매니저마다 잘 파는 브랜드뿐 아니라 색상과 스타일도 각기 다르기 때문에, 각 매장별로 원하는 수량을 구분해 적는다. 예를 들어, 같은 브랜드에 같은 스타일이라도 현대백화점 본점에서는 유독 그레이 색상만 잘 팔리고, 무역센터점에서는 네이비 색상이 먼저 빠진다. 따라서 각 매장별로 원하는 스타일, 사이즈, 수량 등을 종합해서 오더를 넣는다. 이렇게 하면 숍 매니저도 더욱 신중하게 오더 수량을 결정하고, 상품이 입고되어 판매할 때도 더욱 큰 책임감을 갖고 임한다.

바잉 미팅이 시작되면 새로운 브랜드와 바잉을 망설이는 브랜드의 사진을 한번 쭉 보여준다. 이는 원래 알고 있던 브랜드를 바잉하다가 아이템이 모자랄 경우, 숍 매니저가 생각할 만한 거리가 된다. 이후 계속해 온 브랜드를 선두로 하나씩 실제 바잉을 한다. 일단은 숍 매니저가 오더하고자 하는 수량도 각 매장별로 그대로 받아 적는다.

하지만 여기서 절대 잊어서는 안 되는 것이 하나 있다. 판매 직원은 기본적으로 재고에 대한 욕심이 많다는 사실이다. 매출을 잘 내는 숍 매니저일수록 지나칠 정도로 재고 욕심이 많다. 물론 이것은 비난받을 일이 아니라 판매직으로서 마땅히, 그리고 당연하게 가져야 하는 욕심이다. 재고 욕심이 없는 판매 직원은 진정한 판매 직원이 아니다. 하지만 전체 판매를 책임져야 하는 바이어는 이런 판매 직원의 특성을 염두에 두고 전체 버짓과 미니멈을 잘 고려해야 한다.

보통은 세일즈 팀이 원하는 수량의 70~80퍼센트 정도를 오더하면 충분하다. 판매 직원이 원하는 만큼을 모두 오더하면 감당할 수 없는 재고에 눌려 죽을 수도 있다. 경험에서 증명된 사실이니 믿어도 좋다.

이렇게 주요 브랜드별로 바잉 버짓, 수량 등을 결정한 다음에는 새로운 브랜드 중에 부족한 아이템을 채워나간다. 예를 들어, 통바지가 유행할 듯한데 진행하고 있는 브랜드에 통바지가 많지 않다면 새로운 브랜드에서 찾는 것이다. 평소 튼실한 허벅지와 작은 키 때문에 바지를 즐겨 입지 않아서인지 내 편집숍 또한 처음에는 하의 실종 매장이라 할 정도로 바지 스타일이 적었다.

하지만 바지 핏만 예뻐도 브랜드가 큰다는 것은 주지의 사실이다. 그만큼 예쁜 핏의 바지를 소개하는 것은 편집숍 바이어가 반드시 해야 하는 업무 중 하나다. 예쁜 핏의 바지를 다양하게 보유한 브랜드는 찾기는 어려워도, 일단 발견하면 매출의 견인차 역할을 톡톡히 한다. 이렇게 찾은 브랜드가 타이거 오브 스웨덴과 호프, 그리고 프랑스의 꼼데가르송이라 불리는 데바스테다.

특히 타이거 오브 스웨덴의 데님 라인은 북구 전체에서 데님으로 수년간 판매율 1위를 차지했을 정도로 유명하다. 호프 또한 뉴스 팬츠News Pants, 로 팬츠Law Pants, 크리시 팬츠 Krissy Pants 등의 스테디셀러에 매 시즌 레벨 팬츠Level Pants 등 새로운 핏을 소개하며 팬츠에 있어서는 가히 독보적이다. 데바스테 역시 사무 팬츠Ssamu Pants, 배꼽 위로 올라오는 편하면서도 시크한 데님 라인 터미 팬츠Tummy Pants, 스커트 팬츠 Skirt Pants, 르 가르송 팬츠Le Garçon Pants 등의 스테디셀러에 매 시즌 새로운 핏이 추가되어 점차 팬츠광들의 잇 브랜드가 되어가고 있다.

그들의 바지는 신기하다. 늘씬한 모델이건 통통한 일반인이건 이상할 만큼 모든 몸매에 잘 어울린다. 하체가 통통해서 바지가 잘 어울리지도, 잘 입지도 않는 나조차 자꾸만 손이 간다.

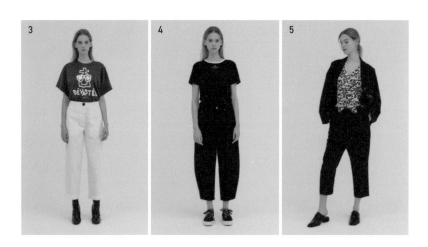

1. 르 가르송 팬츠(Le Garçon Pants) 2. 배럴 팬츠(Barrel Pants) 3. 보이프렌드 팬츠(Boyfriend Pants)
4. 벌룬 팬츠(Balloon Pants) 5. 오토 팬츠(Otto Pants)

6. 터미 팬츠(Tummy Pants) 7. 사무 팬츠(Ssamu Pants) 8. 스트레이트 카고 팬츠(Straight Cargo Pants)
9. 4포켓 와이드 팬츠(4-Pocket Wide Pants) 10. 팔라초 팬츠(Palazzo Pants) 11. 플레어 팬츠(Flare Pants)

한번은 이런 일도 있었다. 14~15년 전 편집숍을 시작한 초기였는데, 현대백화점 본점 2층에 매우 넓고 예쁜 스페이스 눌 매장이 오픈했을 때였다. 겨울에는 패딩을 찾는 고객이 많으니 우리 매장에 어울리는 고급스러운 패딩을 찾아달라는 숍 매니저의 간곡한 부탁 있었다. 그래서 전 세계 컬렉션을 돌며 모든 패딩 브랜드를 눈여겨봤고, 지성이면 감천이라고 결국 이탈리아 패딩 브랜드 에르노를 발견했다.

당시에는 패딩이라고 하면, 캐나다구스Canada Goose나 몽클레르 종류밖에 없었고, 당시 몽클레르는 요즘처럼 디자인적

몽클레르와 함께 명품 패딩의 대명사가 된 에르노의 쇼룸

요소가 있지 않아 여성스럽거나 예쁘지 않았다. 그래서 나도 당시에는 패딩을 전혀 입지 않았다. 고객층으로 보자면 현대백화점 본점 2층의 고객이 입을 만한 패딩 브랜드는 거의 없었다고 보면 된다.

에르노가 가진 차별점은 경량 패딩을 최초로 선보인 브랜드라는 데 있다. 지금은 경량 패딩이라는 것이 일반화되어 있지만, 당시에만 해도 볼 수 없는 디자인이었다. 그런 상황에서 처음 에르노의 경량 패딩을 본 순간, '아! 저 정도로 가볍고 예쁘고 고급스러우면, 나라도 패딩을 입겠다' 하는 생각에

눈이 번쩍 뜨였다.

지금은 신세계인터내셔날이 독점으로 가져가 전개하고 있고 세계적으로도 유명해졌지만, 14~15년 전 스페이스 눌에서 처음 현대백화점 본점에 소개할 때만 해도 국내에서는 소위 '듣보잡' 브랜드였다. 가격 또한 높아 첫 시즌에는 판매 직원이 자세한 설명을 해야 구매로 이어졌다. 하지만 다음 해 겨울부터는 상황이 반전되어 재구매율 100퍼센트를 자랑하는 브랜드가 되었다. 가능성 있는 브랜드를 발굴해 국내 고객에게 소개하고 고객층을 넓혀가는 것, 바로 이것이 편집숍 바이어의 진정한 역할이다.

에르노는 이후 현대백화점이 한시적으로 직영 모노 브랜드 스토어를 전개했을 때도 첫 시즌부터 아무런 저항 없이 좋은 매출을 냈다. 스페이스 눌을 통해 단단한 고객층을 확보했던 것이 든든한 디딤돌이 되어준 것이다.

모든 백화점의 바이어는 가능성 있는 새로운 브랜드를 빠르게 소개하기 위해 노력한다. 그리고 이런 백화점의 니즈를 충족시키는 것이 바로 백화점 입점 편집숍의 중요한 역할이다. 한마디로 새로운 브랜드가 저항 없이 잘 받아들여지도록 고객층을 단단하고 더 넓게 확보해 주는 것이다. 이를 통해 백화점이 발 빠르게 새로운 모노 브랜드 스토어를 입점시키거나 직영으로 열 수 있게 해줘야 한다.

그런 의미에서 유통업계 바이어는 편집숍의 '매출'을 다른 시선에서 바라봐야 한다. 타 브랜드의 입퇴점 시 기준이 되는 단지 그달, 그 시즌에만 국한해서 매출을 따져서는 안 된다. 주요 브랜드를 다른 곳에서 가져가거나 브랜드가 모노 브랜드로 나오게 되면 편집숍의 매출은 당분간 내려갈 수밖에 없다. 하지만 편집숍 덕분에 에르노 같은 좋은 브랜드도 아무런 리스크 없이 직영으로 전개할 수 있었고, 골든구스나 가니 같은 재미있는 브랜드를 모노 브랜드로 소개할 수도 있었다. 유통업계 바이어라면 이 점을 절대 잊어서는 안 된다.

다시 말해 그 편집숍 안에 제2의 에르노와 골든구스가 자라고 있다는 사실을 잊어서는 안 된다. 결국 매출에 급급해야 하는 유통업계 바이어보다는 훨씬 높고 넓은 안목을 갖춘 리더가 필요하다.

이제 직구 등의 영향으로 명품 또는 백화점에서 해외 패션으로 분류되는 하이 컨템퍼러리 브랜드의 파워가 줄어들고 있다. 그런 의미에서 일본 백화점에 상당수의 편집숍이 입점해 있는 상황은 많은 것을 시사한다. 앞으로 국내 유통업계가 마주해야 하는 수많은 당면 문제에 대한 해답이 곧 편집숍에 있다는 의미다.

보통 패션업계에서는 아무리 핫한 브랜드여도 그 '뜨거움'은 5년 정도의 생명력을 가진다고 본다. 하지만 편집숍의 매출과 수명은 그 반대다. 그 시작은 빨라도 3년이고 보통은 5년 정도부터다. 주요 브랜드를 대기업이 독점해 가져가지 않는 한 장담할 수 있다. 편집숍의 아이덴티티가 정립되어 확고해지는 5년부터는 바잉만 받쳐주면 매출은 위를 향해 달릴 것이다.

편집숍 고객은 브랜드의 유명도가 아닌 스타일을 추구하기 때문에 편집숍이 자신의 그릇, 즉 아이덴티티 속에 무엇을 담아내도 쉽게 받아들일 준비가 되어 있다. 그러니 입퇴점을 관리하는 백화점의 바이어는 모노 브랜드와 편집숍을 같은 눈으로 바라보고 같은 잣대로 재는 우를 범해서는 안 된다.

또한 편집숍 엠디는 판매팀으로부터 받는 요구를 고객의 소리라 생각하고 들어야 한다. 판매 직원의 요구는 바이어의 숙제가 되며, 엠디는 이 숙제를 잘하도록 두 귀와 두 눈을 활짝 열고 전 세계 컬렉션과 마켓을 살펴야 한다. 결국 숙제를 잘 해내는 것, 그래서 훌륭한 잠재력을 지닌 새로운 브랜드를 국내에 소개하는 것이 편집숍 엠디의 신성한 의무다. 그 의무를 다했을 때 에르노, 데바스테, 호프, 데이드림 네이션처럼 새로운 브랜드가 잘 커나갈 수 있고, 엠디로서 매우 커다란

가니, 골든구스, 에르노의 모노 브랜드 스토어

기쁨과 자부심도 느낄 수 있다.

버짓에 따라, 엠디는 바잉해야 할 브랜드와 버려야 할 브랜드를 숍 매니저와 함께 결정한다. 또 매장의 브랜드로 키워야 할 브랜드와 그저 매출 때문에 유지해야 하는 브랜드도 결정한다. 숍의 이미지 형성에는 도움이 되지만 판매는 좋지 않은 브랜드들도 많다. 그러니 바잉을 할 때는 모든 것을 감안해서 신중하게 선택해야 한다.

시즌별 컬렉션의 선호에 따라 바잉을 들쑥날쑥하면 바잉의 연속성이 깨지고, 결국 브랜드 측에서도 우리를 주 고객, 충성스러운 고객으로 생각하지 않는다. 바잉을 하다 보면 다른 국내 편집숍과 어카운트 충돌이 생기기도 하는데, 이때 브랜드가 우리 손을 들어주려면 무엇보다 '관계'가 중요하다. 이 관계는 서로에 대한 '신뢰'에서 나오는 것이고, 이 신뢰의 기본 바탕이 바로 바잉의 '연속성'이다.

만약 버려야 할 브랜드로 분리했다 하더라도 브랜드 자료나 콘택트 인포를 곧바로 버려서도 안 된다. 얼마 지나지 않아 그 브랜드가 아쉬워지는 경우도 생기기 때문이다. 그러니 지금 당장 선택하지 않아도 관심이 갔다면 한두 시즌 정도 브랜드 정보를 보관한다. 매번 돌아오는 바잉 시즌마다 브랜드의 성장을 비교하기에 좋은 자료가 되어줄 것이다.

데이드림 네이션의 컬렉션

ORDER
CONFIRMATION

오더 컨퍼메이션

데드라인 확인과
OC 받기

이제 숍 매니저와 함께한 바잉 미팅 끝났다. 이를 바탕으로 브랜드의 바잉 미니멈을 확인하고 회사의 버짓에 맞춰 오더 리스트를 작성해야 한다. 앞서 설명한 것처럼 숍 매니저가 원하는 오더 물량의 70~80퍼센트 선에서 진행하면 적절할 것이다. 이때 만약 오더 물량이 미니멈을 훨씬 넘어서면 반드시 디스카운트의 가능성을 타진해야 한다. 거절당한다 해도 밑져야 본전이다.

많은 유럽 브랜드들은 미니멈보다 훨씬 많은 오더에 대해 적게는 2~3퍼센트, 많게는 10~20퍼센트까지 할인을 해준다. 물론 10~20퍼센트, 때로는 30퍼센트까지 할인을 받으려면 여러 시즌 동안 거래하고 바잉 물량도 꾸준히 늘려나가야 한다. 하지만 버짓에 따른 할인 가능성을 알고 시작하면 해당 브랜드의 버짓을 결정하는 데 큰 도움이 된다.

이는 해당 브랜드를 숍의 메인 브랜드로, 계속 키워갈지를 결정하는 데도 중요한 역할을 한다. 메인으로 키워야 한다면 그 브랜드에서 강한 아이템 외에도 브랜드 전체의 세계관을 보여줄 필요가 있다. 따라서 적은 양이나마 다른 아이템도 바잉해 고객이 브랜드 전체 이미지에 익숙해지도록 해야 한다. 이는 모노 브랜드를 위한 준비 단계라고 보면 된다. 필요한 아이템을 끼워놓고 바잉 미팅 때 오더 물량을 전체 버짓과 브랜드의 중요도에 따라 조절하는 등의 업무는 전적으로 바잉 오피스와 바잉 엠디의 몫이다.

이런 과정을 거쳐 아이템, 사이즈별 수량, 할인율 등을 적용해 오더 리스트를 만들었으면, 데드라인을 넘기지 않고 각 브랜드에 오더를 넣는다. 하지만 때로는 다른 어카운트와 너무 가까워 지리적으로 충돌이 있거나, 작은 회사가 사는 것을 원치 않는 등의 여러 이유로 오더가 받아들여지지 않기도 한다. 또 오더를 진행해 온 브랜드가 누군가에 의해 독점되면서 더 이상 오더를 받지 못하는 경우도 있다. 아주 가능성은 적지만 브랜드 담당자의 실수로 오더가 누락되는 상황도 가끔 발생한다.

따라서 오더를 넣고 나서 일주일 정도 지난 다음, 해당 브랜드로부터 OC를 받았는지 꼭 확인해야 한다. 만약 받지 못했다면 반드시 확인 메일을 보내 오더가 정상적으로 접수되었는지 점검한다.

브랜드에 따라서는 매우 아날로그적으로 매 시즌 OC를 우

OC를 비롯해 바잉에 없어서는 안 될 자료들

ORDER CONFIRMATION

RETURN SHIPMENT

STORE & SHOW WINDOW IMAGE REVIEW

2023 S/S MARYLING LOOK BOOK

2023 F/W BORA AKSU LOOK BOOK

편으로 보내오는 경우도 있다. 그러면 직접 사인을 해서 팩스나 스캔으로 넣어야만 오더가 마무리된다. 그러니 오더 리스트를 보냈다고 모든 업무가 끝난 것이라 착각해서는 안 된다. 지금까지 골머리를 앓으면서 처리한 바잉이 작은 실수로 수포로 돌아갈 수 있다.

때로는 발송한 오더와 OC의 오더가 사이즈나 색상, 아이템 등이 잘못 기재되어 오는 경우도 적지 않다. 엠디는 모든 OC를 하나하나 꼼꼼하게 살펴봐야 한다. 오더 리스트를 작성한 엠디와 다른 엠디가 OC와 오더 리스트를 대조하면서 크로스 체크를 하는 것도 좋다. 잘못된 OC를 그대로 받아들이고 디파짓을 송금하면 전혀 엉뚱한 상품을 떠안게 된다. 그리고 대부분의 경우 그 제품은 판매로 이어지지 않고 세일 랙에 걸리는 신세가 되고 만다.

엠디의 작은 실수 하나가 때로는 회사에 경제적 손해를 끼칠 수 있고 무거운 짐이 될 수도 있다. 엠디는 작은 오차나 실수가 없는지 오더 리스트와 OC를 거듭 확인해야 한다. 꺼진 불씨도 다시 보듯, 마지막까지 최선에 최선을 다해 살피고 또 살펴야 한다.

한편 OC는 항상 디파짓에 대한 지시와 함께 온다. 디파짓이 없는 브랜드도 있지만 대부분 해당 브랜드 전체 바잉 금액의 30~50퍼센트 정도에서 디파짓을 송금하게 되어 있다. 오랫동안 거래해 온 브랜드라면 디파짓이 살짝 늦거나 없어도 상품을 생산하지만, 대부분의 브랜드가 디파짓 없이는 생산을 진행하지 않는다. 이후 제때 맞춰 제품 대금을 지급하는 것은 지속적인 바잉과 더불어 브랜드와 좋은 신뢰 관계를 형성하는 데 상당히 중요하다.

다양한 브랜드의 오더 리스트

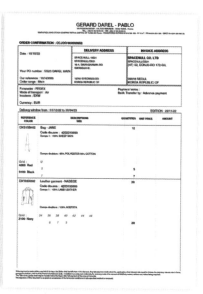

여러 가지 형태의 OC

MAKING
A LOOKBOOK

메이킹 어 룩북

다가올 시즌을 위한
룩북 만들기

　　　바잉을 다녀온 브랜드의 아이템은 다음 시즌, 즉 5~6개월 이후에나 매장에 입고된다. 편집숍 고객과 해당 브랜드를 좋아하는 고객이라면 그 기간 동안 이들 아이템에 관심을 가질 수밖에 없다. 그러니 OC를 받고 디파짓을 송금했다면, 이제 각 브랜드별로 룩북을 만들어 모든 매장에 배포해야 할 차례다. 물론 판매 직원이 고객과 함께 볼 룩북과 본사 오피스에서 엠디가 사용하는 룩북은 좀 다른 정보를 갖고 있다. 본사의 룩북에는 정확한 오더 수량과 홀 세일 가격, 회사 내에서의 아이템 넘버뿐 아니라 기존 수입 품번까지 기재되어 있어야 한다.

　반면 매장으로 나가는 룩북은 고객의 반응과 문제점 및 셀링 포인트 등을 가능한 자세히 적을 수 있도록 충분한 여백이 있는 형태다. 판매 직원에게는 해당 공란에 그때그때 고객의 반응을 기재해 달라고 요청한다. 숍 매니저는 바로 이것을 들고 바잉 미팅에 참석하는데, 이는 바이어가 다음 바잉을 진행할 때 상당히 도움이 된다.

AFFGDCT02			

COLOR/SIZE	36	38	40	FREE
PIK	8	10	9	
BLU	8	10	9	

Comment :

코발트 블루가 독특하고 예쁨. 가장 먼저 접근하고 유건하니 봐! 함께 블라우스, 코트, 카디건 사이즈도 좋아서 앞으로 이 셰이프로 계속 진행해도 좋을 것 같음. 길이 넉넉하니 40호 필요 없을 듯.

수입NO.	DWM21W040
소재	54% NEW WOOL, 20% POLYAMID, 13% ALPACA, 13% MOHAIR
판매가격	

AFFGDJK02BLK			

COLOR/SIZE	36	38	40	FREE
BLK	7	9	8	

Comment :

디자인이 과하지 않으면서 귀엽고 반응도 좋음. 60에서 입은 베스트 셔츠로 나온건 다 반응이 좋을 것 같음. 함께 입을 수 있는 모든 핏 길이 스커트가 있으므로 좋겠음.

컬러 핏도 다 좋음. 다만 40 필요는 좀 줄어도 될 듯.

수입NO.	DWV08W064
소재	33% COTTON, 32% WOOL, 18% POLYESTER, 13% ALPACA, 4% POLYAMID
판매가격	

AFFGDKT01			

COLOR/SIZE	36	38	40	FREE
PIK	10	13	12	

Comment :

연한 핑크라 생상은 다 좋아함. 겨울 안에 목이 조금 넓게 파진 경향이 없음. 특히 제외하면, 친도 안자국 베이버라 부드럽고 좋고, 딱 6개 부분이 여깄으면 좋음.

수입NO.	DWU21W259
소재	53% MOHAIR, 45% POLYAMID, 2% ELASTANE
판매가격	

AFFGDBL01			

COLOR/SIZE	36	38	40	FREE
NAT	9	9	8	

Comment :

스웨터 자켓 안에 받쳐 입기 좋은 컬러감도 마주 무난해서 날개 기본 컬러라 반응 좋음. 다른 좋은 스타일을 좋아지지 않으면도 없이 다 어리는, 장시 앞 단에 브레이어는 추천함. 그레이, 검정, 그리고 편한 색상 등도 추가했으면 함.

수입NO.	DWC10W127
소재	83% ACETATA, 17% SILK
판매가격	

AFFGDOP02			

COLOR/SIZE	36	38	40	FREE
MUL				13

Comment :

제라르 다렐 스카프는 기본도 좋고 출감도 좋고, 생상도 코트 톤에 매치하기 좋아서 다양하게 계속 판매하면 좋을 듯. 다른 단색, 스카프 퀄리티가 좋으나 타 브랜드와 차별성이 없어 비슷 때. 제라르다렐 바느질, 그레디드 특히나 시그니드 색상라 맛은 색상이 좋음.

수입NO.	DWH22W288
소재	100% WOOL
판매가격	

AFFGDSK01			

COLOR/SIZE	36	38	40	FREE
BLU	7	8	7	

Comment :

허리가 사이즈 비대 디테일과 그러데이션 컬러라 가장감 없음 좋음. 만약 허리 사이즈 조정이 안되면, 36은 빼거나 안고 38과 40을 더하면 타깃층. 반처럼하는 제작연한 디테일과 함께 있어 디테일 좋겠음.

수입NO.	DWJ01W134
소재	100% POLYESTER
판매가격	

한 시즌의 컬러 출장 후 마무리하기

고객의 반응을 꼼꼼히 기록한 매장의 룩북

때로는 룩북을 본 고객의 반응을 반영해 해당 시즌의 오더를 약간 수정하는 경우도 있다. 너무 많은 양의 오더 추가가 아니라면, 또 브랜드 본사에서도 여유분의 재고가 있다면 브랜드에 따라, 타이밍에 따라 어느 정도의 추가는 가능하다. 물론 오더 수량 축소는 받아들여지지 않으니 이 점은 주의해야 한다.

바지의 경우 바잉 때 판단이 어려웠던 아이템이 오히려 고객에게 큰 반향을 일으키는 경우가 있다. 특히 하의에서 이런 현상이 많이 발생하므로, 숍 매니저에게 하의는 더 자세히 피드백해 달라고 당부해야 한다. 잘 팔리는 것은 셀링 포인트가 무엇인지, 잘 안 팔리는 것은 그 이유가 무엇인지 등을 자세히 기입해 두어야 다음 시즌에 더 좋은 바잉을 할 수 있다. 결국 잘 팔리는 것도 안 팔리는 것도 모든 답은 현장의 숍 매니저에게 있는 것이다.

룩북은 바잉 미팅에 참여하지 못한 숍 매니저를 비롯해 막내인 어린 판매 직원까지 모두에게 필요한 자료다. 이를 보며 다음 시즌에 들어오는 아이템이 무엇인지 미리 살펴보고 상품 입고를 기다린다. 그리고 사진으로만 보던 아이템이 실제로 입고되는 순간, 몇 개월간의 기대는 현실이 된다.

가끔 매장에 들르면 "다음 시즌 데바스테 너무 예뻐요. 다

젊은 감성의 프렌치 시크, 데바스테

음 시즌 메릴링 너무 예뻐요. 빨리 왔으면 좋겠어요. 언제 들어와요?"하고 묻는 직원을 만나는데, 그럴 때면 우리가 같은 꿈을 꾸고 있다는 사실이 실감 나면서 동지 의식까지 싹튼다. 그리고 그들의 기대에 부응하기 위해 엠디로서 더 좋은 바잉을 해와야 한다는 책임감으로 힘이 불끈불끈 솟기도 한다.

룩북이 하는 또 하나 실제적인 역할은 예약 판매를 가능하게 한다는 것이다. 미국의 유명한 인터넷 쇼핑몰을 보면 시즌 전에 예약 판매 아이템이 뜬다. 많은 양을 오더하지 않았거나 조기 판매가 예상되는 아이템, 오더 가격이 너무 비싸 선주문을 받고 오더를 하는 아이템의 경우다. 룩북을 통해 고객은 다음 시즌에 입고될 신상품을 미리 확인하고, 입고 수량이 적은 희귀 아이템을 예약 판매로 살 수 있다. 한마디로 다음 시즌 상품이 매장에 들어오기도 전에 미리 '찜'해두는 것이다.

이렇게 바잉의 준비부터 실제 바잉과 마무리까지 한 시즌이 끝났다. 이제 남은 것은 입고뿐이다. 하지만 다음 시즌의 상품 입고를 기대하고 기다리는 이 시기에, 엠디가 할 수 있고 해야 하는 일이 하나 더 남아 있다. 바로 될 수 있는 한 자주 현장에 들르는 것이다.

판매 직원의 고충을 들어주는 과정에서 생생한 피드백을 받을 수 있고, 매일매일 판매 일보를 확인하며 각 매장마다 고객의 성향을 파악할 수 있다. 어떤 숍에서는 잘 팔리는데 또 다른 숍에서는 잠자고 있는 재고가 있는지, RTRotation는 제대로 되는지를 하루, 일주일, 한 달, 시즌 단위로 체크해야 한다. 또 다른 브랜드와 편집숍 등을 돌며 핫한 아이템이 무엇인지, 이번 시즌 자신의 숍에 부족한 것은 없는지 등을 파악한다.

한마디로 이 시기에 엠디는 다음 시즌 바잉을 위한 준비에 들어가야 한다. 세상에서 가장 영민하고 패셔너블한 고객들을 만족시키려면, 꿈에서도 엠디는 쉴 틈이 없다.

EPILOGUE
에필로그

　　내가 직원을 채용할 때 보는 것은 단 두 가지다. 전 직장에서의 근무 연수, 그리고 인성이다. 이는 엠디뿐 아니라 다른 모든 직장인의 기본이다. 우리나라는 아직 외국처럼 전 직장의 책임자나 고용주에게서 추천서를 받거나, 여러 확인을 위해 자유로운 연락이 가능한 문화가 아니다. 그러니 이력서와 면접만으로 사람을 판단해야 한다. 상황이 그런 만큼 전 직장에서의 근무 연수는 관리자 입장에서는 생각보다 중요한 요소다.

　　따라서 신입이나 사회 초년생이라면 한 직장에서 적어도 3년 이상은 버텨보라고 권하고 싶다. 그러다 보면 배우는 것도 많고 스스로도 중요한 역할을 하는 사람이 되어 있을 것이다. 그리고 한 직장에서 3년 이상 있었다는 것은 그것만으로도 훌륭한 이력이 되고, 그 사람에 대해 많은 것을 알려준다. 일을 못했다면 한 회사에서 3년 동안 일하지 못했을 것이고, 나이가 젊은데도 3년을 버텼다면 그만큼 '엉덩이가 무겁다'는 것, 즉 끈기와 인내심이 있다는 의미이기 때문이다.

그리고 남을 배려할 줄 아는 인성 또한 직장 생활의 기본이다. 하지만 요즘은 이런 기본이 안 되어 있는 친구들도 많다. 직장 생활에서 중요한 요소를 꼽자면 인성과 성실성, 끈기와 헝그리 정신일 것이다. 특히 헝그리 정신은 직장 생활뿐 아니라 인생에서 이뤄나갈 모든 성취의 출발점이다.

패션 엠디, 편집숍의 패션 엠디라면 밥은 굶더라도 원하는 아이템은 반드시 사야 직성이 풀릴 만큼의 강한 열정이 있어야 한다. '누군가'는 이런 마음을 허영이라고 할지 모르지만, 젊어서 이 정도의 열정은 기본이다. 그러니 자신이 그 '누군가'에 속한다면 엠디가 되고자 하는 마음은 다시 한번 생각해 보는 것이 좋다. 나이가 들면 어느 정도는 현실과 균형을 맞추며 적당히 타협하며 살기 마련이다. 그러니 이제 막 시작하는 엠디라면 열정이 지나치다는 걱정은 하지 않아도 된다.

또 하나, 엠디는 판매 직원에 대한 존경심을 가져야 한다. 이는 패션에 대한 열정만큼이나 중요한 엠디의 자질이다. 하지만 열정적인 엠디는 찾기 쉬워도 판매 직원에게 존경심을 갖추고 대하는 엠디는 보기 드물다. 엠디라는 직함을 가진 많은 바잉 엠디들이 '나 외국에서 공부하고 왔네' 하는 식으로 판매 직원과 다른 세계의 사람인 듯 선을 긋는 것을 많이 봐왔다. 그러나 물건을 보고 고객을 파악할 줄 아는 판매 직원의 능력은 좋은 바이어가 갖춰야 하는 기본 자질이기도 하다. 실제로 외국에서의 바잉 엠디는 대부분 훌륭한 판매직 출신인 경우가 많다.

판매는 엠디 업무의 열 배, 스무 배의 스트레스를 동반한다. 취향도 성격도 다양한 고객을 상대하는 것은 결코 쉬운 일이 아니다. 기분 좋게 쇼핑하고 물건을 아끼고 사랑하며, 판매 직원에게도 예의 바른 고급 고객들도 많다. 하지만 우울증을 앓고 있어 숍에 와서 스트레스를 풀고 가는 고객도 있고, 말도 안 되는 생떼를 쓰며 2년 전에 산 신발을 마르고 닳도록 신고 난 뒤 환불해 달라는 고객도 있다.

심지어 30만 원짜리 바지를 사가서는 에르메스 버킨백 Birkin Bag에 이염되었다며 수천만 원짜리 가방 값을 물어내라고 하는 고객도 있다. 또 카피를 위해 사는 것이 너무도 뻔하게 보이는 가짜 고객도 있으니, 이런 모든 고객을 웃음으로 대한다는 것이 웬만한 내공으로 되는 것은 아니다. 설사 겉으로는 웃으며 응대를 마칠지라도, 속은 시커멓게 타들어 가는 것이 인지상정이다.

편집숍 일을 시작했을 때 3개월을 꼬박 매장에서 일했었는데, 그때의 경험은 판매 직원의 애환을 이해하는 데 커다란 밑거름이 되었다. 그래서 엠디를 뽑을 때도 판매 아르바이트라도 해본 경험이 있는 경우를 선호한다. 판매 경험이 전혀 없는 엠디와는 판매 직원을 대하는 태도에서부터 크게 다르기 때문이다. 엠디가 되고자 한다면 반드시 1년 정도는 판매를 해볼 것을 강력히 권한다.

마지막으로 이 책을 읽는 엠디 혹은 미래의 엠디에게 꼭 건네고 싶은 말이 몇 가지 있다.

첫째, 고객의 눈높이에서 생각하기를 바란다. 바잉을 가서 어린 엠디에게 옷을 골라보라고 하면 참으로 귀엽고 예쁜 것을 고른다. 그들의 눈높이에서! 그런데 그 옷은 시핑과 관세 등의 세금이 붙으며 가격이 높아지기 마련이다. 과연 그 제품을 우리의 주 고객층이 사겠는지, 자신의 옷을 쇼핑하지 않는 이상 '지나치게' 귀여운 그 아이템은 다시 한번 생각해야 한다. '과연 나라면 이 돈을 주고 사겠는가?', '저런 스타일을 고객이 좋아할까?' 생각하며 항상 고객의 입장에서, 연령대와 가격대를 고려해서 바잉을 결정하도록 한다.

둘째, 재고를 두려워해야 한다. 수입 편집숍은 어느 정도 규모가 되기 전까지는 이윤을 내기 어렵다. 이것은 편집숍뿐 아니라 수입 의류 업체 전반에 해당될 것이다. 그러니 재고는 어떤 식으로든 빨리 처분해야 한다. 끌로에의 우디백, 자크뮈스의 치키토백Chiquito Bag, 더 나아가 샤넬의 클래식백Classic Bag처럼 가방과 액세서리는 시즌이 지나도 계속해서 같은 가격에 팔 수 있다. 하지만 의류는 한 시즌만 지나도 가치가 땅에 떨어진 듯 처분하기 힘든 짐이다. 그냥 한편에 쌓여 잠만 자는 짐이 아니다. 한장 한장에 대해 다달이 창고료를 내야 하는 돈 먹는 짐이다.

따라서 엠디는 수시로 창고에 무엇이 잠자고 있는지 잘 살펴서 재고를 머릿속에 넣고 있어야 한다. 재고는 행사 매장이나 패밀리세일 등을 통해 최대한 빠른 시일 내에 소진하고, 절대 팔리지 않을 것 같은 악성 재고나 오래된 재고 등은 잡지사나 여러 기관이 주최하는 행사에 기부해서라도 처분하는 것이 좋다. 팔지 못하는 아이템을 보관하느라 매달 꼬박꼬박 내는 창고료부터 가능한 줄여나가야 한다.

셋째, 불량은 빨리 파악하고 대처해야 한다. 대부분의 해외 디자이너나 브랜드는 불량에 대해 반품이나 크레디트 노트 Credit Note(다음 시즌 바잉 때 차감해서 쓸 수 있는 노트)를 주는 기간을 통관 이후, 또는 우리 창고에 들어온 후 1~2주로 둔다. 그 이후에 보고된 불량에 대해서는 크레디트 노트를 잘 주지도 않고 반품도 받지 않는다. 그러니 물량이 입고되면 불량부터 꼼꼼히 살펴야 한다.

그렇게 해서 불량이 발견되면 증거 사진과 함께 브랜드 본국에 즉시 리포트한다. 하지만 쉽게 고칠 수 있는 불량이면 브랜드 본사에 클레임을 걸기보다는 고쳐서 내보내거나 좀 싸게 할인해서 파는 방법도 고려해 보는 것이 좋다. 잦은 불량 리포트는 브랜드의 심기를 건드릴 수 있으므로, 오래 가져 갈 브랜드나 국내에 어카운트가 많은 브랜드라면 특히 더 조심해야 한다.

가끔 일어나는 일이지만 살짝 손만 보면 될 것을 불량 박스에 마냥 쌓아두는 경우도 왕왕 있다. 10만 원에 팔아야 할 제품도 불량 박스로 들어가는 순간, 1만 원 이하의 가치로 떨어진다. 회사 입장에서는 엄청난 손해다. 아이템 하나하나를 본인의 돈으로 샀다고 생각하면 절대 마음 편히 불량 박스에 던져 넣을 수 없다. 주인 의식을 갖고 살피고 또 살펴야 한다.

넷째, RT는 엠디 업무의 기본이다. 매장이 두 곳 이상일 때, 각 매장은 고객의 연령대부터 사이즈, 성향까지 다른 양상을 보인다. 차이의 많고 적음은 있겠지만 분명 차이는 있다. 특히 중심 매장과 외곽 매장의 경우는 고객의 사이즈와 선호도에서 분명한 차이가 난다. 그러니 한 매장에서 완판된 아이템이 다른 매장에서는 꿈쩍도 안 하는 경우도 생긴다.

이때 엠디는 안 팔리는 매장에서 팔리는 매장으로 RT 지시를 해야 한다. 숍 매니저가 물량 욕심에 응하지 않는다면, 일주일 이상 물량을 넣지 않는 등의 분명한 패널티를 부여해서 반드시 본사의 지시를 따르게 해야 한다. 특히 시즌 초는 고객의 반응이 매우 중요한데, 그때 오더 물량이 적으면 리오더를 얼른 넣어줘야 한다. 대기업은 승인 단계가 복잡해 쉽지 않겠지만, 작은 회사일수록 리오더 시스템이 좋다. 결국 가장 무서운 것은 재고이기 때문이다.

시즌 후반의 RT는 판매율을 30퍼센트까지도 좌우한다. 그때는 무조건 잘 팔리는 매장으로 해당 아이템을 몰아주고 소진율을 높여야 한다. 매일매일의 판매 일보를 보고, 팔리는 것 위주로 일별 또는 주별로 RT를 넣어주는 것은 엠디의 기본이다. 가끔은 브랜드별로, 또 모노 브랜드라면 스커트, 톱, 바지, 재킷 등의 스타일별로 들어가 판매를 살피는 것도 필요하다. 아무리 판매 일보에 따라 일별, 주별 RT를 해도 간과된 RT가 언제나 눈에 띈다.

판매율은 회사의 수익률, 더 나아가 회사의 생존과도 직접적으로 연결된다. 예정된 일로 특별히 바쁜 날이 아니라면 엠디는 항상 RT를 챙겨야 한다.

다섯째, 초심을 잃지 말고 늘 깨어 있기를 바란다. A부터 Z까지 무엇이든 하겠다는 열정도 2~3년이 지나면 사그라져

매너리즘에 빠지기 쉽다. 그리고 매너리즘에 빠지면 사고가 나기 마련이다. 지금까지 나를 스쳐 간 많은 엠디들을 보며 경험한 사실이다.

패션은 동종 업체와의 경쟁이기도 하지만 시간과의 경쟁이기도 하다. 누가 얼마나 빨리 핫한 또는 핫하게 될 브랜드를 보여주는지가 편집숍 생명력의 관건이다. 의식은 늘 깨어 있어야 하고 눈과 귀를 포함한 오감은 언제나 활짝 열려 있어야 한다. 여기까지가 직업인으로서 엠디의 일, 여기까지가 개인적인 내 일이라고 줄을 그어서도 안 된다.

아름다운 모든 것 속에서 영감을 느끼고, 그것을 디스플레이 오브제, 팝업 시안 등과 연결 지어 생각할 줄 알아야 한다. 보고 듣는 모든 것 속에서 아름다움을 찾아내는 것, 그것이 바로 살아 있는 엠디의 의식이다. 깨어 있는 의식은 매너리즘을 모른다.

이 책을 관심 있게 보는 엠디와 미래의 엠디 모두 주인 의식으로 무장한 슈퍼 엠디가 되기를 진심으로 기원한다. 핫한 아이템을 발굴해 전 세계에서 가장 눈 높은 국내 편집숍 고객을 행복하게 해주기를! 그리고 엠디의 일에 흥미를 가진 일반 독자분들도 모두 늘 생생하고 팔팔하게 살아 있기를 바란다.

THANKS TO
감사의 말

이 책이 나오기까지 심적, 육체적, 시간적으로 고된 작업의 연속이었다. 코로나 팬데믹이 휩쓸고 간 패션계는 마치 화마가 휩쓸고 간 숲 같았다. 패션계 전체가 어려워져 패션 회사의 CEO로서도 쉽지 않았고, 해외여행이 자유롭지 못해 줌 등의 온라인으로 바잉을 할 때면 수석 바이어로서 업무에도 난관이 찾아왔다.

그러는 와중에 도스토옙스키 4대 장편 중 세 권의 번역을 끝냈고, 비평과 해설 그리고 기나긴 역자 서문이 딸린 19세기 러시아문학 작품의 번역도 20여 권에 달하게 되었다. 이런 철학적이고 인문학적인 서적을 출간하는 것은 정말이지 힘들고 어려운 작업이다. 하지만 세상에 어느 것 하나 쉬운 것이 없다는 말처럼, 술술 넘어가는 이 책도 세상에 내놓기까지 정말 오랜 시간이 걸렸다.

많은 인문학자들이 그렇듯, 나 또한 사진이 잔뜩 담긴 실용서는 만들기 쉬울 것이라 생각했다. 하지만 이것은 분명 완벽한 착각이었다. 실용서는 원고를 쓰는 것도 만만치 않지만,

원고의 완성은 책 제작에서 빙산의 일각에 불과했다. 8년 전 『패션 MD』 시리즈를 처음 시작하자마자 뼈저리게 느낀 사실이다.

이 책에 실릴 사진을 업데이트하기 위해 또다시 세계 일주를 하다시피 한 것은 육체적으로 고되고 힘든 일이었다. 그리고 사진을 싣기 위해 국내 외의 리딩 편집숍과 유명 레스토랑, 백화점 관계자에게 메일을 보내 협조를 요청하고, 컨펌을 기다리는 시간도 너무나 길게 느껴졌다. 이후에는 사진을 한장 한장 추려가며 원고에 맞게 정리하는 기나긴 여정도 기다리고 있었다. 기계치인 나로서는 정말이지 쉽지 않은 과정이었다.

하지만 원고를 작업하며 겪은 이런 육체적인 어려움은 심적 고통에 비할 것은 아니었다. 나를 더 힘들게 했던 것은 사랑하던 많은 편집숍들과 리테일 체인들이 코로나19의 화마를 견디지 못하고 쓰러져 버렸다는 사실이었다. 겨우 온라인으로 살아남거나, 그것도 아니면 아예 흔적도 없이 사라진 상황을 눈으로 보며 패션을 사랑하는 사람으로서 너무도 가슴 아팠다.

그러나 화마가 휩쓸고 간 숲에도, 연둣빛 애잔한 작은 싹은 올라온다. 다행히 그 자리에는 작지만 새로운 편집숍이 하나

둘 생겨나고 있다. 또다시 코로나19 같은 화마가 몰아치지만 않는다면 그 여린 연두는 애잔함을 떨쳐내고, 짙푸른 초록으로 하늘을 향해 쑥쑥 자라날 것이다. 반드시 전보다 더 푸른 초록의 숲을 이룰 것이다! 제발 그렇게 되기를 기도한다.

이 책을 내기까지 정말 많은 분들이 격려와 도움을 주셨다. 아마 여기에 모두 담으려면 이 책보다 더 두꺼워질지 모르겠다. 나 자신의 노력과 고생보다 수백 배나 더 많은 격려와 수천 배나 더 큰 도움을 받으며, 내 자신이 얼마나 복이 많은 사람인지 깨달았다. 그분들의 도움과 배려가 있었기에 이 책은 세상에 나올 수 있었다. 이 자리를 통해 감사의 마음을 꼭 전하고 싶다.

먼저 출장을 갈 때마다 바잉 키트를 챙겨주고, 많은 서류들을 만들고 사진을 정리하는 데 큰 도움을 준 얼굴도 마음도 예쁘고 건강한 우리 스태프들에게 감사드린다. 또 패션 트렌드에 대한 많은 조언을 해주고, 유럽과 일본 사진 촬영에서 큰 부분을 담당해 준 앨리스 경원 송Alice K. W. Song에게 감사를 드린다. 길치인 내게 기꺼이 가이드가 되어주고, 무거운 것을 들면 안 되는 불량품 뼈를 가진 나를 배려해 '가방모찌'까지 자청해 준 덕분에 여기까지 올 수 있었다.

또한 국내 10 꼬르소꼬모와 비이커의 사진 촬영을 위해 바쁜 와중에도 세심한 배려를 아끼지 않고 도와주신 이소란 상무님, 10 꼬르소꼬모의 김유영 그룹장님, 비이커의 송태근 사업부장님께 큰 감사를 드린다. 인터뷰와 실제 촬영에 성실하게 응해주신 10 꼬르소꼬모와 비이커, 10 꼬르소꼬모 카페의 모든 분들께 감사드린다.

아울러 분더샵, 엑시츠, 트리니티의 촬영과 인터뷰에 협조해 주신 신세계백화점 본점의 직원 여러분께도 감사의 말씀을 올린다. 브랜드 하나하나를 사랑하고, 큰 애정으로 보살피는 스페이스 눌과 메릴링, 보라악수, 그리고 데바스테의 직원들에게도 깊이 감사드린다. 그리고 촬영에 협조해 주신 뉴욕의 편집숍 아트리움, 밀라노의 편집숍 10 꼬르소꼬모 본점, 안토니아, 안토니올리의 직원들께도 감사의 마음을 전한다.

8년 전 이 책이 처음 나왔을 때부터 『패션 MD』 시리즈를 사랑해 주신 모든 독자 여러분과 개정판을 애타게 기다리고 지속적으로 요청해 주신 모든 미래의 독자 여러분께도 감사드린다. 마지막으로 이 책의 필요성에 공감하고, 많은 격려와 칭찬을 아끼지 않고 보내주신 편집자와 21세기북스 출판사에 감사의 인사를 드린다.

KI신서 11215

패션 MD 1: BUYING

1판 1쇄 인쇄 2023년 11월 1일
1판 1쇄 발행 2023년 11월 15일

지은이 김정아
펴낸이 김영곤
펴낸곳 (주)북이십일 21세기북스

콘텐츠개발본부 이사 정지은
인문기획팀장 양으녕
교정교열 김찬성 디자인 엘리펀트스위밍
출판마케팅영업본부장 한충희
마케팅2팀 나은경 정유진 박보미 백다희 이민재
출판영업팀 최명열 김다운 김도연
e-커머스팀 장철용 권채영
제작팀 이영민 권경민

출판등록 2000년 5월 6일 제406-2003-061호
주소 (10881) 경기도 파주시 회동길 201 (문발동)
대표전화 031-955-2100 팩스 031-955-2151 이메일 book21@book21.co.kr

(주)북이십일 경계를 허무는 콘텐츠 리더

21세기북스 채널에서 도서 정보와 다양한 영상자료, 이벤트를 만나세요!
페이스북 facebook.com/jiinpill21 포스트 post.naver.com/21c_editors
인스타그램 instagram.com/jiinpill21 홈페이지 www.book21.com
유튜브 www.youtube.com/book21pub

당신의 일상을 빛내줄 탐나는 탐구 생활 <탐탐>
21세기북스 채널에서 취미생활자들을 위한 유익한 정보를 만나보세요!

© 김정아, 2023

ISBN 979-11-7117-170-5 13320

· 책값은 뒤표지에 있습니다.
· 이 책 내용의 일부 또는 전부를 재사용하려면 반드시 (주)북이십일의 동의를 얻어야 합니다.
· 잘못 만들어진 책은 구입하신 서점에서 교환해 드립니다.